XINGFA ZUIXING GUANXI GUIFANLUN

FATIAO ANLI YU YUANLI

刑法罪刑关系规范论
——法条、案例与原理

李茂久　佘国满　著

中南大学出版社
www.csupress.com.cn

作者简介

李茂久(1981—)：男，江苏徐州人，湖南科技学院人文与社会科学学院副院长，讲师，湖南九子龙律师事务所执业律师，贵州民族大学法制与民族地区发展研究中心兼职研究员，湖南省法学会会员、湖南省律师协会会员。2008 年毕业于西南政法大学，获刑法学硕士学位，先后在贵州民族学院、浙江大学等地任职。主要研究刑法学及律师刑事辩护。近年来，先后在《刑事法学研究》《湖北警官学院学报》《法制日报》等各类学术刊物发表学术论文 34 篇。

佘国满(1967—)：男，汉族，湖南省武冈人，湖南科技学院教师，湖南九子龙律师事务所主任，一级律师，第八届湖南省律师协会理事，第七届、第八届湖南省律师协会刑事专业委员会委员，第三届、第四届永州市律师协会常务理事，第四届永州市律师协会刑事专业委员会主任，先后评为永州市首届十佳律师、湖南省优秀律师，主要研究刑法学及律师刑事辩护，近年来，先后在《中国律师》等学术刊物发表学术论文近 20 篇，出版《物权法专论》等著作 4 部。

序

　　法学教育是高等教育的重要组成部分，是建设社会主义法治国家的基础。高校教育的基本功能在于育人，在于塑造德才兼备的高素质人才。法学教育的宗旨并非培养只会机械适应法律的"工匠"，更重要的是培养追求正义、知法懂法、忠于法律、廉洁自律的法律人。要完成法学教育的使命，必须有良好的法学著作，良好的法学著作不仅是法学知识传承的载体，也是提高法学教学质量的关键。我欣喜地看到湖南科技学院人文与社会科学学院李茂久副院长、佘国满律师编著的《刑法罪刑关系规范论——法条、案例与原理》一书出版，该书的出版是我院法律系法学专业学科建设的一大进步，也是两位老师长年在教学一线工作之中根据地方本科院校的办学目标和法律系学生自身特点系统总结后形成的具有一定前沿性学术思想的著作。

　　仔细阅读该著作后，发现本著作在编写的框架和内容结构方面独具一格，体现出鲜明的特色，主要有以下几点：

　　第一，本书的编写突出了传授法学基础知识的工具性特点。本书通过对刑法学知识框架的分析和刑法条文的引用，更好地展示刑法学的知识体系和逻辑结构。一方面，通过对知识点的规范释义，深入浅出地阐释刑法学科的内容精要；另一方面，知识框架结构的分析比较符合大学生的逻辑思维。

　　第二，本书的编写突出了地方本科院校法学专业应用型的特点。本书立足于地方本科院校的实际情况，重点体现刑法学的实践性与应用型，两位作者都属于"双师双能"型教师，具有一定的理论水平和司法实务经验，因而在本书的编写体例方面更加突出刑法学的实践性和法律的职业性。在本书的编撰中，通过对典型案例的分析，能够把学科的知识点和司法实务案例紧密衔接，有利于更好地培养学生理论联系实际的能力和司法实践技能。

　　第三，本书的编写突出了法学专业学生法律职业考试性的特点。本书编写紧扣国家司法资格考试的内容，通过把握国家司法资格考试的规律精确锁定刑法学的知识点，反映法学知识结构的发展趋势。

第四，本书的编写也突出了法学专业需要传播法律价值理念的特点。好的法学教材不仅仅是传授法学知识，更重要的是传授法律的精神和法治的理念，例如对公平、正义的追求和对权利的保护与尊重。本书的编著，对于法学学生价值观的塑造和健全人格的培养具有重要的意义。

湖南科技学院党委书记

2017 年 4 月

前　言

　　法律是一个极为奇特的社会现象，它与哲学思想、伦理道德、宗教信仰、风俗习惯等一起维系道德人心，维持社会秩序。法律也是一个博大精深、义理精微的制度，突出反映了人类在认识自身、调解社会、谋求发展各个重要进程中的思想和行动。法律是社会矛盾的调节器，也是人民权利的保障书，它来源于历史，在历史的发展之中可以发现法律制度的相对合理性。刑法是法律体系之中最重要的部门法之一，是统治阶级用以惩罚犯罪、管理国家的一种强制手段。把刑法放在人类文明宏大的历史背景之下，可以看出刑法变革一直遵循着一个"铁血规律"。它随着人类的进步而不断地向前发展，尽管有些制度已经消退在历史的视野之中，但其依稀可见的发展脉络凝聚着人类对自我主体地位的反思，突出了刑法在规范与价值之间的技术性进步。

　　刑法学是一门职业性、实用性、技术性很强的社会科学，刑法学作为法学的核心课程之一，也是整个法学体系中逻辑体系最强的一门学科。刑法属于阐释什么样的行为，在什么样的条件下，应该受到何种程度处罚的"刑法解释学"的范畴。刑法都是从国民的生活利益出发，通过刑罚法规探求真正值得处罚的行为来说明可罚评价的基准。同时，还从保护犯罪人权的立场出发，明确处罚的界线，为国民提供行动准则。1979 年 7 月 1 日，第五届全国人民代表大会第二次会议通过了《中华人民共和国刑法》，标志着我国刑事法治建设进入一个崭新的时期。随着我国社会政治、经济的发展，犯罪也出现了许多新情况、新问题，1997 年 3 月 14 日第八届全国人民代表大会第五次会议修订了《中华人民共和国刑法》，该刑法成为我国目前的刑法典。在此后又经过九次刑法修正案的修正，对刑法的部分规定作了修改和补充。由于刑法学是以实定规范、实务经验和学理阐释共同构筑的部门法知识体系，刑法学著作的编写要求应该先服务于法学本科教育的一般规律，再突出著作的职业性、应用性和地方性的特点。我们一直侧重刑法学前沿性思想的借鉴与吸收，在编著本书的过程之中，借鉴和吸收了最新的刑法规定、最新的刑事司法解释和最前沿性的学术思想。本书具有以下几个特点：第一，通过知识结构分析，从宏观上理清了刑法学的主要知识点，使读者能够系统性地从宏观层面掌握所学的知识结构。第二，进一步强化法律条文与规范释义的联系，通过结合刑法条文进行规范释义，建立了刑法条文与刑法规范解释的联系路径，从而有利于刑法条文的规范理解，避免曲解刑法条文的立法原意，能够使读者更好地运用刑法条文进行案件的规范定位。第三，通过典型案例分析，建立了规范与事实的联系，从而使读者学以致用。第四，通过规范释义，能够系统详细地让学生理解刑法学的学科知识点，每一个重点和难点都有列举的案例和难点释义，从而能够对刑法学中的抽象问题进行具体化、案例化，使读者能够更好地掌握与理解刑法知识点。

任何成文法都无法摆脱不断变化的生活，因为它原本就是为这个生活设计的，冰冷冷的文字蕴涵着活生生的正义，希望通过本书的编著能够使读者心中充满正义。书中的不足疏漏之处，恳请各位读者批评指正。

著　者

2017 年 4 月

目　录

刑法总则知识体系结构图

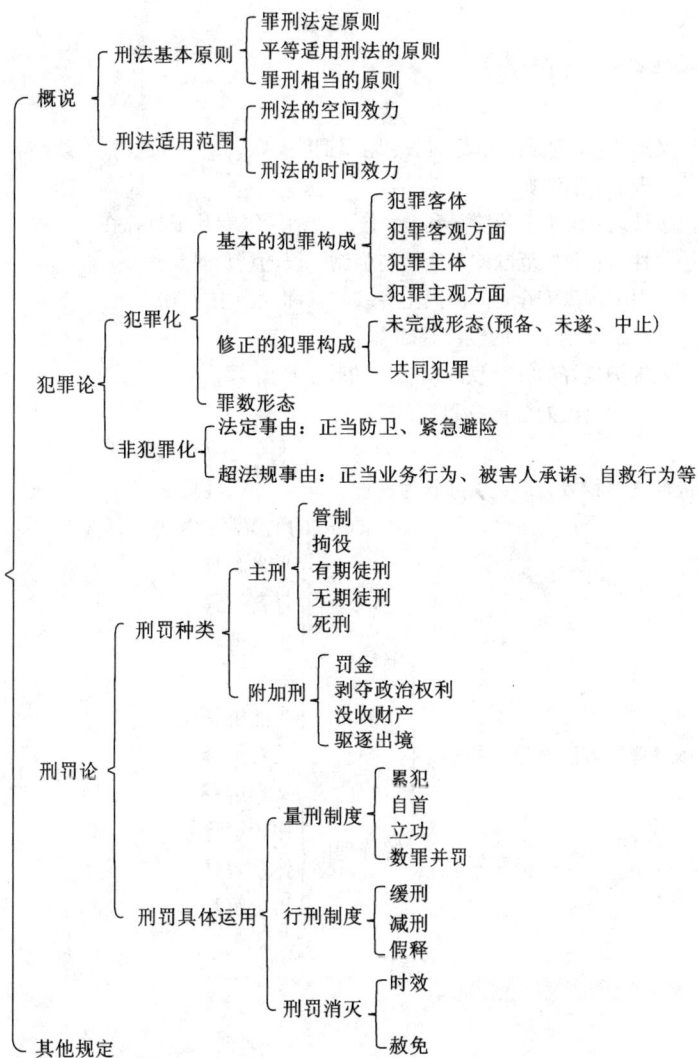

- 概说
  - 刑法基本原则
    - 罪刑法定原则
    - 平等适用刑法的原则
    - 罪刑相当的原则
  - 刑法适用范围
    - 刑法的空间效力
    - 刑法的时间效力
- 犯罪论
  - 犯罪化
    - 基本的犯罪构成
      - 犯罪客体
      - 犯罪客观方面
      - 犯罪主体
      - 犯罪主观方面
    - 修正的犯罪构成
      - 未完成形态(预备、未遂、中止)
      - 共同犯罪
    - 罪数形态
  - 非犯罪化
    - 法定事由:正当防卫、紧急避险
    - 超法规事由:正当业务行为、被害人承诺、自救行为等
- 刑罚论
  - 刑罚种类
    - 主刑
      - 管制
      - 拘役
      - 有期徒刑
      - 无期徒刑
      - 死刑
    - 附加刑
      - 罚金
      - 剥夺政治权利
      - 没收财产
      - 驱逐出境
  - 刑罚具体运用
    - 量刑制度
      - 累犯
      - 自首
      - 立功
      - 数罪并罚
    - 行刑制度
      - 缓刑
      - 减刑
      - 假释
    - 刑罚消灭
      - 时效
      - 赦免
- 其他规定

第一章　刑法概说

知识结构

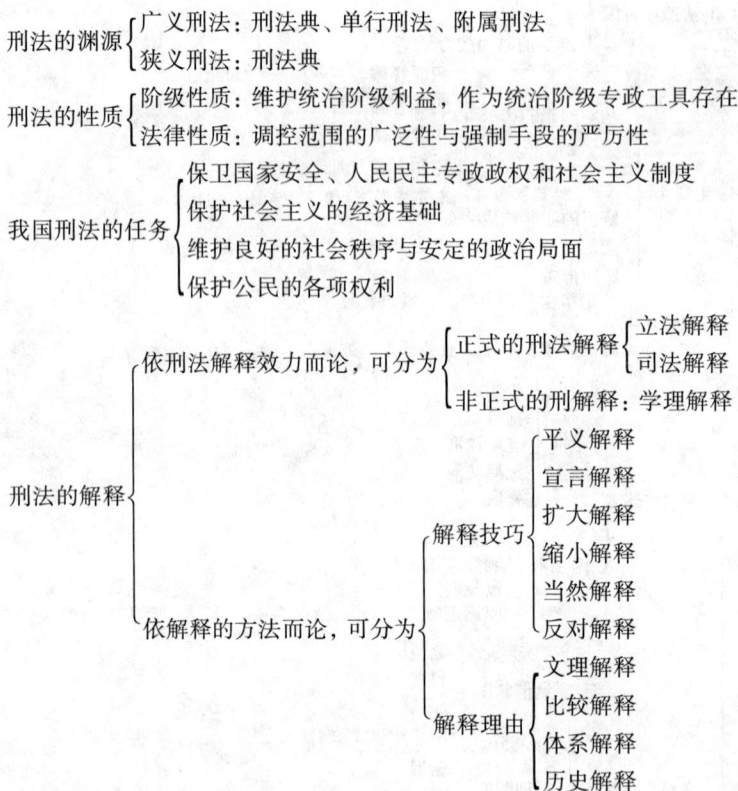

刑法的渊源 {
  广义刑法：刑法典、单行刑法、附属刑法
  狭义刑法：刑法典
}

刑法的性质 {
  阶级性质：维护统治阶级利益，作为统治阶级专政工具存在
  法律性质：调控范围的广泛性与强制手段的严厉性
}

我国刑法的任务 {
  保卫国家安全、人民民主专政政权和社会主义制度
  保护社会主义的经济基础
  维护良好的社会秩序与安定的政治局面
  保护公民的各项权利
}

刑法的解释 {
  依刑法解释效力而论，可分为 {
    正式的刑法解释 {
      立法解释
      司法解释
    }
    非正式的刑解释：学理解释
  }
  依解释的方法而论，可分为 {
    解释技巧 {
      平义解释
      宣言解释
      扩大解释
      缩小解释
      当然解释
      反对解释
    }
    解释理由 {
      文理解释
      比较解释
      体系解释
      历史解释
    }
  }
}

法条规范

第 1 条［立法目的与根据］为了惩罚犯罪，保护人民，根据宪法，结合我国同犯罪作斗争的具体经验及实际情况，制定本法。

第 2 条［刑法的任务］中华人民共和国刑法的任务，是用刑罚同一切犯罪行为作斗争，以保卫国家安全，保卫人民民主专政的政权和社会主义制度，保护国有财产和劳动群众集体所有的财产，保护公民私人所有的财产，保护公民的人身权利、民主权利和其他权利，维护社会秩序、经济秩序，保障社会主义建设事业的顺利进行。

典型案例

【基本案情】

浙江判决首例男性卖淫案①

通过开设网站，招募男性"技师"，并通过网络寻找同性嫖客，提供性服务。日前，经湖州吴兴区检察院提起公诉，湖州市吴兴区人民法院对浙江首例"组织男性卖淫案"作出判决，两名组织者均被判处 5 年以上有期徒刑。

被告人郑某某案发时 35 岁，浙江长兴人。2007 年 8 月 10 日，郑某某注册了"nannanboy.com"域名，在互联网上开设了"浙江湖州男男－BOY 男子养生堂"的网站，在网上招聘男性卖淫者。被告人徐某某应招后，每当郑某某不在湖州时，他就作为店长联系嫖客，尽力撮合，并代为收取管理费和提成费。其中郑某某经营该网站期间，在全国各地共招募了 20 余名技师，并在网站上开设"技师风采专栏"，公开男性卖淫者照片，预留 QQ 号或电话号码招揽男性嫖客。他先后租用两套房屋作为固定的卖淫场所，组织招募的男性卖淫者以 200 元至 400 元不等的价格，提供同性卖淫活动，同时采用统一编号取名、提供住宿、收取提成和管理费、禁止私自接客等手段对男性卖淫者进行控制。被告人吴某某曾是郑某某联系的嫖客。2008 年 3 月 7 日，郑某某以 3 万元的价格将网站转给吴某某进行经营，吴某某用同样的方法继续组织男性卖淫。此外，被告人谢某某于 2008 年 2 月在江苏常州疾病防疫中心进行体检时发现自己患有隐性梅毒后，仍多次为嫖娼者提供男性性服务，已构成传播性病罪。

最后，法院依法判决被告人郑某某、吴某某犯组织卖淫罪，分别判处有期徒刑 5 年 6 个月和 5 年，并处罚金 6000 元和 4000 元；被告人徐某某犯协助组织卖淫罪，判处有期徒刑 2 年 6 个月，并处罚金 2000 元；被告人谢某某犯传播性病罪，判处有期徒刑 1 年 6 个月，并处罚金 2000 元。

【法律问题】本案中涉及的"男性技师提供性服务"是否属于法定的"卖淫"行为，成为本案定罪的关键。

【案例分析】本案争论核心在于同性性交易算不算组织卖淫罪中的"卖淫"行为。公安部对于卖淫的解释是：以营利为目的、出卖肉体的行为。公安部的这个解释，适用于同性卖淫、异性卖淫、无性人卖淫和两性人卖淫，只要是人就可以了，不包括动物在内。但是公安部的解释也存在模糊的地方，主要是对"出卖肉体"的理解，给 10 元钱摸摸手算卖淫吗？澳门刑法对"卖淫"的解释就非常有利于对本案进行界定，它认为，卖淫是以营利为目的，出卖肉体，足以满足他人性欲，或者对于满足他人性欲具有相当重要作用的行为。如果达不到这个程度，只能叫普通的色情行为。这就把"卖淫"和生活中的"色情"区别开来了。

---

① 新华网.浙江判决首例组织男性卖淫案[EB/OL]. http：//www. zj. xinhuanet. com/newscenter/2008－10/22/content_ 14705841. htm. 2015－3－9.

法院审理后认为，刑法中的"组织他人卖淫"，并没有把"他人"限定为妇女，也可指男人，且"卖淫"并不是特指异性之间的真正性交，同性之间以金钱、财物为媒介，发生不正当性关系的行为都属于卖淫行为。因此，法院依法判决被告人郑某某、吴某某犯组织卖淫罪；被告人徐某某犯协助组织卖淫罪。

规范释义

第一节　刑法概念、渊源、性质与机能

一、刑法的概念

刑法是规定犯罪及其法律后果（主要是刑罚）的法律规范①。即规定什么样的行为是犯罪，对这种行为应科处什么样的刑罚的法律。

各种学术著作关于刑法的定义大同小异，主要有以下几种观点：刑法是规定犯罪、刑事责任和刑罚的法律②；刑法是规定犯罪和刑罚及罪刑关系的法律关系的法律③；刑法是规定什么是犯罪以及与犯罪相对应的刑罚的种类和量的法规，也称刑罚法规④。

> **释义 1. 关于刑法的称谓问题**
>
> 刑法规定犯罪的法律效果主要是刑罚，所以我国通常称为"刑法"。国外关于刑法的称谓各不一样。例如，日本、德国、意大利、俄罗斯等称为刑法。在英美法系中的一些国家称之为"criminal law"（犯罪法）。在法国，刑法与犯罪法对半使用。对于刑法的称谓问题，日本学者团藤重光指出：以规范一面为重点会使用"刑法"；以事实一面为重点会使用"犯罪法"。因此，在规范色彩浓厚的德国法学中使用"刑法"，在重视事实要素的英美法学中使用"犯罪法"绝非偶然。目前，我国对于刑法的称谓还是使用"刑法"这一约定俗成的概念，即"刑随罪至，罪因刑显"。

二、刑法的渊源

刑法的渊源又称为刑法的形式，是指以某种形式表现出来的对司法裁判具有约束力的法律规范。在我国，现有的刑法均来源于国家立法机关，即全国人民代表大会及其常务委

① 张明楷. 刑法学（第4版）[M]. 北京：法律出版社，2011：19.
② 高铭暄，马克昌. 刑法学（第2版）[M]. 北京：北京大学出版社，高等教育出版社，2000：9.
③ 陈兴良. 规范刑法学（教学版）[M]. 北京：中国人民大学出版社，2015：3.
④ 韩友谊. 2013年国家司法考试万国授课精华·刑法[M]. 北京：中国法制出版社，2013：3.

员会(以下简称全国人大及其常委会)制定的成文法律。

（一）刑法典

刑法典是国家以刑法名称颁布的，系统规定犯罪及其法律后果的法律。我国于1979年7月1日颁布《中华人民共和国刑法》，1980年10月1日起施行。1997年，我国对该刑法典进行了大规模的修订，并于1997年10月1日起施行。经过1997年修订后的《中华人民共和国刑法》(以下简称《刑法》)是现行有效的刑法典。与此对应，1979年刑法被称为"修订前的刑法"。

释义2. 刑法典称为典的原因

典有源泉的意思，一是因为该部法律比较全面系统地规定了犯罪和刑罚的内容；二是因为其他刑事法律(刑事条文)都适应刑法典关于总则的规定。

我国现行刑法典于1997年10月1日起施行，由两编和附则组成。第一编为总则，第二编为分则，最后为附则。编下设章、节、条、款、项等层次。第一编总则共五章，依次为：刑法的任务、基本原则和适用范围；犯罪；刑罚；刑罚的具体运用；其他规定。第二编分则共十章，依次为：危害国家安全罪；危害公共安全罪；破坏社会主义市场经济秩序罪；侵犯公民人身权利、民主权利罪；侵犯财产罪；妨害社会管理秩序罪；危害国防利益罪；贪污贿赂罪；渎职罪；军人违反职责罪。附则由刑法最后一个条文(第452条)和两个附件组成，与总则、分则并列，但不另立一编。

刑法修正案作为对刑法条文的具体修正，与现行刑法具有同等法律效力，属于刑法典的组成部分。目前共有九个刑法修正案，分别是：1999年12月25日通过的《中华人民共和国刑法修正案(一)》、2001年8月31日的《中华人民共和国刑法修正案(二)》、2001年12月29日的《中华人民共和国刑法修正案(三)》、2002年12月28日的《中华人民共和国刑法修正案(四)》、2005年2月28日的《中华人民共和国刑法修正案(五)》、2006年6月29日的《中华人民共和国刑法修正案(六)》、2009年2月28日的《中华人民共和国刑法修正案(七)》、2011年2月25日的《中华人民共和国刑法修正案(八)》和2015年8月29日的《中华人民共和国刑法修正案(九)》。

释义3. 刑法修正案的性质

刑法修正案是指1997年现行刑法颁布以来，全国人大及其常委会对刑法条文的修改和补充。刑法理论与实践的发展是刑法修正的前提和基础。刑法修正案是对刑法典进行修改，其中既有新型犯罪的增加，也有构成要件的修改、量刑制度以及法定刑的调整。基于刑法修正案的名称中有"刑法"的用语，并且在判决书中援用刑法修正案条文的时候，是将刑法修正案的内容理解为刑法典增加的条文，即表述为"根据《刑法》第XX条，判决如下……"，这种援引不同于单行刑法，因此刑法修正案属于刑法典的组成部分。①

(二)单行刑法

单行刑法是国家以决定、规定、补充规定、条例等名称颁布的，规定某一类犯罪及其法律后果或者刑法某一事项的法律。目前我国生效的单行刑法只有一部，即全国人民代表大会常务委员会(以下简称全国人大常委会)于 1998 年 12 月 29 日颁布的《关于惩治骗购外汇、逃汇和非法买卖外汇犯罪的决定》。

面对司法实践中出现的新情况和新问题，目前，我国立法机关已经采用了"刑法修正案"的形式，对现行刑法进行了必要补充，单行刑法已不多见。

> **释义 4.《关于惩治骗购外汇、逃汇和非法买卖外汇犯罪的决定》规定的行为及罪名**
>
> 该单行刑法规定了具体的行为所对应的罪名分别为：骗购外汇的行为构成骗购外汇罪；逃汇行为构成逃汇罪；非法买卖外汇的行为构成非法经营罪。

(三)附属刑法

附属刑法指在其他性质的法律(如民法、经济法、行政法等)中附带规定犯罪和刑罚的条文。与国外的附属刑法不同，我国的所谓"附属刑法"都没有直接规定犯罪的构成要件和法定刑。在 1979 年至 1997 年间出现的 130 余个附属刑法条文已经被 1997 年刑法所吸收，本身已经失去效力。现行的刑法颁布以后，在行政法、经济法等法律中的一些条款，只是形式上概括性地重申了刑法的相关内容②，如在《商业银行法》《公司法》等法律法规中会出现"有下列情形之一……构成犯罪的，依法追究刑事责任……"之类的文字，只是对刑法条文进行重述并没有独立的实际意义，不是真正意义上的附属刑法。

三、刑法的地位

(一)刑法属于公法

公法与私法的划分是由古罗马的法学家乌尔比安提出的。"公法是关于罗马帝国的法律，私法是关于个人利益的法律。"何谓公法，例如刑事责任和行政责任有共通之处。刑事责任是由法院判处的，而行政责任是由行政机关课以的，两者在这点上存在差异。但两者都是由国家机关令诸如甲、乙这样的自然人承担刑罚或行政上的不利益。像这样调整国家与个人关系的法，称为公法。民事责任关注的是诸如甲、乙这种个人与个人之间的关系，即调整个人与个人之间关系的法，称为私法。③

---

① 韩友谊.2013 年国家司法考试万国授课精华·刑法[M].北京：中国法制出版社，2013：4.
② 张明楷.刑法学(第 4 版)[M].北京：法律出版社，2011：21.
③ [日]山本敬三.民法讲义Ⅰ·总则(第 3 版)[M].解亘，译.北京：北京大学出版社，2012：7.

释义5. 公法与私法的区别

第一，从利益保护重心来看，公法以维护公共利益即"公益"为主要目的；私法则以保护个人或私人利益即"私益"为依归。第二，从调整的社会关系即对象来看，公法调整的是国家与公民之间、政府与社会之间的各种关系，主要体现为政治关系、行政关系及诉讼关系等；私法调整私人之间的民商事关系即平等主体之间的财产关系和人身关系。第三，公法以权力为轴心，严守"权力法定"的定律；私法则以权利为核心，适用"权利推定"的逻辑。第四，公法奉行"国家或政府干预"理念；私法遵循"意思自治""私法自治"的原则。第五，公法以政治国家为作用空间，私法以市民社会为功能范域。

由于刑法属于公法，因此，刑法中的正义是分配的正义而非平均的正义 。"平均的正义"是指在适用法律时不考虑运用对象个人之间的差别，实行均等对待。"分配的正义"是指在适用法律时考虑适用对象个人之间的差别，按照个人的价值实行分别对待。

释义6. 刑法与民法中关于归责的区别

在民法中，甲、乙造成丙相同财产数额损害要承担相同数额的赔偿责任；但在刑法中，甲、乙抢劫丙相同数额的财物，要视其可责性程度承担不同的刑事责任。

（二）刑法属于实体法

从法律体系分类来看，法律分为实体法与程序法，如刑法与刑事诉讼法、民法与民事诉讼法、行政法与行政诉讼法。具体而言：实体法是指规定具体权利义务内容或者法律保护的具体情况的法律，如民法、公司法等。程序法是规定以保证权利和职权得以实现或行使、义务和责任得以履行的有关程序为主要内容的法律，如行政诉讼法、民事诉讼法、刑事诉讼法等。

刑法是规定犯罪与刑罚的法律规范的总称，属于实体法。刑法作为实体法的功能在于为判断行为应该承担的刑事责任提供规范依据。

释义7. 在司法实务中不能重实体而轻程序

刑法与刑事诉讼法分别为实体法与程序法，中国自古重实体而轻程序，如曾可能采取刑讯逼供和暴力取证，但程序上的违法可能影响实体上的公正。

（三）刑法属于子法

法律可以分为母法与子法。母法概念有二：第一，指某一国家制定的某一法律以外国法律为依据，称其所依据之法律为母法；第二，指宪法。因为宪法是国家根本法，具有最高法律效力，是制定其他法律的依据，故通常亦有母法之称。中国的母法专指《中华人民共和国宪法》。子法指除了宪法以外的法律，比如刑法，民法等。

（四）刑法属于强行法

强行法是与任意法相对应的概念，任意法又称为任意性法律规范，是指在法定范围内允许法律关系参加者自己确定相互权利、义务的具体内容的法律规范。而强行法，又称为强行性法律规范，是指必须绝对执行的法律规范。一般认为刑法主要是强行法，刑法只有在告诉才处理的情况下才具有任意法的性质。

四、刑法的性质

刑法的性质包括两种含义：一是刑法的阶级性质；二是刑法的法律性质。

（一）刑法的阶级性质

刑法并非自古就有，它仅仅是与一定历史范畴相联系的阶级社会的产物。刑法是由掌握政权的统治阶级根据自身意志和利益制定的，是统治阶级意志的反映；刑法规定的基本内容是犯罪、刑事责任和刑罚，维护的是统治阶级的利益。[①]

（二）刑法的法律性质

（1）刑法规制内容的特定性。刑法是罪刑关系的规范体系，其规制的主要对象是客观的严重危害社会的行为，针对的是犯罪行为及其法律后果。这和其他部门法规制的内容具有明显的区别，如民法规制的主要是平等主体之间的民事行为。

（2）刑法调控范围与法益保护的广泛性。其他部门法只调整和保护某一方面的法益，如民法只调整平等主体之间的财产关系与人身关系，行政法只调整和保护行政关系，而刑法调整和保护所有受到犯罪侵害的社会关系，换句话说，一般部门法要保护的法益，刑法都要保护，刑法保护的法益涉及个人法益、社会法益和国家法益。

（3）刑法制裁手段的严厉性。刑法规制的手段主要是刑罚，刑罚是国家最严厉的强制办法，甚至可以通过消除一个人的社会角色即运用死刑来惩罚犯罪，正是刑法惩罚手段的严厉性才决定了刑法对其他部门法的实施具有保障性。

（4）刑法的最后保障性。刑法具有最后的手段性，只有其他法律手段不能充分保护法益时才需要刑法保护。由于刑法动用严厉的制裁方法以保护法益，所以刑法具有迫不得已性，即刑法要体现自身的谦抑精神。虽然除了刑法之外还有其他的法律也保护法益，但需要动用刑法进行保护的前提是其他法律不能充分保护该法益。所以，"刑法是最后的手段"，也是一种"不得以的恶"。

五、刑法的机能

（一）行为规制机能

刑法将一定的行为规定为犯罪，并给予刑罚处罚，表明该行为在法律上是无价值的（评价规范），同时命令行为人作出不实施这种犯罪行为的内心意思决定（意思决定规范），据此防止犯罪的发生。

---

① 王作富，黄京平.刑法(第6版)[M].北京：中国人民大学出版社，2016：5.

释义8. 行为规制机能主要指的是禁止自我重复和禁止别人模仿

例1. 刑法规定完全的精神病人不承担刑事责任，主要因为完全的精神病人本身没有正常的意识，法律不能禁止精神病人模仿、复制自己以前的行为。

例2. 例如张三偷了别人几十万元钱，如果法律不予以禁止，那么别人也会去模仿张三的行为，所以要禁止盗窃行为，防止因为犯罪获利而导致犯罪传染。

根据罪刑法定原则，对于极为罕见的行为，即便其具有严重的社会危害性，只要刑法没有进行犯罪化处理，也不能当作犯罪来处理。因为国民得以自由活动的前提条件是确立公正且透明的行为规范，使其成为人们的行为规范。在法律规定的行为规范的范围内，人们的自由活动将被保障；同时，当行为人的行为违反了刑法规范并侵害他人利益时，就将追究其刑事责任。

（二）法益保护机能

法益保护机能认为，刑法的任务和目的在于保护社会中的共同生活利益，具体而言，即保护个人、国家、社会认为有必要原样保持并应通过法律加以保护的一定的利益。

刑法的法益保护机能主要表现为以下两个方面：第一，通过对抽象地侵害一定法益的行为科处刑罚，来防止一般国民实施犯罪（一般预防）；通过对实际实施的犯罪科处刑罚，来防止该犯罪人重新再次犯罪（特殊预防）。①

（三）人权保障机能

刑法通过制约国家刑罚权的行使，保障罪犯不受国家滥用权力的侵害，并进而保障一般国民的权利和自由。刑法在处罚罪犯、保障善良国民个人自由的同时，也保障犯罪人的自身权利。刑法的人权保障机能主要表现在：第一，"法无明文规定不为罪"。犯罪必须由刑法加以明确规定，从这种意义上说，"没有刑法就没有犯罪"。第二，"法无明文规定不处罚"。只要行为人行为不构成刑法规定的犯罪，就不受刑罚处罚。法无明文规定不为罪、不处罚，从某种意义上说，这是限制了国家刑罚权的发动。反过来说，只要行为人的行为不构成刑法规定的犯罪，他就不受国家刑罚的干预，他就是自由的，因而刑法能保障善良国民的自由。第三，只能根据刑法的规定对犯罪人给予刑罚处罚，而不能超出刑法的规定手段肆意处罚犯罪。例如，在欧盟一些国家中，死刑制度已被废除，所以，即便是罪行极其严重的犯罪，也不得判处死刑。所以刑法不仅是"善良人的大宪章"，也是"犯罪人的大宪章"。

刑法的三大机能相互联系、相互影响。刑法的主要机能是法益保护机能与人权保障机能，行为规制机能基本上只是法益保护机能的反射性机能。

---

① ［日］曾根威彦. 刑法学基础［M］. 黎宏，译. 北京：法律出版社，2005：3.

<h1 style="text-align:center">第二节　刑法解释</h1>

一、刑法解释的概念

刑法解释是指对刑法规定意义的说明。刑法条文具有一定程度的抽象性和稳定性，决定了刑法解释在正确领会立法意图、准确适用法律上的必要性。刑法解释具有以下几个方面的必要性：

第一，刑法内容是由文字表达出来的，任何一个文字表述都会因为文字本身的局限性和语境的改变而出现歧义或者意义含混的状况，这就需要对其进行符合生活、现实的解释。只有通过解释，规范概念与纯粹的价值概念才能得以明确。因此，刑法解释就成为维持文字生命力的必由之路。

第二，刑法条文具有抽象性、概括性，而现实生活发生的案件则是具体的，即刑法规定与个案之间存在差异，为使抽象的法条运用到现实具体案件之中，就需要对刑法进行解释。

第三，刑法条文的稳定性与社会生活的变动性存在矛盾，刑法条文具有相对的稳定性，立法者不可能制定出完全涵盖现实生活全部内容的且永远与社会发展相适应的刑法规范。一方面，为了使刑法条文的真实概念不断地在社会生活中被发现，就需要不断地对刑法条文作出符合社会生活的解释。另一方面，要使过去制定的刑法适应现在社会的需要，使刑法成为具有实效的法律，也要根据现在的社会需要解释刑法。[1]

刑法解释有助于人们正确地理解刑法规定的含义和精神；有利于刑法的正确实施；有利于克服刑法表述的某些缺陷；有利于刑法的发展和完善。[2]

二、刑法解释的立场

（一）严格解释和灵活解释

就刑法解释的态度而言，刑法解释应坚持严格解释和灵活解释相结合的原则。

所谓严格解释，是指必须严格遵循罪刑法定原则来解释。首先，刑法解释的对象是刑法规定，刑法又是以文字作出规定的，故刑法解释不能超出刑法用语可能具有的含义，否则便违背了罪刑法定原则。其次，刑法的目的是为了保护法益，所以对刑法文字进行的解释也不能违背保护法益的目的。最后，刑法解释不能违背宪法，必须进行合宪性解释。

所谓灵活解释，是指在遵循罪刑法定原则的前提下，可以根据社会发展需要灵活地阐明刑法用语的含义。总之，对刑法解释的过程应该是透过文字寻找正义的过程，既不能脱离文字，也不能背弃正义。[3]

---

① 张明楷.刑法学(第4版)[M].北京：法律出版社，2011：33.
② 同①.
③ 韩友谊.2013年国家司法考试万国授课精华·刑法[M].北京：中国法制出版社，2013：4.

（二）客观解释与主观解释

就刑法解释的目标而言，应坚持刑法的客观解释，而非主观解释。

所谓主观解释，是指解释的目标是探求立法原意或立法者主观意思。刑法解释是一种创造性的活动，而不是消极地、被动地去发现立法者的原意。所谓客观解释，是指解释的目标是探求法律现时的客观含义。刑法条文一旦颁布，便脱离了立法者，具有了独立的生命。对刑法的解释，不应刻舟求剑，而应根据社会发展来探求刑法条文当下的含义。反对主观解释，并不意味着在刑法解释的过程中不需要考察立法背景与立法沿革。考察立法背景与沿革常常是为了给客观解释提供依据。进行客观解释并不违反罪刑法定原则。

释义9. 存疑有利于被告人的原则不是解释法律的原则，而是解决悬疑事实的原则

在事实不清、存在疑问时，应根据有利于被告人的原则认定事实。在解释法律概念时，不应该也不可能一味按照有利于被告人的原则来解释，否则理论研究就没有必要了。例如，甲杀死仇人乙后，发现乙的钱包，便拿走钱包。案件事实很清楚，但甲的取财行为符合盗窃罪的法律规定还是符合侵占罪的法律规定，存在疑问。对此，需要对理论进行深入研究，而不能根据有利于被告人原则一味定侵占罪。

三、刑法解释的种类

（一）立法解释、司法解释与学理解释

按照解释的效力，刑法解释可以分为立法解释、司法解释与学理解释。前两种解释称为正式解释，即由授权的国家机关在其授权范围内所作的解释，具有法律效力。学理解释称为非正式解释，是未经国家授权的国家机关、团体、个人对刑法所作的解释，不具有法律效力，但对于刑事司法活动或立法活动具有重要的参考价值。

1. 立法解释

立法解释指由立法机关即全国人大及其常委会对刑法所作的解释，典型的立法解释是全国人大常委会以决议形式对刑法条文概念的解释或阐明。一般认为立法解释包括三种情况：一是在刑法或相关法律中所作的解释性规定；二是在"法律的起草说明"中所作的解释；三是在刑法施行过程中，立法机关对发生歧义的规定所作的解释。但笔者认为前两种情形不能称为立法解释。首先，刑法典中的解释性规定不属于立法解释。例如，《刑法》第94条规定："本法所称司法工作人员，是指具有侦查、检察、审判、监管职责的工作人员。"第99条规定："本法所称以上、以下、以内，包括本数。"这不属于立法解释，而是刑法典的内容。其次，刑法的起草说明与修改说明，也不是立法解释，这种说明旨在使审议者了解制定、修改刑法的目的，便于立法机关通过刑法①。因此，只有第三种情况属于立法解释。

【总结】到目前为止，全国人大常委会分别作了13次立法解释：

这13次立法解释分别是：2000年对《刑法》第93条第2款规定"其他依照法律从事公务的人员"的解释；2001年对《刑法》第228条、第342条、第410条规定的"违反土地管理

---

① 张明楷. 刑法学（第4版）[M]. 北京：法律出版社，2011：35.

法规"和第 410 条规定的"非法批准征收、征用、占用土地"的含义的解释；2002 年对《刑法》384 条第 1 款规定的国家工作人员利用职务上的便利，挪用公款"归个人使用"的解释；2002 年对《刑法》294 条第 1 款规定的"黑社会性质的组织"的含义解释；2002 年对《刑法》第 313 条规定的"对人民法院的判决、裁定有能力执行而拒不执行，情节严重"的解释；2002 年对《刑法》第九章渎职罪主体适用问题的解释；2004 年对《刑法》有关信用卡规定的解释；2005 年对《刑法》有关文物的规定适用于具有科学价值的古脊椎动物化石、古人类化石的解释；2005 年对《刑法》有关出口退税、抵扣税款的其他发票的解释；2014 年对《刑法》第 30 条关于法律未规定追究单位的刑事责任的，如何适用刑法有关规定的问题的解释；2014 年对《刑法》第 158 条、159 条关于对实行注册资本实缴登记制、认缴登记制的公司的适用范围问题的解释；2014 年对《刑法》第 266 条的含义及骗取养老、医疗、工伤、失业、生育等社会保险金或其他社会保障待遇的行为如何适用刑法有关规定的问题的解释；2014 年对《刑法》第 341 条第 1 款规定的非法收购国家重点保护的珍贵、濒危野生动物及其制品的含义和收购《刑法》第 341 条第 2 款规定的非法狩猎的野生动物如何适应刑法有关规定的问题的解释。

2. 司法解释

司法解释是指最高司法机关即最高人民法院与最高人民检察院对具体运用刑法所作的解释。

例如：最高人民法院颁布的《关于处理自首和立功具体应用法律若干问题的解释》；最高人民法院、最高人民检察院颁布的《关于办理赌博刑事案件具体应用法律若干问题的解释》（以下简称两高解释）。

3. 学理解释

学理解释是指未经国家授权的机关、团体或者个人从理论上或者学术上对刑法所作的解释。

> **释义 10. 关于刑法解释的效力问题**
>
> 立法解释与司法解释具有法律效力，而学理解释不具有法律效力，但能影响立法。立法解释与刑法具有同等效力，但必须以刑法为基础，不能类推。立法解释的效力要高于司法解释的效力，当两者相冲突时，优先适用立法解释。

（二）解释技巧与解释理由

1. 解释技巧

（1）平义解释：平义解释针对法律用语中的日常用语而言，即按照该用语最平白的字义进行解释。对专门的法律术语是不能进行平义解释的。单纯对法条用语进行平义解释就是合理的时候，则意味着该法条不需要解释。

（2）宣言解释：宣言解释是指法文的概念不明确，或者对法文存在争议，或者以往对法文的解释不妥当时，解释者通过论理分析、体系解释、历史解释等，主体性地确定不明确的法文的概念，或者选择与以往不同的更为妥当的概念，或者对以往的解释进行修正的一种解释方法。宣言解释以文理解释为前提。

（3）扩大解释：扩大解释是指刑法条文的字面通常概念比刑法的真实概念要窄，于是扩张字面概念，以符合刑法的真实概念。如果扩大解释字面概念超出了用语可能的概念，则为类推解释。是否做出扩大解释还必须考虑处罚的必要性。罪刑法定原则并不禁止扩大解释但这并不意味着扩大解释的结论都符合罪刑法定原则。扩大解释的结论可能与罪刑法定原则相抵触，例如把强奸妇女中的妇女扩大解释为包括男人在内就是形式上扩大字面解释，但实质上属于违背罪刑法定原则的类推解释。

释义 11. 类推解释与扩大解释的区分标准

第一，类推解释是需要判断的具体事实与法律规定的构成要件具有相似性时，将后者的法律效果适应于前者；扩大解释是判断的具体事实与法律规定的构成要件具有内在一致性。第二，从用语的概念上讲，扩大解释得出的结论没有超出刑法用语的可能概念，即在刑法文义的"射程"之内进行解释；类推解释所得出的结论超出用语的可能概念，即在刑法文义的"射程"之外进行解释。第三，从概念的相互关系来说，扩大解释没有提升概念的阶位；类推解释是将所要解释的概念提升到更高上位而作出的解释。第四，扩大解释着眼于刑法规范本身，仍然是对规范的逻辑解释；类推解释着眼于刑法规范之外的事实，是对事实的比较。第五，从实质上讲，扩大解释的结论没有超出国民预测的可能性；类推解释的结论则超出国民预测的可能性。

（4）缩小解释：缩小解释又称限缩解释，即刑法条文的字面通常概念比刑法的真实概念广，于是限制字面概念，使其符合刑法的真实概念。如将《刑法》第 111 条规定的"情报"限定为"关系国家安全和利益、尚未公开或者依照有关规定不应公开的事项"，则是缩小解释。罪刑法定原则保障人权的思想，并非意味着在任何场合都尽可能作出缩小解释。事实上，任意作出缩小解释反而可能违反罪刑法定原则。例如，将《刑法》第 232 条中的"故意杀人"的"人"限制解释为"精神正常的人"或者"年满 1 周岁以上的人"，可谓缩小解释，但严重违反罪刑法定主义原则。

（5）当然解释：当然解释即刑法规定虽未明示某一事项，但依形式逻辑、规范目的及事物属性的当然道理，将该事项解释为包括在该规定的适用范围之内，即"不言自明、理所当然"。在论证出罪时举重以明轻（重的行为都无罪，轻的行为更应无罪）；在论证入罪时举轻以明重（轻的行为都是犯罪，重的行为更应是犯罪）。例如：《刑法》第 201 条第 4 款规定："有第一款行为……但是，五年内因逃避缴纳税款受过刑事处罚或者被税务机关给予第二次以上行政处罚的除外。"根据本条款，如果五年之内被税务机关给了四次行政处罚又逃税的，当然成立逃税罪，这就是一种当然解释。

释义 12. 当然解释的问题

当然解释追求结论的逻辑合理性，但该结论并不必然符合罪刑法定原则。在根据举轻以明重（轻的行为都是犯罪，重的行为更应是犯罪）入罪时，也要求案件事实符合刑法规定的构成要件，遵守罪刑法定原则，不能简单地以案件事实的社会危害性严重为由按犯罪论处。

例如，早前社会上出现过倒卖飞机票的行为。应当说，倒卖飞机票的行为比倒卖车票、船票的危害性更严重，根据当然解释更应入罪。但是，我国刑法只规定了倒卖车票、船票罪，因而就不能将飞机票解释为"车票、船票"，进而以倒卖车票、船票罪论处。

（6）反对解释：反对解释即根据刑法条文的正面表述，推导其反面概念的解释。例如：《刑法》第 50 条规定，死缓犯在缓刑执行期间没有故意犯罪的，"二年期满后，减为无期徒刑"。那么，死缓执行期间没有满 2 年能不能减为无期徒刑？答案为不能。这就是反对解释。

（7）补正解释：补正解释即在刑法文字发生错误时，统观刑法全文加以补正，以阐明刑法真实概念的解释方法。例如：《刑法》第 99 条规定："本法所称以上、以下、以内，包括本数。"《刑法》第 63 条规定："犯罪分子具有本法规定的减轻处罚情节的，应当在法定刑以下判处刑罚。"后来发现，《刑法》第 63 条的"以下"不应包括本数，于是补正解释第 63 条的"以下"不包括本数。

2. 解释理由

（1）文理解释：文理解释指根据刑法所用文字的文义及其通常使用的方式使其含义明确的解释方法。如将盗窃罪中的"公私财物"解释为"他人财物"就是文理解释。再如将《刑法》第 241 条第 2 款规定"收买被拐卖的妇女，强行与其发生性关系的"中的性关系解释为性交。

（2）比较解释：比较解释即将刑法的相关规定或外国立法与判例作为参考资料，借以阐明刑法规定真实概念的解释方法。

（3）体系解释：体系解释即根据刑法条文在整个刑法中的地位，联系相关法条的概念，阐明其规范意旨的解释方法。

案例 1. 张三取钱，刚把钱取出来就被李四抢走了。问：在银行大厅柜台外面抢劫储户的行为，是否成立抢劫罪中的抢劫金融机构罪？

答：根据"使用柜台风险转移"原则，钱一旦在柜台以外就不属于银行承担风险范围，因此，这种行为只能认定为普通抢劫。这就是体系解释。

（4）历史解释：历史解释即根据制定刑法时的历史背景以及刑法发展的源流，阐明刑法条文真实概念的解释方法。

释义 13.《刑法》第 237 条规定的强制猥亵、侮辱妇女罪中的猥亵和侮辱之间的区别

有人认为同性之间称侮辱，异性之间称猥亵，问：猥亵与侮辱是不是有区别？

答：两者没有区别，通过历史解释发现，我国 1979 年刑法规定了流氓罪的三个行为模式：一是聚众斗殴；二是寻衅滋事；三是公然侮辱妇女。《刑法》把它分成三种罪：分别是聚众斗殴罪、寻衅滋事罪、公然侮辱妇女构成的强制猥亵妇女罪。但是立法者认为司法者不一定很清楚猥亵的确切概念，于是在猥亵后面加了"侮辱"两个字，用来强化说明猥亵。所以，两者没有区别。

（5）目的解释：目的解释是指根据刑法规范的目的，阐明刑法条文真实概念的解释方法。

释义 14. 日本的刑法学关于刑法解释问题的规定

第一，日本的刑法学界有一种划分法是按照"解释的参照事项"与"条文的适用方法"来划分刑法解释的。解释方法中的平义解释、宣言解释、扩大解释、缩小解释、反对解释、补正解释等属于条文的适用方法的，又称为解释技巧。解释方法中的文理解释、体系解释、历史解释、目的解释等属于解释的参照事项的，又称为解释理由。第二，任何解释结论都必须符合刑法的目的，当不同的解释方法得出多种结论或不能得出妥当结论时，必须以目的解释来最终确定；第三，所有的刑法解释都要从法条的文理开始，而且不能超出刑法用语可能具有的概念，否则为违反罪刑法定原则的解释。

能力应用

1. 下列哪一种说法是正确的？（ ）

A. 将强制猥亵妇女罪中的"妇女"解释为包括男性在内的人，属于扩大解释

B. 将故意杀人罪中的"人"解释为"精神正常的人"，属于应当禁止的类推解释

C. 将伪造货币罪中的"伪造"解释为包括变造货币，属于法律允许的类推解释

D. 将为境外窃取、刺探、收买、非法提供国家秘密、情报罪中的"情报"解释为"关系国家安全和利益、尚未公开或者依照有关规定不应公开的事项"，属于缩小解释

2. ①立法解释是由立法机关作出的解释，既然立法机关在制定法律时可以规定"携带凶器抢夺的"以抢劫罪论处，那么，立法解释也可以规定"携带凶器盗窃的，以抢劫罪论处"。②当然，立法解释毕竟是解释，所以，立法解释不得进行类推解释。③司法解释也具有法律效力，当司法解释与立法解释相抵触时，应适用新解释优于旧解释的原则。④不过，司法解释的效力低于立法解释的效力，所以，立法解释可以进行扩大解释，司法解释不得进行扩大解释。关于上述四句话正误的判断，下列哪一选项是正确的？（ ）

A. 第①句正确，其他错误　　　　　　B. 第②句正确，其他错误

C.第③句正确,其他错误　　　　　　D.第④句正确,其他错误

3.关于刑法解释的说法,下列哪一选项是正确的?(　　)

A.将盗窃罪对象的"公私财物"解释为"他人的财物",属于缩小解释

B.将《刑法》第171条出售假币罪中的"出售"解释为"购买和销售",属于当然解释

C.对随身携带枪支等国家禁止个人携带的器械以外的其他器械进行抢夺的,解释为以抢劫罪定罪,属于扩张解释

D.将信用卡诈骗罪中的"信用卡"解释为"具有消费支付、信用贷款、转账结算、存取现金等全部功能或者部分功能的电子支付卡",属于类推解释

4.①对于同一刑法条文中的同一概念,既可以进行文理解释也可以进行论理解释。②一个解释者对于同一刑法条文的同一概念,不可能同时既作扩大解释又作缩小解释。③刑法中类推解释被禁止,扩大解释被允许,但扩大解释的结论也可能是错误的。④当然解释追求结论的合理性,但并不必然符合罪刑法定原则。关于上述四句话的判断,下列哪些选项是错误的?(　　)

A.第①句正确,第②③④句错误　　　　B.第①②句正确,第③④句错误

C.第①③句正确,第②④句错误　　　　D.第①③④句正确,第②句错误

【参考答案】　1.D　　2.B　　3.C　　4.ABCD

第二章　刑法的基本原则

知识结构

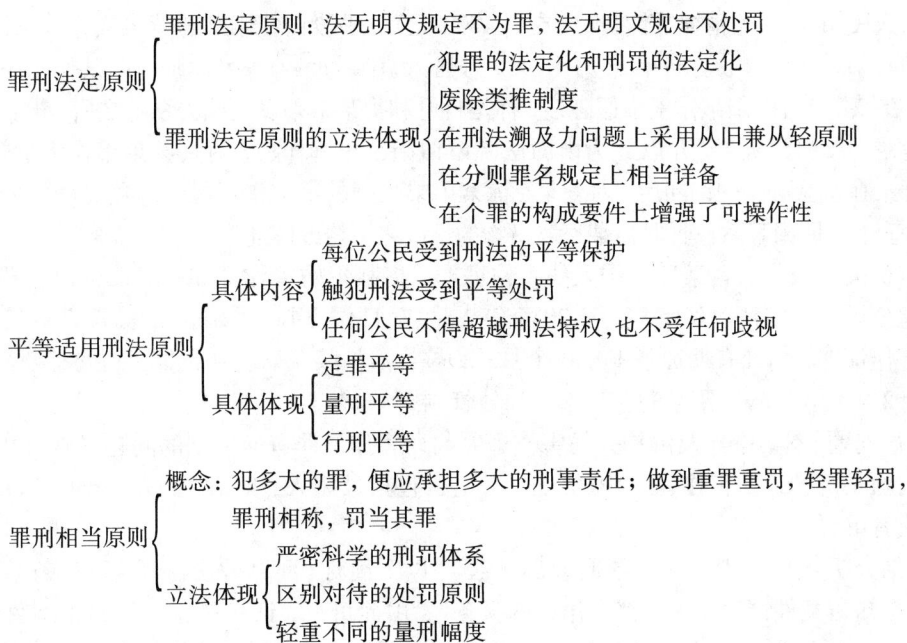

法条规范

第 3 条［罪刑法定］法律明文规定为犯罪行为的，依照法律定罪处刑；法律没有明文规定为犯罪行为的，不得定罪处刑。

第 4 条［适用刑法人人平等］对任何人犯罪，在适用法律上一律平等。不允许任何人有超越法律的特权。

第 5 条［罪责刑相适应原则］刑罚的轻重，应当与犯罪分子所犯罪行和承担的刑事责任相适应。

典型案例

【基本案情】

肖某辩护人妨害作证案①

被告人肖某，男，47 岁，律师。

被告人梅某，女，47 岁，工厂核算员。

被告人阳某，女，18 岁，酒吧服务员。

2014 年 9 月 3 日凌晨，梅某弟弟伙同刘某等人（已另案处理）对阳某实施强奸。公安机关将梅某弟弟和刘某抓获归案。同年 9 月 20 日，梅某的家属聘请被告人肖某作为梅某弟弟的辩护人。同年 11 月初，被告人肖某未经侦查机关许可，两次伙同被告人梅某等人与阳某见面，并以支付人民币 3000 元精神补偿费（已支付 1500 元）的手段诱使阳某违背事实作虚假陈述，意图使梅某弟弟无罪释放。同年 11 月 13 日，被告人肖某与另外一名律师对阳某作了一份调查笔录，在该笔录中，阳某作了虚假陈述，称是自愿和梅某弟弟发生性关系。之后，被告人肖某将该笔录提交检察机关，并以此为由向法院申请阳某出庭作证，对梅某弟弟作无罪辩护。被告人阳某在接受法院的询问后，对刘某、梅某弟弟强奸的事实作了虚假陈述。后经公安机关补充侦查，查明阳某系在收取梅某家属财物的情况之下修改陈述。

检察机关以被告人肖某犯辩护人妨害作证罪、梅某犯妨害作证罪、阳某犯包庇罪，向法院提起公诉。一审法院经审理，于 2016 年 2 月 20 日作出判决如下：①被告人肖某犯辩护人妨害作证罪，判处有期徒刑 1 年 6 个月；②被告人梅某犯妨害作证罪，判处有期徒刑 1 年，缓期 2 年；③被告人阳某犯包庇罪，判处管制 1 年。

【法律问题】本案中涉及辩护人妨害作证罪与妨害作证罪有何区别的问题之外，最具有争议的问题是辩护人妨害作证罪中的"证人"是否包括被害人，即对"证人"能否进行广义的理解或者解释。

【案例分析】《中华人民共和国刑事诉讼法》（以下简称《刑事诉讼法》）第 60 条第 1 款规定"凡是知道案件情况的人，都有作证的义务"，由此可见，证人是指一切知道案件情况的人，显然包括被害人。就本案而言，依据证人范围的认定所采用的解释方法，会得出不同的意见：第一种意见站在被告人立场，认为本着有利于被告人的原则，应该对证人的范围采用严格解释的方法，不宜将被害人纳入证人的范畴。根据《刑事诉讼法》可以看出当事人和证人是并列的概念，证人不可能包含作为当事人之一的被害人。第二种意见则站在裁判的立场上，认为在不违背罪刑法定原则的基础上，可以采用必要的扩大解释。《刑法》第306 条规定的"证人"与《刑事诉讼法》第 42 条规定的证人概念不同，应该理解为广义的证人，包括被害人。

笔者认为，第二种观点比较符合刑法的规定。

---

① 案例来源：最高人民法院刑事审判第一、二、三、四、五庭.中国刑事审判指导案例（妨害社会管理秩序罪）[M].北京：法律出版社，2009：103 - 104.

规范释义

　　刑法基本原则是指刑法明文规定的、在全部刑事立法和司法活动中应遵循的根本准则。对于刑法的基本原则,也有国外学者称为刑法的基本原理或刑事立法原则。在刑法有哪些基本原则这一问题上,学界的认识并不一致。国外的学者一般认为刑法的基本原则有行为主义、罪刑法定和责任主义三大原则。如日本学者井田良认为,行为主义、罪刑法定和责任主义这三个原则相互关联、相互依存、不可分离,正因为有了行为主义原则才使罪刑法定原则具有意义,而只有存在罪刑法定原则才使责任主义原则成为可能①。此外还有学者认为刑法基本原则还包括法益侵害原则、谦抑原则和法治原则等。我国刑法明文规定的刑法基本原则有三种,分别是罪刑法定原则、平等适用刑法原则和罪刑相当原则。

第一节　罪刑法定原则

一、罪刑法定原则的概念

　　罪刑法定原则又称"罪刑法定主义",是资产阶级革命时期反对封建司法制度非法专横的产物,是对罪刑擅断主义的彻底否定。罪刑法定原则的经典表述是"法无明文规定不为罪,法无明文规定不处罚",即犯罪和刑罚必须基于国民的意思,事先予以规定。因此,不管行为人的行为在现实中造成多大的损害,也不管刑罚手段的使用有多么迫切,如果不是刑法将该特定的行为规定为犯罪类型,那么这一行为就不可能构成犯罪,也不可能对其加以刑罚处罚。

　　罪刑法定原则的基本要求是:第一,罪刑法定化,即犯罪和刑罚必须事先由法律作出明文规定,不允许法官随意擅断。第二,罪刑实定化,即对于什么行为是犯罪和犯罪所产生的法律后果,都必须作出实体性的规定。第三,罪刑明确化,即刑法规定必须文字清晰,意思确切,不得含糊其辞或者模棱两可。

二、罪刑法定原则的理论基础

(一)历史基础

　　(1)形式起源:1215年英王约翰签署的《大宪章》第39条规定:"对于任何自由人,不依同一身份的适当的裁判或国家的法律,不得逮捕、监禁、剥夺领地、剥夺法的保护或放逐出境,不得采取任何方法使之破产,不得施加暴力,不得使其入狱。"这一规定奠定了"适当法律程序"的思想基础。

　　(2)实质法律渊源:现代意义上的罪刑法定原则的法律渊源在大陆法系和英美法系都

---

① ［日］井田良.讲义刑法学·总论［M］.东京:有斐阁,2008:28.

有体现。在大陆法系中，现代意义上的罪刑法定原则最早出现在法国 1789 年的《人权宣言》①、1791 年的《法国宪法》与 1810 年的《法国刑法典》中。明确提出罪刑法定原则，并赋予它明确含义的是被称为"近代刑法之父"的德国著名古典刑法学派的学者费尔巴哈。1810 年，费尔巴哈在《巴伐利亚刑法典（草案）》里第一次提出了罪刑法定原则，首倡"法无明文规定不为罪，法无明文规定不处罚"。1810 年的《法国刑法典》第 4 条进一步规定："没有在犯罪行为时以明文规定刑罚的法律，对任何人不得处以违警罪、轻罪和重罪。"②在英美法系中，英国 1628 年的《权利请愿书》、1688 年的《人身保护法》也从不同角度巩固了罪刑法定主义思想。上述思想后来在美国广泛传播，美国的《人权宣言》及宪法都肯定了罪刑法定主义，并且在某些方面使罪刑法定原则具体化。随后，1788 年美国宪法第 1 条第 9款第 3 项规定，美国国会"不得通过任何褫夺公权的法案或者追溯既往的法律"。

（3）国际条约中的罪刑法定原则：目前该原则已经得到国际法的承认并写入国际条约，例如《世界人权宣言》第 11 条第 2 款规定："任何人的任何行为或不行为，在其发生时依国家法或国际法均不构成刑事罪者，不得被判处犯有刑事罪。刑罚不得重于犯罪适用的法律规定。"②

（二）思想基础

罪刑法定原则严格意义上的思想渊源是三权分立学说和心理强制说。目前普遍认为这一原则的思想基础是民主主义和自由主义原理。

1. 民主主义原理

（1）三权分立学说：三权分立理论最早在 17 世纪由英国学者洛克提出，此后该学说不断传播，由法国学者孟德斯鸠最终完成理论构建，并得到贝卡利亚等一大批学者的赞成。三权分立理论认为：为了保证个人自由，立法、司法、行政这三个国家机能应当由不同的国家机关分别掌握。如果同一批人同时掌握两种权力，这两种权力就不能相互制约。同一机构同时掌握两种甚至三种权力必将导致公民政治自由的丧失，必将带来灾难性后果。根据三权分立理论，审判机关只是"表述法律之口"，其任务只是适用立法机关所制定的法律。因此，事前必须要有严格规定犯罪与刑罚的法律。

（2）国民主权及议会民主思想：民主主义，即国民主权及议会民主制思想，这种思想认为什么样行为是犯罪，对之应处以何种刑罚，应当由国民自己通过其投票选举的国会来加以决定，即必须由国会用法律的形式来加以规定。

2. 自由主义原理

（1）心理强制学说：该学说是根据预防犯罪的目的论证罪刑法定原则正当性的理论。费尔巴哈认为：人是在避免不快、追求快乐、权衡利弊之下进行活动的动物，如果把刑罚作为犯罪的后果预先予以规定，实施犯罪时立即执行法律上规定的刑罚，那么人们就会把不犯罪而产生的小的不快和因受刑罚而产生大的不快合理地加以权衡，会为了避免大的不快而抑制小的不快即不去犯罪，因而就有必要在法律上预先规定犯罪与刑罚的关系。心理强制说以人为理性动物，又有自私的特性为基点。心理强制说强化人们对犯罪与刑罚必然相联系的确信，认为除对具体犯罪应立即执行刑罚之外，尤其重要的是要以法律预先明确

---

① 1789 年的《人权宣言》第 8 条规定："除非根据在犯罪前制定公布且依法施行的法律，不得处罚任何人。"

② 张明楷.刑法学（第 4 版）[M].北京：法律出版社，2011：45.

规定各种犯罪及其犯罪后应受的刑罚处罚。由此，意欲犯罪者无论有何犯罪趋向，都将面临着刑罚的威慑，从而使刑罚的心理强制作用得以充分发挥。

（2）国民预测可能性原理：为了保障人权和使国民产生安全感，就要使国民能够事先预测自己行为的性质与后果，即国民要具有预测可能性，这就要求必须事先明文规定犯罪与刑罚，即事先要有成文法的规定，才能保障国民具有预测的可能性。

（三）价值基础

（1）民主价值：公民通过民意机构以法律形式确立犯罪与刑罚。刑法是民意、公民自我约束的产物（公民自律），其正当性源自民主。司法应该尊崇立法，严格解释、适用刑法，不得越权。①

（2）自由价值：公民通过事先公布的明确的刑法，能预知自己的行为是否犯法（可预知性），因而刑法能够规范公民的行为、保障公民的行动自由。法划定了自由的边界，法不禁止即自由。②

三、罪刑法定原则的基本内容

（一）形式方面的要求

罪刑法定原则形式方面的要求主要体现为法律主义。法律主义是指规定犯罪及其后果的法律必须是成文的法律。法律只能由立法机关制定，法官只能根据成文法定罪量刑。其具体要求如下：

（1）排斥习惯法：习惯法是独立于国家制定法之外，依据某种社会权威和社会组织，具有一定强制性的行为规范的总和。罪刑法定原则的思想基础是民主主义原理和自由主义原理中的国民预测的可能性。在一定地域范围内，虽然习惯法最能够体现民意，符合罪刑法定原则中的民主主义原理的要求，但是根据国民预测可能性原理，必须排斥习惯法。

释义 1. 排斥习惯法的理由

第一，习惯法形成于社会结构简单、价值单一的时代，在社会复杂化、价值多元化的时代，习惯法作为刑法的法源已不可能。第二，习惯法通常缺乏明确的表达，人们难以据此预测自己行为的性质和后果。第三，习惯法通常适应于狭窄限定的各类人际关系范畴而不是适用于普遍的各阶层，因此，不具有一般性。第四，习惯法不可能被归纳为一套规则，使之法典化则意味着令其面目全非。第五，刑法比其他任何法都更需要法的安定性，习惯法难以起到限制司法权的作用，只有成文法才能保证法的安定性。③

（2）排斥判例法：判例法（Case Law），就是基于法院的判决而形成的具有法律效力的判定，这种判定对以后的判决具有法律规范效力，能够作为法院判案的法律依据。判例法是英美法系国家的主要法律渊源，它是相对于大陆法系国家的成文法或制定法而言的。判

---

① 阮齐林.刑法［M］.北京：中国人民大学出版社，2013：5.
② 阮齐林.刑法［M］.北京：中国人民大学出版社，2013：5.
③ 张明楷.刑法学（第4版）［M］.北京：法律出版社，2011：54-55.

例法的来源不是专门的立法机构，而是法官对案件的审理结果，它不是立法者创造的，而是司法者创造的，因此，判例法又称为法官法或普通法。我国属于社会主义法系，较接近于大陆法系的成文法，排斥判例法的使用。

释义2. 排斥判例法的理由

第一，罪刑法定原则要求司法机关只能根据已经公布的刑法定罪量刑。在大陆法系国家的刑法中，始终将成文法主义视为罪刑法定原则的第一要义，故反对将判例、判决理由与结论作为定罪量刑的法源。即判例"法"是不存在的，法官不可能创造新罪名。虽然大陆法系也有被称为判例的文献，它们对下级法院的判决也具有指导作用，但它们只是作为成文法的解释例适用的，而不是刑法的渊源。第二，尽管英美法系将判例作为法源，但并不能成为大陆法系国家采取这一立场的理由。判例法本身存在问题。首先，判例法至少在程序上违反民主主义原理，因为其并不是由人民选举的代表制定刑法。其次，法官造法的判例法实际上是溯及既往的法律，作为法源的判决及"初见案件"，要求人民在行为时遵守行为时并不存在的判例法，损害人民的预测可能性和刑法的保障机能。过时的判例法会影响现在案件的审理。如果恪守判例，会损害具体案件处理的正义性；如果舍弃先例，就会损害人民的预测可能性。①

（3）禁止绝对不定期刑：罪刑法定原则要求法定刑要明确，即要有特定的刑种和刑度。如果刑法分则条文宣布禁止某种行为，但没有对该行为规定刑罚后果，那么根据"没有法定的刑罚就没有犯罪"的原则，该行为便不是犯罪。同时，绝对不定期刑赋予了法官无限制的自由裁量权，也违背罪刑法定原则。

（4）禁止类推解释和类推适用：类推解释是指需要判断的具体事实与法律规定的构成要件基本相似时，将后者的法律效果适应于前者。现在类推解释的要求由禁止一切类推解释发展到只禁止不利于被告人的类推解释。例如1979年刑法第79条："本法分则没有明文规定的犯罪，可以比照本法分则最相类似的条文定罪判刑，但是应报最高人民法院核准。"这条违背罪刑法定原则，容易造成司法擅断。

释义3. 禁止类推解释和类推适用的理由

第一，立法机关通过文字表述其立法意图。因此，在解释刑法的时候，只能在法条文字可能具有的含义内解释；如果可以类推解释则意味着成文刑法丧失意义。第二，类推解释的结论必然导致国民不能预测自己行为的性质与后果，这样要么会造成国民行为的萎缩，要么会造成国民在不能预见自己行为的情况下受到刑罚处罚。

（5）禁止溯及既往：禁止溯及既往即禁止事后法，该原则是保障国民自由的要求，国

① 张明楷. 刑法学(第4版)[M]. 北京：法律出版社，2011：54-55.

民是根据现行有效的法律计划来实施自己的行为，国民不可能预见到立法机关在其行为后会制定何种法律，故不可能根据行为后的法律安排现在的行为。基于保障国民自由的原则，现在禁止溯及既往的要求是禁止不利于被告人的溯及既往。

（二）实质方面的要求

实质方面包括两层内容：一是刑罚法规明确性原则；二是刑罚法规内容适正原则。实质法治不仅强调依法治理国家，所有人都在法律之下，而且强调防止恶法，主张以实在法之外的标准衡量和检测法律，寻求法律的实质合理性。

（1）明确性原则：明确性原则的基本要求是刑法关于犯罪、刑罚及其相互关系的规定应当力求明确、具体，使人能够明确了解违法行为的内容。明确性原则的具体内容包括：①禁止绝对不定（期）刑。目前各国刑法都采用了相对确定的法定刑模式，该模式一方面限制了法官自由裁量的权力，另一方面也有利于实现罪刑相适应的原则。②犯罪构成的明确性。犯罪构成的明确性提出了这样一个基本要求：规定犯罪的法律条文必须清楚明确，使人能确切地了解违法行为的内容，准确地确定犯罪行为与非犯罪行为的范围，以保障该规范没有明文规定的行为不会成为该规范适应的对象。① 如果犯罪构成不明确就不具有保障国民预测可能性的功能，会造成国民行动的萎缩。③刑事司法的明确性要求：第一，司法解释与指导案例具有明确性；第二，判决书与起诉书具有明确性。

> **释义4. 关于明确性原则问题**
>
> 　　将明确性原则作为罪刑法定原则的实质方面，源于美国的"因不明确而无效"的理论。美国联邦最高法院于1914年认定法律"因不明确而无效"是一项宪法原则。同时，明确性是一个相对的要求，没有绝对上限，只是努力的方向，主要是因为刑法中存在规范性要素，而规范性要素取决于社会的价值判断，因而规范性要素不可能具有明确性。
>
> 　　例1：《刑法》第232条规定故意杀人罪的法条很简单，在罪状上用了五个字："故意杀人的"。问：该法条是否明确？
>
> 　　答：该法条规定的属于简单罪状，简单罪状同样是明确的。

（2）合理性原则：该原则的基本内容是：禁止制定违宪的或违背刑法基本原则的刑事法律；禁止处罚不当罚的行为；禁止不均衡的、残酷的刑罚。

四、罪刑法定原则的具体实现

为避免罪刑法定原则沦为口号，要求定罪时遵循规范的判断方法。定罪活动基本上是一个三段论的推理过程。大前提是法律规定（构成要件），小前提是案件事实，结论是有罪无罪。但是实务中经常出现的错误是颠倒大前提与小前提，将案件事实作为大前提，将法律规定的构成要件作为小前提。例如，某个单位组织盗窃电力。实务中有人如此推理：这

---

① ［意］杜里奥·帕多瓦尼.意大利刑法学原理［M］.陈忠林，译.北京：法律出版社，1998：24.

是单位盗窃(大前提),刑法没有规定单位可以成为盗窃罪主体(小前提),所以该案件应作无罪处理。正确的推理应是:刑法规定了自然人构成盗窃罪(大前提),某单位组织盗窃电力,其中必然存在自然人盗窃电力的行为(小前提),因此该单位的有关自然人(单位的直接责任人员)符合盗窃罪的构成要件,构成盗窃罪。有人可能认为,单位的直接责任人员不具有非法占有目的,因而不构成盗窃罪。实际上,盗窃罪的非法占有目的不仅仅限于为本人占有,还包括为其他第三人占有。例如,甲为了让乙非法占有,盗窃丙的财物,然后送给乙,甲仍构成盗窃罪。

五、我国刑法的罪刑法定原则

我国刑法的罪刑法定原则是吸取国际上的经验,并根据我国的实际情况制定的。现行刑法已经废除了 1979 年刑法第 79 条规定的类推制度①。

(一)我国刑法的罪刑法定原则的含义

根据《刑法》第 3 条规定,罪刑法定原则由两个基本方面组成,其一是"法律明文规定为犯罪行为的,依照法律定罪处刑";其二是"法律没有规定为犯罪行为的,不得定罪处刑"。第一个方面称为"积极的罪刑法定原则",第二方面称为"消极的罪刑法定原则",积极的罪刑法定原则与消极的罪刑法定原则共同构成我国刑法的罪刑法定原则。

(二)积极的罪刑法定原则与消极的罪刑法定原则的关系

积极的罪刑法定原则与消极的罪刑法定原则是罪刑法定原则所包含的两个方面,二者密切联系、对立统一,具体表现为运用刑罚权惩罚犯罪以保护社会与约束国家刑罚权以保障人权的对立统一。二者的对立统一关系,和个人自由与社会秩序之间的对立统一关系密切相关。现代刑法的首要价值和任务是维护个人自由,尽最大可能地保护和保障个人自由,同时维护社会秩序的稳定。在特殊情况下,当罪刑法定原则的积极方面和消极方面发生冲突时,应当优先考虑罪刑法定原则的消极方面,在此前提下寻求个人自由与社会秩序的统一。运用刑罚权来惩罚犯罪以保护人权与约束刑罚权来防止滥用以保障人权的统一,这就是罪刑法定原则的全面的、正确的含义。罪刑法定原则的这两个方面的含义集中到一点,就是对人权的保护。保护人权是我国罪刑法定原则的真谛。

【案例思考】

2005 年 9 月 15 日,B 市的家庭主妇张某在家中利用计算机 ADSL 拨号上网,以 E 话通的方式,使用视频与多人共同进行"裸聊"被公安机关查获。对于本案,B 市 S 区检察院以聚众淫乱罪向 S 区法院提起公诉,后又撤回起诉。根据罪刑法定原则,评述"裸聊"行为的处理结果。

答案:根据罪刑法定原则,对某人的行为定罪处罚必须依据明文规定的刑法。对于张某的"裸聊"行为,最相近的犯罪类型为《刑法》第 301 条的聚众淫乱罪,故检察机关以该罪起诉。经审查,本案不符合聚众淫乱的要件;且本案也不符合其他相近的犯罪类型如《刑法》第 363 条的传播淫秽物品牟利罪、第 364 条的传播淫秽物品罪。故本案只能认定为无罪。

---

① 1979 年刑法第 79 条:"本法分则没有明文规定的犯罪,可以比照本法分则最相类似的条文定罪判刑,但是应当报请最高人民法院核准"。

第二节　平等适用刑法原则

一、平等适用刑法原则的基本含义

平等适用刑法原则是法律面前人人平等原则在刑法领域的贯彻、实施。该原则意味着刑法在应当得到适用的所有场合，都应予以严格适用。平等适用刑法原则是保障公民自由、实现法治的要求。平等适用刑法原则的核心意思是，相同的法益应该受到相同的保护，相同的行为应该受到相同的对待。如果不平等地适用刑法，就意味着一部分法益不受刑法的保护。

二、平等适用刑法原则的内容

平等适用刑法原则的主要内容有：①一切公民都受到刑法的平等保护；②一切公民触犯刑法都要受到刑法的平等处罚，定罪量刑时不得因犯罪人的社会地位、家庭出身、职业状况、财产状况、政治面貌、才能业绩的差异而有所区别；③任何公民都不得有超越刑法之上的特权，也不得受到刑法的任何歧视；④任何人受到犯罪侵害时，都应受到刑法的保护；⑤不同受害人的同等权益应受到刑法的同样保护。

> **释义 5. 平等适用刑法原则的运用问题①**
>
> 平等适用刑法原则并不否定犯罪人或被害人的特定个人情况对定罪量刑的合理影响。在刑事立法、司法上，如果犯罪分子的主体情况、被害人的个人情况等对犯罪的客观社会危害以及犯罪人的主观恶性大小有影响，则要求在适用刑法上有所区别和体现。

三、平等适用刑法原则的具体体现

平等适用刑法原则包含两个方面的内容：一是立法上的平等；二是司法上的平等。两个方面缺一不可，相辅相成。在刑事司法实践中，贯彻平等适用刑法原则主要表现在定罪平等、量刑平等与行刑平等三个方面，这也体现了刑事司法的公正性。

---

① 王作富，黄京平.刑法学(第6版)[M].北京：中国人民大学出版社，2016：19.

第三节　罪刑相当原则

一、罪刑相当原则的含义

罪刑相当原则又称罪刑均衡、罪刑相称或者罪刑相适应原则，犯多大罪就应承担多大的刑事责任，法院也应判处其相应轻重的刑罚，做到重罪重罚，轻罪轻罚，罪刑相称，罚当其罪；在分析罪重罪轻和刑事责任大小时，不仅要看犯罪的客观社会危害性，而且要结合考虑行为人的主观恶性和人身危险性，把握罪行和犯罪各方面因素综合体现的社会危害性程度，从而确定其刑事责任程度与适用相应轻重的刑罚。

> **释义6. 主观恶性和人身危险性**
>
> 第一，主观恶性是犯罪主体对自己行为及社会危害性所抱的心理态度，属于犯罪的主观方面的一种，犯罪主观要件是支配行为人实施危害行为的内在动力。研究犯罪时的主观恶性，对于确定犯罪的性质和准确地定罪量刑起到重要的作用。第二，人身危险性，狭义的人身危险性是指曾经实施过犯罪行为、受过刑罚处罚的人，再次实施犯罪行为的可能性。广义的人身危险性则不以行为人曾经犯过罪、受过刑罚处罚为前提，即不仅指再犯可能性，而且指初犯可能性。

二、罪刑相当原则的历史沿革

罪刑相当原则的观念最早追溯到原始社会的同态复仇和奴隶社会的等量报应。"以血还血、以牙还牙"是其最原始的表现形式。

罪刑相当原则是资产阶级革命时期的自由、平等、博爱思想在刑罚理论上的表现。它最初是为了反对中世纪刑罚的专断和严厉，实现刑罚上的公平和正义。当时的资产阶级启蒙思想家如霍布斯、洛克、孟德斯鸠等人都极力倡导这种思想。明确提出和阐明罪刑相当原则并奠定其理论基础的是贝卡里亚、边沁、康德和黑格尔。他们论述的罪刑相当原则的基本含义可归纳为以下几点：①罪刑相当是指刑罚的性质和强度要与犯罪的性质与严重程度相称，轻罪轻刑，重罪重刑，刑当其罪，不允许轻罪重刑或者重罪轻刑。②衡量犯罪轻重的尺度，是犯罪的性质及其对社会的危害，对社会的危害越大，犯罪就越严重。衡量刑罚轻重的尺度是它给犯人造成的痛苦程度或侵害强度。痛苦的程度或者侵害的强度越大，刑罚就越严重。③罪刑相当原则还包括刑罚在其实施方式上与犯罪相适应。为了使人们清楚地看到刑罚是犯罪的必然结果，必须迅速及时地对犯罪执行刑罚。④犯罪与刑罚的均衡关系只能由法律加以规定。任何司法官员都无权超越法律的规定擅自增加对人民的既定刑罚。⑤犯罪与刑罚的均衡关系是随着时代的变化、国家和社会情况的变化而变化的。应当根据不同时代、不同国家和社会的情况去构建相应的罪刑均衡关系。他们的理论对资产阶级刑事立法有重大和深远的影响。这个原则成为 18 世纪末和 19 世纪初所有新刑法典规定罪刑关系的重要准则。

19 世纪末，随着资产阶级社会矛盾的加剧，犯罪现象日益严重。新兴的近代学派提出"应受刑罚处罚的不是行为，而是行为人"的口号，反对刑事古典学派的行为中心论，并对罪刑相当原则提出了尖锐的批判。但是，罪刑相当原则毕竟反映了刑法公平、正义的要求，而且对准确打击犯罪是有力的保证。实践经验证明，罪刑相当原则具有强大的生命力，这是近代学派倡导的以行为人的反社会性或危险性为基础的刑罚个别化所无法取代的。实行罪刑相当原则与刑罚个别化相结合，这是当前刑事立法的一种新趋势。关于二者如何结合，一般强调以罪刑相当原则为主，刑罚个别化为补充。所以，虽然近代学派曾企图建立一个以人身危险性为基础的刑法典，把行为刑法变为行为人刑法，但并未成功。当今世界各国的刑法典，仍然是一个以行为为中心并按照罪刑相当原则建立的罪刑关系的体系。罪刑相当原则仍然是当代各国刑法遵循的一个基本原则。

三、罪刑相当原则的内容

(1) 刑法尺度的公式：刑罚的尺度 = 客观危害性 + 主观罪过性 + 人身危险性。
(2) 具体操作：刑罚应与犯罪性质、犯罪情节和人身危险性相适应。
(3) 程序表现：
① 制刑上，侧重考虑犯罪性质，制定协调合理的刑罚体系。
② 量刑上，侧重考虑犯罪情节，做到重罪重判、轻罪轻判。
③ 行刑上，侧重考虑人身危险性，合理运用减刑、假释等制度。

四、我国刑法的罪刑相当原则

《刑法》第 5 条规定："刑罚的轻重，应当与犯罪分子所犯罪行和承担的刑事责任相适应。"这就是我国刑法的罪刑相当原则，它包括两个方面的内容：一是刑罚的轻重应当与犯罪分子所犯罪行相适应；二是刑罚的轻重，应当与犯罪分子所承担的刑事责任相适应。

(1)《刑法》第 5 条直接规定了罪刑相当原则，即犯罪分子所受到的刑罚惩罚应当与犯罪的事实、性质、情节、社会危害性的大小以及其所应当承担的刑事责任相适应，它体现了刑法的公正性。

(2)《刑法》第 5 条间接规定了刑罚个别化原则及其与罪刑相当原则的关系。刑罚个别化原则是指刑罚的轻重应当与犯罪者的个人情况相适应。罪刑相当原则与刑罚个别化原则既相互联系又相互区别。二者之间的基本关系是：① 罪刑相当原则是调整刑罚与犯罪即罪刑关系的基础性原则，为刑罚个别化原则的运用划定了范围；② 刑罚个别化原则是调整刑罚与犯罪人关系的基本原则，它要求刑罚应当根据犯罪人的具体特点有针对性地加以规定、裁量与适用，从而构成对罪刑相当原则的制约和校正。

五、罪刑相当原则在刑法中的体现

在与客观罪行相适应方面，罪刑相当原则主要关注客观行为的社会危害性。如在结果加重犯中，适用较重的法定刑；对防卫过当、避险过当构成犯罪的，应当减轻或免除处罚；对于预备犯、未遂犯等规定了从轻、减轻处罚。

在与主观责任相适应方面，罪刑相当原则更加关注人身危险性。如累犯从重处罚不得适应缓刑、假释；对未成年人、又聋又哑人、自首、立功的人从宽处理等。

能力应用

1. 关于罪刑法定原则，下列哪一选项是正确的？（　　　）

A. 罪刑法定原则的思想基础之一是民主主义，而习惯最能反映民意，所以，将习惯作为刑法的渊源并不违反罪刑法定原则

B. 罪刑法定原则中的"法"不仅包括国家立法机关制定的法，而且包括国家最高行政机关制定的法

C. 罪刑法定原则禁止不利于行为人的溯及既往，但允许有利于行为人的溯及既往

D. 刑法分则的部分条文对犯罪的状况不作具体描述，只是表述该罪的罪名。这种立法体例违反罪刑法定原则

2. 关于罪刑法定原则及其内容，下列哪一选项是正确的？（　　　）

A. 罪刑法定原则禁止类推解释与扩大解释，但不禁止有利于被告人的类推解释

B. 罪刑法定原则禁止司法机关进行类推解释，但不禁止立法机关进行类推解释

C. 罪刑法定原则禁止适用不利于行为人的事后法，但不禁止适用有利于行为人的事后法

D. 罪刑法定原则要求刑法规范的明确性，但不排斥规范的构成要件要素

3. "罪刑法定原则的要求是：①禁止溯及既往（_____的罪刑法定）；②排斥习惯法（_____的罪刑法定）；③禁止类推解释（_____的罪刑法定）；④刑罚法规的适当（_____的罪刑法定）。"下列哪一选项与题干空格内容相匹配？（　　　）

A. 事前——成文——确定——严格　　　　B. 事前——确定——成文——严格

C. 事前——严格——成文——确定　　　　D. 事前——成文——严格——确定

4. 关于罪刑法定原则有以下观点，下列哪一选项是正确的？（　　　）

①罪刑法定只约束立法者，不约束司法者

②罪刑法定只约束法官，不约束侦查人员

③罪刑法定只禁止类推适用刑法，不禁止适用习惯法

④罪刑法定只禁止不利于被告人的事后法，不禁止有利于被告人的事后法

A. 第①句正确，第②③④句错误　　　　B. 第①②句正确，第③④句错误

C. 第④句正确，第①②③句错误　　　　D. 第①③句正确，第②④句错误

5. 关于罪刑法定原则与刑法解释，下列哪些选项是正确的？（　　　）

A. 对甲法条中的"暴力"作扩大解释时，就不可能同时再作限制解释，但这并不意味着对乙法条中的"暴力"也须作扩大解释

B.《刑法》第237条规定的强制猥亵、侮辱罪中的"侮辱"，与《刑法》第246条规定的侮辱罪中的"侮辱"，客观内容相同、主观内容不同

C. 当然解释是使刑法条文之间保持协调的解释方法，只要符合当然解释的原理，其解释结论就不会违反罪刑法定原则

D. 对刑法分则条文的解释，必须同时符合两个要求：一是不能超出刑法用语可能具有的含义，二是必须符合分则条文的目的

【参考答案】1. C　　　2. C　　　3. D　4. C　5. AD

第三章　刑法的效力范围

知识结构

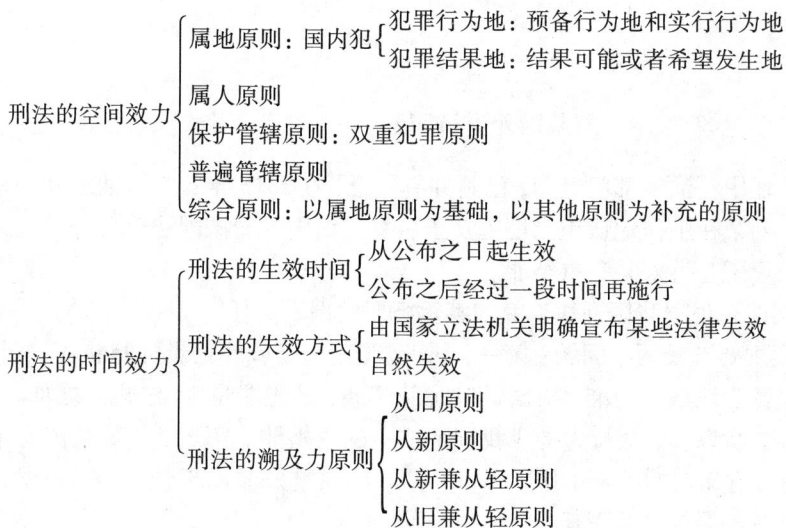

法条规范

第 6 条 ［属地管辖权］凡在中华人民共和国领域内犯罪的，除法律有特别规定的以外，都适用本法。凡在中华人民共和国船舶或者航空器内犯罪的，也适用本法。犯罪的行为或者结果有一项发生在中华人民共和国领域内的，就认为是在中华人民共和国领域内犯罪。

第 7 条 ［属人管辖权］中华人民共和国公民在中华人民共和国领域外犯本法规定之罪的，适用本法，但是按本法规定的最高刑为三年以下有期徒刑的，可以不予追究。中华人民共和国国家工作人员和军人在中华人民共和国领域外犯本法规定之罪的，适用本法。

第 8 条 ［保护管辖权］外国人在中华人民共和国领域外对中华人民共和国国家或者公民犯罪，而按本法规定的最低刑为三年以上有期徒刑的，可以适用本法，但是按照犯罪地的法律不受处罚的除外。

第 9 条 ［普遍管辖权］对于中华人民共和国缔结或者参加的国际条约所规定的罪行，中华人民共和国在所承担条约义务的范围内行使刑事管辖权的，适用本法。

第 10 条 ［对外国刑事判决的消极承认］凡在中华人民共和国领域外犯罪，依照本法应当负刑事责任的，虽然经过外国审判，仍然可以依照本法追究，但是在外国已经受过刑罚处罚的，可以免除或者减轻处罚。

第 11 条 ［外交代表刑事管辖豁免］享有外交特权和豁免权的外国人的刑事责任，通过外交途径解决。

第 12 条 ［溯及力］中华人民共和国成立以后本法施行以前的行为，如果当时的法律不认为是犯罪的，适用当时的法律；如果当时的法律认为是犯罪的，依照本法总则第四章第八节的规定应当追诉的，按照当时的法律追究刑事责任，但是如果本法不认为是犯罪或者处刑较轻的，适用本法。

本法施行以前，依照当时的法律已经作出的生效判决，继续有效。

典型案例

【基本案情】

刘某国外重婚罪案

2014 年，刘某升任中石油某部门经理，已婚并有一子，在 2015 年被中石油派驻中东某国家工作。2016 年，刘某在工作地认识当地一女子后登记结婚。而该国法律允许一夫多妻现象。后刘某的国内妻子起诉刘某犯重婚罪。

【法律问题】本案能否根据我国刑法追究刘某重婚罪的刑事责任？

【案例分析】本案主要涉及两个问题：第一，属人管辖中"领域外犯罪"的判断标准是以我国刑法为准还是以行为地法律为准，根据《刑法》第 7 条，该犯罪是"本法规定之罪"，应当是以我国刑法为准。所以，刘某行为构成我国刑法上的重婚罪。第二，刘某系国有单位的工作人员，属于刑法意义上的国家工作人员。所以，即便重婚罪属于轻罪，但根据我国法律也应当追究刘某重婚罪的刑事责任。

规范释义

刑法的效力范围又称刑法的适用范围，是指刑法在空间、时间方面的适用范围，即刑法在什么地方、对什么人和在什么时间内具有法律效力，包括刑法的空间效力与时间效力。

第一节　刑法的空间效力

一、刑法的空间效力的概念

刑法的空间效力，是指某刑罚法规对国内和国外发生的犯罪的适用范围，即刑法在什么地方、对什么人有效。它解决一个国家刑事管辖权的问题。

二、刑法的空间效力的适用原则

（1）属地原则：又称领土原则，指对在国家主权统治领域内的犯罪行为适用犯罪地国的刑法，即一个国家对其领域内的人，不问其国籍，都有进行规制以维护本国法秩序的权力。

（2）属人原则：又称国籍原则，即本国公民无论在何地犯罪，都适用本国刑法。

（3）保护原则：指对于侵害本国国家或公民利益（我国刑法中指的是侵害中国国家或者中国公民为直接的被害人或受侵害方）的犯罪行为，无论犯罪人的国籍和犯罪地如何，都应当适用本国刑法。保护原则是对属地原则的补充。

（4）普遍管辖原则：即凡发生国际条约所规定的侵害国际社会共同利益的犯罪，无论犯罪人是本国人还是外国人，也无论犯罪地在本国领域内还是在本国领域外，都适用本国刑法。

我国刑法的空间效力以属地原则为基础，以属人原则、保护原则、普遍管辖原则为补充。我国刑法的空间效力包括对地域的效力与对人的效力。

三、国内犯的适用原则

国内犯的适用原则是属地管辖的原则。我国刑法关于属地管辖的规定在《刑法》第6条第1款，该规定内容为："凡是在中华人民共和国领域内犯罪的，除法律有特别规定的以外，都适用本法。"

（一）"中华人民共和国领域"的含义

领域又称"领土"，中华人民共和国领域是指我国国境以内的全部空间区域。

1. 领土主义

领土包括领陆、领水、领空和底土。①领陆，即国境线以内的陆地及其地下层。这是国家领土最基本和最重要的部分。②领水，即国家领陆以内和与陆地邻接的一定宽度的水域，包括内水、领海及其地下层。内水包括内河、内湖、内海以及同外国之间界水的一部分，通常以河流中心线或主航道中心线为界；领海，即为海岸或内水相邻接的一定范围的水域，包括海床和底土，我国领海宽度为 12 海里。③领空，即领陆、领水的上空。①

2. 旗国主义

悬挂本国国旗的船舶与航空器，属于本国领土，不管其航行或停放在何处，对船舶与航空器内的犯罪，都适用旗国的刑法。根据国际条约和国际惯例，以下两部分属于我国领土的延伸，适用我国刑法：①悬挂我国国旗的航空器和船舶视为我国领域的延伸，属于我国刑事管辖的"领域"。②我国驻外使领馆发生的案件属于我国管辖的领域。

释义 1. 关于旗国主义的范围问题

悬挂我国国旗的航空器和船舶视为我国领域的延伸，但不包括列车；我国驻外使领馆发生的案件属于我国管辖的领域，这个刑法没有明确规定，只是根据国际法惯例而定。

---

① 陈兴良. 规范刑法学（教学版）[M]. 北京：中国人民大学出版社，2015：23.

（二）在"中华人民共和国领域内"的理解

（1）行为或者结果有一项发生在中国领域内的，就认为是在中国领域内犯罪。其包括三种情况：①犯罪行为与犯罪结果均发生在中国境内；②犯罪行为在中国境内实施，但犯罪结果发生在国外；③犯罪行为在国外实施，但犯罪结果发生在中国境内。

> 案例1.甲从日本将一瓶投放了毒药的咖啡邮寄给居住在中国上海的乙，乙饮用该咖啡后中毒身亡。问：我国刑法有无管辖权？
>
> 答：本案行为发生地在日本，结果发生地在我国。由于行为或者结果有一项发生在我国领域内的，就认为是在我国领域内犯罪，因而我国刑法有管辖权。

（2）在犯罪未遂场合，犯罪结果的期望发生地为中国的，认为是在中国领域内的犯罪。

> 案例2.如前述案例，如果乙没有饮用或饮用了却没有发生死亡的结果，也认为是在我国领域内犯罪，涉嫌故意杀人罪未遂。

（3）犯罪行为是一个过程的，其预备、实行行为的一部分或一个环节发生在中国的，就认为是在中国领域内犯罪。

> 案例3.甲、乙两人意图在越南杀害仇人丙，在中国广西进行密谋并准备了枪支等杀人工具，后在越南顺利地杀害了仇人丙。问：我国刑法有无管辖权？
>
> 答：根据前述，我国刑法有管辖权。

（4）在共同犯罪的场合，共同犯罪人之一人或共同犯罪行为之一部分发生在中国的，就认为是在中国领域内犯罪。共同犯罪是一个整体，无论是实行行为还是组织、教唆、帮助行为发生在中国领域内，无论是共犯行为的一部分还是全部发生中国领域内，都认为是在中国犯罪。

（三）"除法律有特别规定的以外"的理解

"除法律有特别规定的以外"主要是指：①不适用中国刑法的情况：享有外交特权和豁免权的外国人的刑事责任，通过外交途径解决①。②不适用内地刑法的情况：香港、澳门特别行政区和台湾地区不适用大陆刑法。③不适用中国刑法典的部分条文的情况：第一，单行刑法和附属刑法的特别规定，依据"特别法效力优于一般法"的原则，适用特别规定而排斥刑法典的部分适用；第二，民族自治地方依据刑法典制定的变通或者补充的规定，这主要是依据"其他有刑罚规定的法律"。

---

① 外交途径解决的结果，可能适用也可能不适用我国刑法。外交途径的方法有要求召回、宣布不受欢迎或限期离境。

释义2.使馆馆舍和外交官享有司法豁免权问题

使馆馆舍和外交官享有司法豁免权只是意味着：第一，未经使馆首长的同意，我国司法当局不能进入该使领馆抓捕犯罪嫌疑人、调查取证；第二，享有外交特权和豁免权的外交官员，享有司法豁免权；第三，其他人在外国驻华使领馆犯罪的，仍不排除我国依据属地原则适用中国刑法。

四、国外犯的适用原则

（一）属人原则

这里的人即本国公民，是针对我国公民在国外犯罪的情形。根据《刑法》的规定：凡中华人民共和国国家工作人员和军人在中华人民共和国领域外犯本法规定之罪的，一律适用本法；其他普通公民在中华人民共和国领域外犯本法规定之罪的，适用本法，但是按本法规定的最高刑为三年以下有期徒刑的，可以不予追究。所以，我国公民在我国领域内犯罪，一律适用我国刑法。我国公民在我国领域外犯罪的，包括以下两个内容：

第一，我国公民在我国领域外犯我国刑法规定之罪的，适用我国刑法。但是按照我国刑法规定的最高刑为三年以下有期徒刑的可以不予追究，例如《刑法》第258条规定对犯重婚罪的处二年以下有期徒刑或拘役，如果我国公民在我国领域外犯我国刑法规定的重婚罪的，可以不予追究。

第二，我国国家工作人员和军人在我国领域外犯我国刑法规定之罪的，适用我国刑法。"国家工作人员"的理解见《刑法》第93条；"军人"的理解见《刑法》第450条。

释义3."我国领域外"的理解

"我国领域外"包括其他主权国家统治的区域，以及无人管辖的区域，如公海、南极、太空、其他星球。"我国领域外"不等于"我国境外"。中国香港、中国澳门、中国台湾地区属于我国境外，但属于我国领域内。

（二）保护管辖原则

根据刑法规定，保护管辖是指外国人在我国领域外实施针对我国国家或者公民的犯罪，我国刑法具有管辖权。

根据我国刑法的规定，我国保护管辖原则的适用条件为：①犯我，即侵犯我国国家或公民利益；②重罪，即法定最低刑为三年以上有期徒刑；③双边评价，即双重犯罪原则，根据我国刑法和犯罪地刑法规定某行为均是犯罪，应受刑罚惩罚。

> 案例4.龟野先生是日本人，在日本强制猥亵中国妇女易某。问：中国刑法有管辖权吗？
>
> 答：没有。理由：猥亵妇女罪处五年以下有期徒刑或者拘役，其法定最低刑是拘役。

（三）普遍管辖原则

对于我国缔结或参加的国际条约所规定的罪行，我国在所承担条约义务范围内行使刑事管辖权的，适用本法。根据普遍管辖原则，可自行起诉、审判或者引渡给有关请求国处罚。

其适用的犯罪范围，仅限于中国"缔结或者参加的国际条约所规定的罪行"，即国际犯罪或国际法上的犯罪，如非法毒品交易罪、劫持民用航空器罪、恐怖主义罪行、反人类罪、战争罪、种族灭绝罪等。近来，国际法规定的犯罪范围有扩大的倾向。

五、外国刑事判决的效力

我国刑法的空间效力和法院的刑事管辖权不受外国刑事判决的约束。我国尚不承认外国刑事判决在中国具有"一事不再理"的效力。如《刑法》第10条的规定。

第二节　刑法的时间效力

一、刑法的时间效力的概念

刑法的时间效力，是指刑法在时间上的适用范围，即刑法的生效时间、失效时间以及对刑法生效前的行为是否适用即是否具有溯及力。

二、刑法的生效、失效和溯及力

（一）刑法的生效时间

刑法的生效时间有两种：一是公布之日起施行；二是公布一段时间后施行。

（二）刑法的失效方式

刑法的失效有两种方式：一是由立法机关明确宣布废止；二是自然失效。

（三）刑法溯及力

1. 刑法溯及力概念

刑法溯及力即刑法的溯及既往的效力，是指一个新制定的刑事法律适用于它生效前的未经审判或者判决尚未确定的行为。刑法溯及力具有以下特点：

（1）刑法溯及力适用对象只能是未决犯（未判决案件），对于已决犯（已判决的案件）则不存在是否溯及既往的问题。

【注意】按照审判监督程序重新审判的案件，适用行为时的法律。

（2）刑法的溯及力原则有四种：一是从旧原则，只能依据行为当时有效的法律定罪处罚，刑法不具有溯及力，即一概适用行为时的法律；二是从新原则，刑法适用于生效前的行为，刑法具有溯及力，即一概适用于裁判时的法律；三是从新兼从轻原则，即刑法具有溯及既往的效力，但是行为时的法不认为是犯罪或者处罚较轻的仍适用行为时法；四是从旧兼从轻原则，即只能根据行为当时有效的法律定罪处罚，原则上禁止刑法溯及适用，但允许处刑较轻的刑法有溯及力。

> **释义4. 法定刑轻重如何鉴别？**
>
> 第一，首先比较法定最高刑，法定最高刑高的是重法条；第二，法定最高刑相同的，比较法定最低刑，法定最低刑高的为重法条；第三，一个法条有数个法定刑幅度的，在案件该当的幅度内比较刑罚的轻重。

（3）《刑法》关于溯及力的规定：从1949年10月1日中华人民共和国成立以后，至1997年9月30日刑法生效前这段时间内发生的行为，未经审判或者判决尚未确定的（包括正在上诉的案件），应按照以下不同情况处理：

①当时法律不认为是犯罪，而《刑法》认为是犯罪的，适用当时法律，即《刑法》没有溯及力。

②当时法律认为是犯罪，《刑法》不认为是犯罪的，适用《刑法》，不以犯罪论，《刑法》有溯及力。

③当时的法律认为是犯罪，依照刑法总则第四章第八节的规定应当追诉的，按照当时的法律追究刑事责任，《刑法》无溯及力。但是如果《刑法》处刑较轻，适用《刑法》，《刑法》就有溯及力。

④旧法与新法都认为是犯罪，而且处罚完全相同的情况之下，适用旧法。

⑤《刑法》施行以前，依照当时的法律已经作出的生效判决，继续有效。（判决生效后申诉的，再审时仍应适用行为时的法律，而不是有利于申诉人的事后法。）

（4）继续犯、连续犯跨越新旧法交替时的问题：如果新旧法都认为是犯罪，适用新法，即使新法处罚重，也适用，但量刑时可以酌定从轻。如果旧法不认为是犯罪，新法认为是犯罪，就只追究新法生效后的这部分行为。例如，窝藏罪是继续犯，新旧法都认为是犯罪，适用新法；走私罪是连续犯，新旧法都认为是犯罪，适用新法。

三、《最高人民法院、最高人民检察院关于适用刑事司法解释时间效力问题的规定》的相关内容

（1）司法解释的实施、效力适用于法律的施行期间。

（2）司法解释实施前发生的行为，行为时没有相关司法解释，司法解释施行后尚未处理或者正在处理的案件，依照司法解释办理。

（3）司法解释实施前发生的行为，行为时有相关司法解释，依照行为时的司法解释办理。如果适用新的司法解释对被告人有利，适用新的司法解释。

释义 5. 司法解释对法律有没有溯及力的问题？

司法解释（包括立法解释）仅仅是一个解释，它是一个发现法律的过程，不是创造法律的过程。只有创造法律的过程才有可能发生溯及力的问题。但最高人民法院认为两个司法解释发生冲突的时候，适用"从旧兼从轻"的原则。

能力应用

1. 关于刑事管辖权，下列哪些选项是正确的？（　　）

A. 甲在国外教唆陈某到中国境内实施绑架行为，中国司法机关对甲的教唆犯罪有刑事管辖权

B. 隶属于中国某边境城市旅游公司的长途汽车在从中国进入 E 国境内之后，因争抢座位，F 国的汤姆一怒之下杀死了 G 国的杰瑞。对汤姆的杀人行为不适用中国刑法

C. 中国法院适用普遍管辖原则对劫持航空器的丙行使管辖权时，定罪量刑的依据是中国缔结或者参加的国际条约

D. 外国人丁在中国领域外对中国公民犯罪的，即使按照中国刑法的规定，该罪的最低刑为 3 年以上有期徒刑，也可能不适用中国刑法

2. 下列哪些犯罪行为应实行属地管辖原则？（　　）

A. 外国人乘坐外国民航飞机进入中国领空后实施犯罪行为

B. 中国人乘坐外国船舶，当船舶行驶于公海上时实施犯罪行为

C. 外国人乘坐中国民航飞机进入法国领空后实施犯罪行为

D. 中国国家工作人员在外国实施中国刑法规定的犯罪行为

3. 下列关于中国刑法适用范围的说法哪些是错误的？（　　）

A. 甲国公民汤姆教唆乙国公民约翰进入中国境内发展黑社会组织。即使约翰果真进入中国境内实施犯罪行为，也不能适用中国刑法对仅仅实施教唆行为的汤姆追究刑事责任

B. 中国公民赵某从甲国贩卖毒品到乙国后回到中国。由于赵某的犯罪行为地不在中国境内，行为也没有危害中国的国家或者国民的利益，所以，不能适用中国刑法

C. A 国公民丙在中国留学期间利用暑期外出旅游，途中为勒索财物，将 B 国在中国的留学生丁某从东北某市绑架到 C 国，中国刑法可以依据保护管辖原则对丙追究刑事责任

D. 中国公民在中华人民共和国领域外实施的犯罪行为，按照刑法规定的最高刑为 3 年以下有期徒刑的，也可以适用中国刑法追究刑事责任

4. 2009 年 1 月，甲（1993 年 4 月生）因抢劫罪被判处有期徒刑 1 年。2011 年 3 月 20 日，甲以特别残忍手段故意杀人后逃跑，6 月被抓获。则（　　）

A. 根据从旧兼从轻原则

B. 对甲故意杀人的行为，应当从轻或者减轻处罚

C. 甲在审判时已满 18 周岁，可以适用死刑

D. 甲构成累犯，应当从重处罚

【参考答案】　1. ABD　　2. AC　3. ABC　　4. B

第四章 犯罪概念与犯罪构成

知识结构

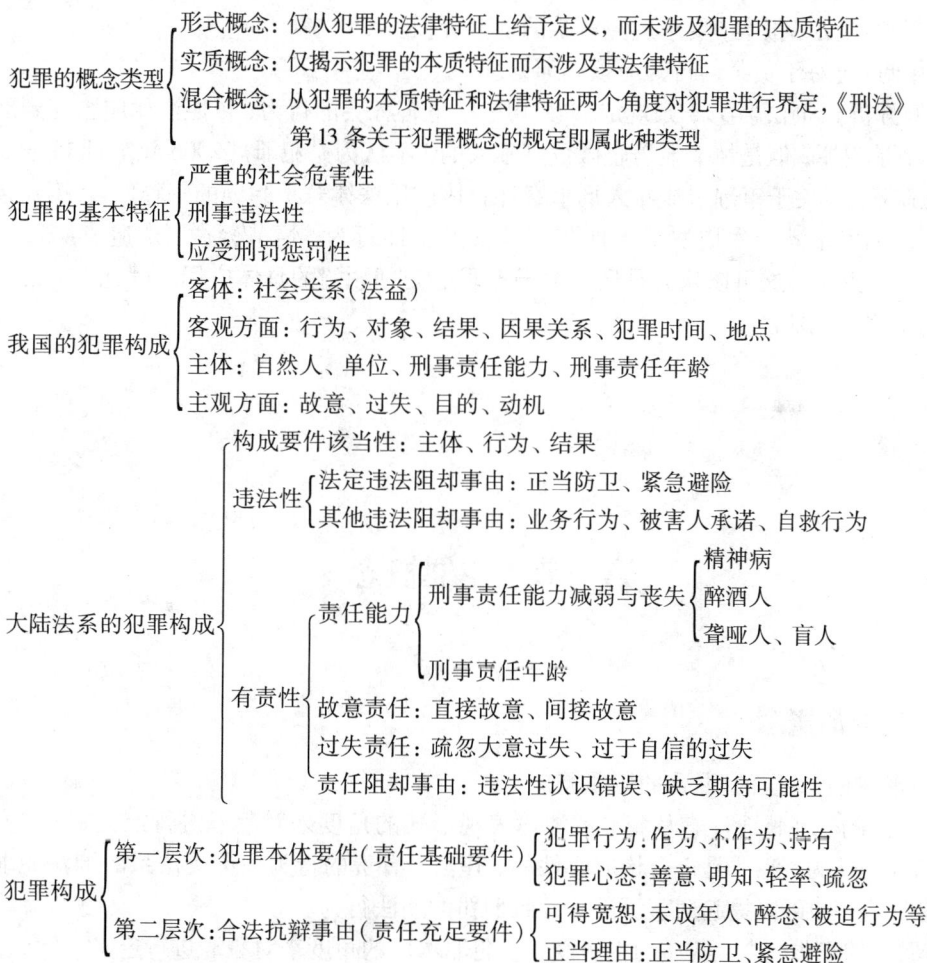

犯罪的概念类型 ┤
- 形式概念：仅从犯罪的法律特征上给予定义，而未涉及犯罪的本质特征
- 实质概念：仅揭示犯罪的本质特征而不涉及其法律特征
- 混合概念：从犯罪的本质特征和法律特征两个角度对犯罪进行界定，《刑法》第13条关于犯罪概念的规定即属此种类型

犯罪的基本特征 ┤
- 严重的社会危害性
- 刑事违法性
- 应受刑罚惩罚性

我国的犯罪构成 ┤
- 客体：社会关系（法益）
- 客观方面：行为、对象、结果、因果关系、犯罪时间、地点
- 主体：自然人、单位、刑事责任能力、刑事责任年龄
- 主观方面：故意、过失、目的、动机

大陆法系的犯罪构成 ┤
- 构成要件该当性：主体、行为、结果
- 违法性 ┤
  - 法定违法阻却事由：正当防卫、紧急避险
  - 其他违法阻却事由：业务行为、被害人承诺、自救行为
- 有责性 ┤
  - 责任能力 ┤
    - 刑事责任能力减弱与丧失 ┤
      - 精神病
      - 醉酒人
      - 聋哑人、盲人
    - 刑事责任年龄
  - 故意责任：直接故意、间接故意
  - 过失责任：疏忽大意过失、过于自信的过失
  - 责任阻却事由：违法性认识错误、缺乏期待可能性

犯罪构成 ┤
- 第一层次：犯罪本体要件（责任基础要件）┤
  - 犯罪行为：作为、不作为、持有
  - 犯罪心态：善意、明知、轻率、疏忽
- 第二层次：合法抗辩事由（责任充足要件）┤
  - 可得宽恕：未成年人、醉态、被迫行为等
  - 正当理由：正当防卫、紧急避险

法条规范

第13条［犯罪概念］一切危害国家主权、领土完整和安全，分裂国家、颠覆人民民主

专政的政权和推翻社会主义制度，破坏社会秩序和经济秩序，侵犯国有财产或者劳动群众集体所有的财产，侵犯公民私人所有的财产，侵犯公民的人身权利、民主权利和其他权利，以及其他危害社会的行为，依照法律应当受刑罚处罚的，都是犯罪，但是情节显著轻微危害不大的，不认为是犯罪。

典型案例

【基本案情】

中学生自愿性关系的法律评价

贾某(男，15 周岁)与张某(女，12 周岁)两人系某中学的学生，两人从 2016 年 6 月起开始谈恋爱，在认识的两个月中，在张某同意的情况下，两人发生了数次性行为，导致张某怀孕，后张某父母报案，要求追究贾某的刑事责任。

【法律问题】对于贾某的行为应该如何处理？

【案例分析】《刑法》第 13 条规定："一切……危害社会的行为，依照法律应当受到刑罚处罚的，都是犯罪，但是情节显著轻微危害不大的，不认为是犯罪。"2006 年 1 月 11 日，最高人民法院颁布《关于审理未成年人刑事案件具体应用法律若干问题的解释》，其第 6 条规定已满十四周岁不满十六周岁的人偶尔与幼女发生性行为，情节轻微、未造成严重后果的，不认为是犯罪。这可以认为是刑法关于犯罪定义"但书"的具体应用。因此，本案中贾某的行为不构成犯罪。

规范释义

第一节　犯罪概念

一、犯罪的概念

(一)形式的/实质的/混合的犯罪概念

(1)形式的犯罪概念。它从犯罪的法律表现形式的角度来对犯罪进行定义。例如，大陆法系的刑法认为：犯罪是符合构成要件的、违法、有责的行为。英美法系的刑法犯罪概念是：犯罪是一种可以提起刑事诉讼并导致刑罚的违法行为。

(2)实质的犯罪概念。实质的犯罪概念从犯罪本质的角度来对犯罪进行定义。例如，刑事实证学派加罗法洛说："犯罪一直是一种有害行为，但它同时又是一种伤害某种被某个聚居体共同承认的道德情感行为。"马克思认为："犯罪——孤立的个人反对统治关系的斗争，和法一样，不是随心所欲地产生的。相反的，犯罪和现行统治都产生于相同的条件。"

(3)混合的犯罪概念。混合的犯罪概念既指出犯罪的本质特征，又指出犯罪的法律特征,从这两个方面对犯罪进行定义。如我国刑法认为犯罪是危害社会的、依照法律应受刑罚惩罚的行为。

(二)刑法理论上不同的犯罪定义

(1)从犯罪的法律后果给犯罪下定义。该定义认为犯罪是依法应受刑罚处罚的行为,从犯罪的法律后果给犯罪下定义重点说明如何从法律上识别犯罪。

(2)按照犯罪成立条件给犯罪下定义。例如德国、日本学者认为,犯罪是符合构成要件的、违法的、有责的行为。

(3)结合犯罪引起诉讼程序给犯罪下定义。例如有的英美法系刑法理论学者认为,犯罪是一种能够启动刑事诉讼并具有作为这些诉讼程序的必然结果中的一种结果的行为。

(4)根据犯罪反社会性给犯罪下定义。例如犯罪是反社会的行为或者具有社会危害性的行为,犯罪的实质定义旨在说明立法者将某种行为规定为犯罪的实质根据。

(5)综合犯罪本质特征与法律特征给犯罪下定义。例如《刑法》的第 13 条。①

释义 1. 犯罪学与刑法学的犯罪概念

　　这两种概念存在统一说与个别说两种对立的观点。①统一说:主张犯罪学概念和刑法学概念应当是一致的,并且统辖于刑法的规定。②个别说:主张犯罪学概念和刑法学概念应该有其独立的犯罪概念,犯罪学的犯罪概念服务于犯罪学的研究,从犯罪事实学的角度,根据其经验描述犯罪事实现象,解释犯罪的本质;刑法学的犯罪概念是服务于刑法的规范研究。

二、我国刑法中的犯罪概念

(一)我国刑法中的犯罪概念

《刑法》第 13 条规定:一切危害国家主权、领土完整和安全,分裂国家、颠覆人民民主专政的政权和推翻社会主义制度,破坏社会秩序和经济秩序,侵犯国有财产或者劳动群众集体所有的财产,侵犯公民私人所有的财产,侵犯公民的人身权利、民主权利和其他权利,以及其他危害社会的行为,依照法律应当受刑罚处罚的,都是犯罪,但是情节显著轻微危害不大的,不认为是犯罪。

(二)犯罪的基本特征

(1)实质特征:犯罪的实质特征是行为具有严重的社会危害性。社会危害性是指行为对刑法所保护的社会关系造成或可能造成这样或那样损害的特征。② 从立法角度讲,行为需要严重到需要科处刑罚时才是犯罪,判断标准为在行为的法律要件之后是否规定刑罚后果(法定刑)。实质特征反映了犯罪行为具有的法益侵害性,刑法只能将值得科处刑罚的侵害法益的行为规定为犯罪。

---

① 张明楷.刑法学(第 4 版)[M].北京:法律出版社,2011:88.
② 高铭暄,马克昌.刑法学(第 5 版)[M].北京:北京大学出版社,高等教育出版社,2011:44.

释义2. 社会危害性理论应该坚守的客观主义立场

传统刑法理论认为，社会危害性是人在故意和过失心理支配下实施的危害社会的行为。社会危害性是由客观危害和主观恶性构成的。但是张明楷教授从客观违法性立场，主张从客观上理解和判断社会危害性和实质违法性。一方面，刑法禁止侵害法益的行为，所以，即使行为人主观上没有故意与过失，侵害法益的行为也是被刑法禁止的。另一方面，对于合法行为以及所谓的法律放任行为，任何人都不能阻止、制止，对于违法行为，任何人都可以阻止、制止。[①]

（2）法律特征：犯罪的法律特征是犯罪具有刑事违法性。这就意味着并不是任何具有社会危害性的行为都要受到刑罚处罚，只有行为触犯了刑法才受到处罚。

（3）后果特征：犯罪的后果特征是犯罪是应受刑罚惩罚的行为，具有应受刑罚处罚性。

释义3. 关于犯罪特征的论理解释与文理解释

根据《刑法》第13条规定，犯罪具有两个特征：一是社会危害性，社会危害性的大小可以从三个方面考察：第一，行为侵犯的客体；第二，行为的方式、手段、后果以及时间、地点；第三，行为人的主观因素。二是依照法律应受刑罚处罚性。刑法干预权的界线来自刑法的任务和目的，即保护法益，所以，刑法所干预的只能是侵犯法益的行为（危害社会的行为）。同时并不是任何危害社会的行为都要受刑罚处罚，只有依法应受刑罚处罚时，才构成犯罪。根据罪刑法定原则，危害行为必须被法律类型化为构成要件，即刑法明文规定处罚这种行为。[②] 根据刑法的谦抑原则，危害社会的行为是质与量的统一，危害社会行为不是情节显著轻微危害不大的行为。

三、犯罪的分类

（一）犯罪的理论分类

（1）重罪与轻罪。1791年的《法国刑法典》以法定刑为标准分为重罪、轻罪与违警罪。现在的刑法理论根据法定刑的轻重一般分为重罪和轻罪。但是何为重罪、轻罪，理论与司法实践标准比较模糊，一般考虑将法定最低刑为3年以上有期徒刑的犯罪称为重罪；最低刑为3年以下的有期徒刑的犯罪称为轻罪。

（2）自然犯与法定犯。一般从侵害伦理道德的关系上区分自然犯与法定犯，即自然犯是指在侵害或者威胁法益的同时明显违反伦理道德的传统型犯罪，即明显违背人类基本（或天然）价值准则的犯罪；法定犯是指侵害或者威胁法益但没有明显违背伦理道德的现代

---

① 张明楷.刑法学(第4版)[M].北京：法律出版社，2011：88.
② 据何种标志判断法律规定的是犯罪行为：答案是在行为的法律要件之后是否规定了刑罚后果（法定刑）。张明楷.刑法学(第4版)[M].北京：法律出版社，2011：89.

型犯罪。也有学者认为同时包含形式要素(违反刑法法规)与实质要素(侵害法益)的犯罪是自然犯,只具备形式要素的犯罪是法定犯。①

(3)隔地(隙)犯与非隔地(隙)犯。它是根据犯罪的结果与实行的行为之间是否存在时空上的间隙作出分类的。隔隙犯是指实行行为与犯罪结果之间存在时间的、场所的间隔的犯罪。实行行为与犯罪结果之间存在场所间隔的称为隔地犯;实行行为与犯罪结果之间存在时间间隔的称为隔时犯。

(二)犯罪的法定分类

(1)国事犯罪与普通犯罪。我国刑法分则规定了 10 类犯罪,其中第一章"危害国家安全罪"可称为国事犯罪;第二章到第十章规定的其他犯罪属于普通犯罪。

(2)自然人犯罪与单位犯罪。自然人犯罪是指以自然人为行为主体的犯罪,例如故意杀人罪;单位犯罪是指以单位作为行为主体的犯罪,例如单位行贿罪。

(3)身份犯与非身份犯。根据是否以特定的身份为定罪量刑的条件,分为身份犯与非身份犯。身份犯是以特殊身份为客观构成要件要素的犯罪,其又可分为纯正身份犯与不纯正身份犯。纯正身份犯是以特定身份为主体要件的犯罪,如贪污罪、受贿罪;以特定的身份为从轻、从重处罚法律条件的犯罪是不纯正身份犯,即刑法将特殊身份作为刑罚加重或者减轻事由的犯罪。非身份犯是不以特殊身份作为客观构成要件要素的犯罪,如盗窃罪、抢劫罪。

(4)亲告罪与非亲告罪。亲告罪是告诉才处理的犯罪。《刑法》规定了 5 个亲告罪,分别是第 246 条的侮辱罪、诽谤罪;第 257 条的暴力干涉婚姻自由罪;第 260 条的虐待罪;第 270 条的侵占罪。亲告罪必须刑法明文规定。刑法没有明文规定为告诉才处理的犯罪均属于非亲告罪。

(5)基本犯、加重犯、减轻犯。基本犯是指刑法分则条文规定的不具有法定加重或减轻情节的犯罪。加重犯是刑法分则条文以基本犯为基准规定了加重情节或较重法定刑的犯罪,可以分为结果加重犯与情节加重犯。减轻犯是指刑法分则条文以基本犯为基准规定了减轻情节与较轻法定刑的犯罪。

第二节 犯罪构成

一、犯罪构成的概念

犯罪构成又称犯罪的成立条件,是刑法规定的,反映行为的法益侵犯性(客观违法性)和非难可能性(主观有责性),且为该行为成立犯罪所必须具备的客观构成要件和主观构成要件的有机整体。我国刑法中的犯罪构成是我国刑法规定的,决定某一具体行为的社会危害性及其程度,而为成立犯罪所必需的一切客观和主观要件的有机统一。

犯罪构成与犯罪概念是两个相互联系又相互区别的概念。犯罪概念回答什么是犯罪的

---

① 张明楷.刑法学(第 4 版)[M].北京:法律出版社,2011:93.

问题，它从宏观上揭示了犯罪的社会本质特征和法律特征；犯罪构成回答犯罪是怎么成立的问题，即在犯罪概念基础上阐明犯罪的结构及成立要件，为正确认定犯罪提供具体规格和标准。

二、犯罪构成的分类

（一）基本的犯罪构成与修正的犯罪构成

基本的犯罪构成与修正的犯罪构成是以是否符合刑法分则条文对犯罪构成的规定为标准对犯罪构成所作的划分。①基本的犯罪构成：指刑法分则条文就某一犯罪的基本形态所规定的犯罪构成。②修正的犯罪构成：指以基本的犯罪构成为前提，适用犯罪行为的不同形态，对基本的犯罪构成加以某些修改或变更所形成的犯罪构成。

基本的犯罪构成与修正的犯罪构成具体又分为两类：第一类是从犯罪进程角度来划分的，即基本的犯罪构成是指完成形态（既遂犯）的犯罪构成；修正的犯罪构成是指未完成形态（预备犯、未遂犯、中止犯）的犯罪构成。第二类是从正犯、共犯角度来划分的，即基本的构成要件是指正犯形态（实行犯）的犯罪构成；修正的犯罪构成是指共犯形态（组织犯、教唆犯、帮助犯）的犯罪构成。

（二）关闭的犯罪构成与开放的犯罪构成

（1）关闭的犯罪构成：又称封闭的犯罪构成、完结的犯罪构成，是指刑法在犯罪构成的规定上，已经将犯罪的所有要素完全地表示出来了。

（2）开放的犯罪构成：又称敞开的犯罪构成、需要补充的犯罪构成，是指刑法只记述了犯罪要素的一部分，其他部分需要法官在适用时进行补充。如不纯正不作为犯中，究竟哪些人负有作为义务，由法官进行判断。

（三）简单的犯罪构成与复杂的犯罪构成

（1）简单的犯罪构成：又称单一的犯罪构成，是指刑法条文所规定的诸要件均属单一的犯罪构成，即刑法所规定的犯罪构成中只含单一客体、单一行为、单一主体和单一罪过形式。如《刑法》第232条规定的故意杀人罪。

（2）复杂的犯罪构成：又称混合的犯罪构成，是指刑法条文规定的诸要件内容可供选择或互有重叠的犯罪构成。主要有两类情形：一是刑法所规定的犯罪构成中有两种以上的行为、对象、主体等，只要具体事实符合其中之一便成立犯罪，如《刑法》第305条规定的伪证罪；二是刑法规定了两种以上的客体、行为等，具体事实同时符合刑法规定时，才成立犯罪，如《刑法》第263条规定的抢劫罪。

三、犯罪构成要素

犯罪构成体系是由具体的要件要素构成的。这些要素可以分为以下几种种类。

（一）记述的构成要件要素与规范的构成要件要素

（1）记述的构成要件要素：它是指只需要根据客观上的事实判断即可确定的要素。例如故意杀人中的人；强奸妇女中的妇女；伪造货币中的货币。

（2）规范的构成要件要素：它是指需要法官根据主观上的价值判断才能确定的要素。例如"猥亵""侮辱""淫秽物品"。这类要素的特点是，受人的主观价值观的影响较大。例如，对于某一幅画，观念保守的人可能会认为它是一件淫秽物品，而观念开放的人可能会认为它是一幅艺术作品。

【注意】这里的"规范"的含义,不是指法律规范、刑事规范中规范的意思,而是指哲学上价值评价的意思。

> **释义 4. 典型的刑法词汇,如"猥亵"**
>
> 猥亵的定义完全取决于法官根据一般社会观念和社会价值来判断。

(二)成文的构成要件要素与不成文的构成要件要素

(1)成文的构成要件要素:它是指刑法条文明文规定的要素。例如,《刑法》第 236 条明文规定强奸罪的对象是"妇女",第 263 条明文规定抢劫罪的手段是"暴力、胁迫或其他方法"。

(2)不成文的构成要件要素:它是指刑法条文表面上没有规定,但实质上是必须具备的要素。例如,《刑法》第 264 条的盗窃罪、第 266 条的诈骗罪都没有规定"以非法占有为目的",但实际上这些财产犯罪必须以非法占有为目的。"以非法占有为目的"就是这些罪名的不成文的构成要件要素。

(三)积极的构成要件要素和消极的构成要件要素

(1)积极的构成要件要素:它是指积极地、正面地表明犯罪成立的要素。例如,徇私枉法罪中的"司法工作人员"便是积极的构成要件要素,只有司法工作人员才构成徇私枉法罪。

(2)消极的构成要件要素:它是指消极地、反面地否定犯罪成立的要素。例如,《刑法》第 389 条关于行贿罪的规定:"因被勒索给予国家工作人员以财物,没有获得不正当利益的,不是行贿。"其中的"因被勒索""没有获得不正当利益"便是消极的构成要件要素,从反面否定了行贿罪的成立。

(四)客观的构成要件要素和主观的构成要件要素

(1)客观的构成要件要素:它是指表明行为外在的、客观方面的要素,例如行为、结果、时间、地点等。

(2)主观的构成要件要素:它是指表明行为人内心的、主观方面的要素,例如故意、过失、目的、动机等。

四、犯罪论的理论体系

从世界范围来看,当前刑法理论上主要有三种不同的犯罪论体系结构:一是中俄的"四要件"平面犯罪论;二是大陆法系的"三要件"递进犯罪论;三是英美法系的"双层次"犯罪构成论。

(一)犯罪论体系的内容比较

1. 我国"四要件"犯罪论体系

该体系认为,一个人的行为构成犯罪一般必须具备四个要件:①犯罪客体:行为侵害了刑法保护的社会关系或者利益;②犯罪客观方面:行为符合刑法条文中的危害行为、危害结果以及因果关系等客观方面;③犯罪的主体:行为人达到了法定的刑事责任年龄,具有辨认和控制能力；④犯罪主观方面：行为人对自己所实施的罪行具有故意或者过失的心态。

2. 大陆法系"三要件"犯罪论体系

(1)构成要件该当性：犯罪成立首先要求行为符合构成要件，构成要件的该当性是指行为事实具备刑法对某罪所规定的构成要件。一般认为，构成要件是指刑罚法规规定的违法类型。构成要件的该当性大体是一种抽象的、定性的判断。

(2)违法性：违法性是指行为从法律方面看具有不能容许的性质。犯罪行为不仅是形式上符合构成要件的行为，而且实质上是法律所不允许的行为(违法性)，如果客观上不存在违法性，即使责任再重大，也不成立犯罪。由于符合构成要件的行为通常具有违法性，所以在违法性阶段，并不是积极判断符合构成要件行为是否具有违法性而是研究符合构成要件却又排除(阻却)违法性的事由，如正当防卫。

> 案例1.甲在受到乙暴力侵害情况之下将乙杀死。本案表面符合杀人罪的构成要件，即故意剥夺他人生命，但若为正当防卫，则客观上不是实质有害，不具有"违法性"，因此，不成立犯罪。

(3)有责性：又称为责任非难，指对于实施了该当于构成要件的违法行为的行为人，能够进行道义上的非难，即具有非难可能性。有责性是个别的、具体的、内部的、主观的判断。例如，对于无责任能力者的行为，对于没有故意、过失的行为，就不能进行责任非难。

> 案例2.甲因和乙有仇而将乙杀死，这个行为该当杀人罪的构成要件，也具有违法性，但如果甲由于未达刑事责任年龄或者为精神病人，则不具有有责性。所以，不成立犯罪，不应受刑罚惩罚。

对"三要件"犯罪论体系的理解：由于"构成要件是违法、有责的定性"，因而构成要件该当性与违法性、有责性具有包含关系。构成要件该当性本身包含对象、行为举止(客观要素)、故意与过失(主观因素)；而违法性又再一次强调了客观的"非法性"；有责性又一次强调了主观的"非法性意识"。构成要件该当性仅仅包括法律规定某犯罪行为的表象、事实的内容(伤害)，而该犯罪行为内在的、价值性的内容(非法性及非法性意识)则分别放在违法性与有责性中把握。所以，第一层判断是表象判断，第二层判断是本质判断。

3. 英美法系"双层次"犯罪论体系

英美法系的犯罪论体系，具有双层次性的特点。英美刑法的犯罪构成分为实际意义上的犯罪要件和诉讼意义上的犯罪要件。一般认为，实际意义上的犯罪要件即犯罪本体要件，包括犯罪行为和犯罪意图，为第一层次。犯罪定义之外的责任充足要件(或称抗辩事由)是诉讼意义上的犯罪要件，为第二层次。

（1）犯罪行为：犯罪行为是英美法系犯罪构成的客观要件。犯罪行为有广义与狭义之分：广义上的犯罪行为，指犯罪心理以外的一切犯罪要件，也就是犯罪构成的客观要件，包括犯罪行为、犯罪结果和犯罪情节等。狭义上的犯罪行为指有意识的行为，它由行为和意识构成。犯罪行为是法律予以禁止并力求防止的有害行为，它是构成犯罪的首要因素。

（2）犯罪意图：犯罪意图，又称为犯罪心态，是英美法系犯罪构成的主观要件。"没有犯罪意图的行为，不能构成犯罪"是英美刑法的一条原则，它充分体现了犯罪意图在构成犯罪中的重要意义。在美国刑法中，犯罪意图分为以下四种：①蓄意，指行为人行动时自觉目的就是引起法律规定为犯罪的结果，或者自觉目的就是实施法律规定为犯罪的行为。②明知，指行为人行动时明知道他的行为就是法律规定为犯罪的行为或者明知道存在着法律规定为犯罪的情节。③轻率，指行为人轻率地对待法律规定为犯罪的结果或情节，当行动时他认识到并有意漠视可能发生此种结果或者存在此种情节的实质性的无可辩解的危险。④疏忽，指行为人疏忽地对待法律规定为犯罪的结果或情节，当行为时他没有察觉到可能发生此种结果或者存在此种情节的实质性的无可辩解的危险。从犯罪意图的内容来看，它主要是行为人对于其犯罪行为的一种心理状态，是构成犯罪的基本因素。

（3）合法抗辩：合法抗辩，又称为抗辩事由，它具有诉讼法的特点，它是在长期司法实践中，对于刑事诉讼中的辩护理由加以理性总结形成的，并从诉讼原则上升为实际上的总则性规范。

由于英美法系刑事诉讼采用当事人主义模式，强调双方当事人在诉讼中的主体地位和诉讼作用，使他们在诉讼中积极主动互相对抗争辩，而审判机关则只起着居中公断的作用。这种诉讼模式决定了其犯罪构成要件的特点，集中体现的就是"合法抗辩"这一要件。英美法系犯罪构成理论的一大特色主要表现为犯罪构成的内容直接融入到了诉讼中，再加上双方当事人可以积极主动地参与诉讼活动，与诉讼活动紧密联系，增加了犯罪构成操作上的便利性。英美法系偏重自由主义和程序公正，不仅注重刑法的社会保护机能，更注重刑法的人权保护功能。

（二）我国"四要件"犯罪论体系与大陆法系"三要件"犯罪论体系的差异

（1）两大犯罪论体系"构成要件"的含义不同。在"三要件"犯罪论体系中，"构成要件"是狭义的，是犯罪成立的三要件之一；而在"四要件"犯罪论体系中，"构成要件"是广义的，是四要件的上位概念，包含犯罪成立的全部要件，构成要件与"犯罪构成"几乎等同使用，即"犯罪构成"是犯罪客体、犯罪客观方面等要件的上位概念，满足一个犯罪构成（或完全具备四个犯罪构成要件）即成立一罪。

（2）两大犯罪论体系内外有别。在"三要件"犯罪论体系中，"犯罪是该当构成要件的、违法、有责的行为"，构成要件在犯罪概念之内。在"四要件"犯罪论体系中，犯罪是指"具有社会危害性的，依照法律应受刑罚惩罚的行为"，犯罪构成是在犯罪概念之外的。

（3）两大犯罪论体系评价方式不同。在"三要件"犯罪论体系中分两层三阶段递进式进行评价，该评价是一个法律评价或者实质评价。同时，在该犯罪论体系评价之中既有入罪功能的评价也有出罪、除罪功能的评价。在"四要件"犯罪论体系中的评价则是从四个方面进行一次性的综合评价和法律评价。同时，在该犯罪体系评价之中仅具有入罪功能的评价没有出罪、除罪功能的评价。

（4）在"三要件"犯罪论体系中，存在违法性阻却事由和有责性阻却事由，这些阻却事由在犯罪成立要件之内，通过违法性和有责性进行评价，体现强大的除罪功能。而在"四要件"犯罪论体系中，违法性阻却事由是在犯罪成立要件之外进行评价，体现强大的入罪功能。

（5）在"三要件"犯罪论体系中，责任理论比较发达，诸如存在罪过、期待可能性、违法性认识等各种理论学说；而在"四要件"犯罪论体系中，责任理论比较萎缩，基本没有形成体系性的理论结构。

（6）在"三要件"犯罪论体系中，判断行为的进路唯一，即构成要件的该当性—违法性—有责性，体系结构递进显得严谨。而在"四要件"犯罪论体系中，判断行为的进路多样，主要有三种：一是自然进路：犯罪的主体—犯罪的主观方面—犯罪的客观方面—犯罪的客体；二是司法进路：犯罪的客体—犯罪的客观方面—犯罪的主观方面—犯罪的主体；三是教材体系：犯罪的客体—犯罪的客观方面—犯罪的主体—犯罪的主观方面。

释义 5. 关于正确看待"四要件"犯罪论体系的问题

虽然考试大纲和司考的"三大本"教材都采用的是"四要件"犯罪论体系，但这并不是真正的国家司法考试的命题立场，而是中国式妥协的结果，仅具有形式意义，而不具有实质意义。真正的命题立场只有通过真题来考查，因为考出来才是硬道理！仔细解读真题，便会发现，2006 年至今，命题立场一直是温和的新理论。例如，对"四要件"犯罪论体系中非常重要的"犯罪客体"概念，从 2002 年至今一直未考。而"违法性认识可能性""期待可能性"等四要件体系没有的概念，在 2008 年已经考查过。如此错位，实属无奈。

我们要正确看待犯罪构成体系在考试中的作用。犯罪构成体系是判断犯罪是否成立的理论标准和思维过程，不会成为考试的直接对象。即使在解答第四卷的案例分析题时，也只需要列出体系内的具体要件，如犯罪主体、犯罪行为与结果等，不会考查犯罪构成体系本身。因此，掌握新理论的犯罪构成体系，主要价值在于掌握一种做题的思维理念，而非直接考点。

能力应用

案例分析：甲（10 岁）盗窃了一台电视机，让乙（20 岁）保管，乙答应保管。根据刑法理论上不同的犯罪构成体系，对甲、乙如何处理？

【参考答案】

根据"三要件"犯罪论体系，犯罪概念可以层次化理解。符合客观要件的行为，因为具有法益侵害性，可以视为一种暂时的"犯罪"；如果既符合客观要件又符合主观要件，行为就是最终的需要承担刑事责任的"犯罪"。掩饰、隐瞒犯罪所得、犯罪所得收益罪要求的行为对象是"犯罪所得"。根据传统"四要件"犯罪论体系来认定，因为甲未满 16 周岁，不构成犯罪，所以所窃的电视机便不属于犯罪所得。这样，对乙就不能认定为掩饰、隐瞒犯罪所得、犯罪所得收益罪。但这种结论显然不合理。根据"三要件"犯罪论体系，首先判断客观要件，甲的盗窃行为符合客观要件，具有客观法益侵害性，属于客观层次上的"犯罪"，电视机也属于"犯罪"所得；只是因为甲在主观上具有阻却事由（未达刑事责任年龄），对甲最终不作犯罪处理。因此，乙掩饰犯罪所得的行为，构成掩饰、隐瞒犯罪所得罪。

　　【说明】犯罪概念要层次化理解，在本书后面的正当防卫、共同犯罪中都会用到此方法，它是考试的难点，务必理解。

第五章　犯罪客体

知识结构

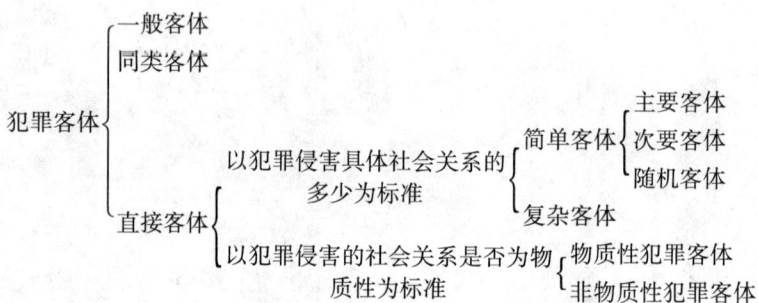

法条规范

第13条 [犯罪概念] 一切危害国家主权、领土完整和安全，分裂国家、颠覆人民民主专政的政权和推翻社会主义制度，破坏社会秩序和经济秩序，侵犯国有财产或者劳动群众集体所有的财产，侵犯公民私人所有的财产，侵犯公民的人身权利、民主权利和其他权利，以及其他危害社会的行为，依照法律应当受刑罚处罚的，都是犯罪，但是情节显著轻微危害不大的，不认为是犯罪。

典型案例

【基本案情】

叶某等纵火案①

被告人叶某，男，33岁，汉族，农民。
被告人刘某，男，17岁，汉族，农民。
被告人石某，男，19岁，汉族，农民。

---

① 最高人民法院刑事审判庭.中国刑事审判指导案例[M].北京：法律出版社，2014：37-38.

2001 年 8 月 6 日 16 时，被告人叶某、刘某、石某伙同李某（在逃）携带打火机、编织袋等作案工具，伺机在景德镇火车站停靠的货物列车上，采取用明火烧货物包装袋的方法盗窃铁路运输物资。当 4 人行至停靠该站 6 道的 25023 次货物列车（该列车第 3 节是油箱）时，叶某、刘某发现该次列车 P64A 号棚车有可盗窃的物品，遂由石某望风，叶某、刘某钻入该车车底，点燃货物的外包装袋，该棚车装的是可发性聚苯乙烯，遇火燃烧并向车外蔓延，3 人见状后立即逃离现场，致使火势进一步扩大，P64A 号棚车装载的聚苯乙烯烧损 133 袋，烧损货物价值人民币 26600 元；该棚车烧损面积达 53.27 平方米，占车厢内部总面积的 30.88%，构成大破；相邻棚车烧损面积达 33.6 平方米；景德镇火车站 6 道 2 根 25 米长的钢轨报废，报废材料价值人民币 8750 元。

检察机关以放火罪对三名被告人提起公诉。法院不公开审理，依据《刑法》第 114 条、第 25 条第 1 款，第 26 条第 1、4 款，第 27 条，第 17 条第 1、3 款的规定，判决如下：①被告人叶某犯放火罪，判处有期徒刑 8 年，剥夺政治权力 1 年。②被告人刘某犯放火罪，判处有期徒刑 5 年。③被告人石某犯放火罪，判处有期徒刑 3 年 6 个月。

【法律问题】本案主要的法律问题是本案的客体与犯罪构成问题。

【案例分析】本案在审理过程中，对于如何定性存在两种意见：

第一种意见认为应定放火罪。主要理由是：本案 3 名被告人主观上明知自己的放火行为会危及公共安全并对结果持放任态度，客观上实施了放火行为并造成重大公私财产损失，符合放火罪的犯罪构成。

第二种意见认为应定故意毁损财物罪。主要理由如下：①最高人民法院《关于审理盗窃案具体应用法律若干问题的解释》第 12 条第 5 项规定："盗窃公私财物未构成盗窃罪，但因采取破坏性手段造成公私财物损毁数额较大的，以故意毁损财物罪定罪处罚。"本案被告人欲盗窃铁路运输物资，但无具体数额，不构成盗窃罪，但采取放火的破坏性手段造成公私财物毁损数额较大，故应该认定为故意毁损财物罪。②本案 3 名被告人客观上实施了损毁公私财物的行为，主观上明知自己的放火行为会造成较大数额公私财物损毁的结果而放任这一结果的发生，属于间接故意，完全符合故意毁损财物罪的犯罪构成。

本案中犯罪客体是决定彼罪与此罪的关键点。本案 3 名被告人的行为到底侵犯的是公共安全还是公私财产所有权，结合本案的具体情况来看，本案中行为人实施放火地点是景德镇火车站，其放火的对象是临时停靠的货物列车，放火时景德镇火车站所有轨道均停靠列车，放火地点临近候车室、站台，且放火的货物列车第 3 节是油罐车辆，对可能造成的后果，被告人是明知的。被告人主观上明知在火车站放火会危及公共安全，客观上实施放火的行为，符合放火罪的犯罪构成要件，应认定为放火罪。

规范释义

第一节　犯罪客体

一、犯罪客体的概念

犯罪客体是为犯罪行为所侵害的，由我国刑法所保护的社会关系。社会关系是人们在共同生产和生活中形成的人与人之间的相互关系，包括物质关系和思想关系，涉及社会生活的方方面面。犯罪客体存在多种主张，居于通说地位的是社会关系说；此外还有权益说、社会利益说等。近年来，理论上逐渐用法益理论来解读犯罪客体。

释义1.关于犯罪客体的各种理论争议

①社会关系说：该学说认为犯罪客体是刑法所保护的、为犯罪行为所侵害的社会关系。②社会关系和生产力说：该学说认为犯罪客体是被犯罪行为所侵害的社会关系与社会生产力。③社会关系和权益说：该学说认为犯罪客体是指犯罪行为所侵犯的社会主义社会关系和国家、集体、公民个人的权益。④社会利益说：该学说认为犯罪客体是指刑法所保护的而为犯罪行为所侵害的社会主义社会利益。⑤权益说：该学说认为权益是特殊的社会关系——法律关系的核心与实质，是犯罪直接指向的目标，刑法所保护的权益和刑法所保护的社会关系是统一而不可分割的部分与整体的关系，犯罪是通过直接侵犯权益（客体）来侵害社会关系（实质）的，因此，犯罪客体应是我国刑法所保护的权益。⑥犯罪对象说：该学说认为犯罪客体就是指刑法所保护的而为危害行为所指向或影响的对象（人、物、行为）。⑦法益说：该学说认为犯罪客体是指被犯罪行为所侵害的由我国刑法所保护的法益，并且法益的侵害揭示了犯罪行为的实质危害，在对犯罪的解释论上意义重大。

二、我国犯罪客体理论地位观察

（1）肯定说：通说坚持"四要件"犯罪论理论，将犯罪客体位于"四要件"犯罪论体系之首，侧重表述犯罪实质特征。

（2）转移说：主张舍弃通说意义上所坚持的犯罪客体在犯罪构成要件之中的独立地位这一观点。犯罪客体的机能存在于犯罪概念之中。犯罪客体是犯罪概念包含的内容，是被反映、被说明的现象。张明楷认为犯罪客体是犯罪本质论要探讨的问题，犯罪客体不是犯罪构成的要件之一。

（3）否定说：主张舍弃通说意义所坚持的犯罪客体在犯罪构成要件之中的独立地位这

一观点，但对犯罪客体的理论机能的去向缺乏明确交代，通常是以犯罪对象取代犯罪客体。

三、犯罪客体的地位及重要性

(一)研究犯罪客体对定罪、量刑具有重要意义

同一犯罪可能侵犯不同客体，如抢劫罪，既侵害了财产权也侵害了人身权；不同犯罪可能侵犯同一客体，如盗窃罪与诈骗罪，都侵害了财产权。第一，犯罪客体对定罪的意义：以他人生命权还是健康权为标准可以区分故意杀人罪未遂与故意伤害罪既遂、故意杀人罪既遂与故意伤害致人死亡。又如故意杀人罪与危害公共安全罪的区分也是根据犯罪客体的。第二，客体对量刑的意义：由于刑法上对生命权的侵害要重于对健康权的侵害，所以，故意杀人罪的法定刑要重于故意伤害罪。

(二)研究犯罪客体有助于更好地理解、适用法律

例如，《刑法》第256条规定破坏选举罪，限于保护公民行使宪法赋予的选举权利。因此，只限于破坏"各级人民代表大会和国家机关领导人的选举"，不包括公司、企业领导、农村村委会的选举。

(三)研究犯罪客体对犯罪既遂、罪数的意义

例如，绑架罪的客体是他人的人身自由，因此以索财或扣押人质等非法目的挟持他人的，成立犯罪既遂，不以索取到财物为既遂认定标准。抢劫罪的客体包括他人财产所有权和人身权，因此，抢劫过程中使用暴力致人重伤、死亡的，仍没有超出客体范围，仍只认定为抢劫罪一罪。

四、犯罪客体的分类

(一)按范围大小分类

(1)直接客体：直接客体是某一犯罪所直接侵害的某种特定的法益。例如，暴力干涉婚姻自由罪的直接客体是他人的婚姻自由(结婚自由和离婚自由)。

(2)同类客体：同类客体是某一类犯罪共同侵害的法益。例如，危害国家安全罪的同类客体是"国家安全"；危害公共安全罪的同类客体是"公共安全"。刑法分则十章的罪名是以同类客体划分的。

(3)一般客体：一般客体是一切犯罪所共同侵害的法益，即社会关系整体或社会生活利益整体。

(二)按直接客体的个数分类

(1)简单客体：简单客体是某一犯罪只侵害一个法益，如故意杀人罪、盗窃罪。

(2)复杂客体：复杂客体是某一犯罪侵害数个不同法益，如抢劫罪、刑讯逼供罪。

第二节　犯罪对象

一、犯罪对象的概念与特点

犯罪对象是指刑法分则条文规定的犯罪行为所作用的，客观存在的具体人或者具体物。每一种具体的犯罪行为，都直接或间接地作用于一定的具体人或者物，从而使刑法所保护的社会关系受到损害，进而阻碍、影响社会的正常运行，对社会造成危害。[①] 犯罪对象具有如下特点：

（1）犯罪对象与组成犯罪行为之物不同。例如，赌资是组成赌博罪之物，而不是赌博罪的对象。

（2）犯罪对象与行为孳生之物不同。行为孳生之物，是指犯罪行为所产生的物。例如，行为人伪造的文书、制造的毒品等，不是行为对象。因此，在毒品犯罪中，走私、贩卖、运输毒品时，毒品是行为对象；制造毒品时，毒品属于行为孳生之物。[②]

（3）犯罪对象与犯罪所得不同。例如，生产、销售伪劣产品所获得的销售金额，不是行为对象。又如，职业杀手所领得的报酬，不是行为对象。

（4）犯罪对象与犯罪工具不同。例如，飞车抢劫中的摩托车是犯罪工具，不是行为对象；盗窃罪中的钥匙是犯罪工具，不是行为对象。但是有时犯罪工具和行为对象合二为一。例如，销售伪劣产品罪、使用假币罪、假冒注册商标罪中，伪劣产品、假币、假冒的注册商标既是犯罪工具，又是行为对象。

> **释义 2. 犯罪对象的认定**
>
> （1）是否每个犯罪都有犯罪对象？结论：不是，例如，脱逃罪，偷越国（边）境罪，组织、领导、参加黑社会性质组织罪，组织、领导、参加恐怖活动组织罪都不具有行为对象。
>
> （2）是否每个犯罪都只有一个犯罪对象？结论：有的犯罪只有一个行为对象，有的犯罪会有多个行为对象。例如，抢劫罪的行为对象包括人身和财物。

二、犯罪对象的意义

（1）影响定罪：例如，盗窃的行为对象不同，罪名也不同，有盗窃罪，盗窃枪支、弹药罪，盗窃国家机关公文罪。

[①]　王作富，黄京平.刑法(第 6 版)［M］.北京：中国人民法学出版社，2016：42.

[②]　张明楷.刑法学(第 4 版)［M］.北京：法律出版社，2011：163.

（2）影响量刑：例如，同为强奸罪，强奸妇女和奸淫幼女的量刑便不同。同为盗窃罪，盗窃普通财物和盗窃金融机构或珍贵文物的量刑便不同。

三、犯罪对象转换

（一）犯罪对象转换的概念

犯罪对象转换是指在犯罪过程中，有意识地将原先设定的犯罪对象转移到另一犯罪对象上。[①] 在这里，被侵害的法益不具有人身专属性，行为仍处在同一个罪名的犯罪构成内。

（二）处理原则

（1）如果侵害的法益不具有人身专属性，则定一个犯罪，而且既遂；如果侵害的法益具有人身专属性，则数罪并罚。

> 案例1.甲原本打算入室盗窃乙的手机，入室后发现乙的室友丙的手机更漂亮，便盗窃了丙的手机。因为财产法益不具有人身专属性，所以没必要定盗窃罪（中止）和盗窃罪（既遂），数罪并罚，只需定一个盗窃罪（既遂）。
>
> 案例2.甲暗恋 A 女，原本打算入室强奸 A 女，入室后发现 A 女的室友 B 女更漂亮，便放弃 A 女，转而强奸 B 女。因为性自由权具有人身专属性，甲对 A 女成立强奸罪（中止）、对 B 女成立强奸罪（既遂），数罪并罚。

（2）如果行为跨越了不同的犯罪构成，则数罪并罚。

> 案例3.甲欲抢劫李某的提包，在抢劫中发现提包中不仅有普通财物还有枪支，便只抢劫了枪支。则甲成立抢劫罪（中止）和抢劫枪支罪（既遂），应数罪并罚。

四、犯罪客体与犯罪对象的联系与区别

犯罪客体与犯罪对象的联系在于：作为犯罪对象的具体人是具体社会关系的主体或者承担者，作为犯罪对象的具体物是具体社会关系的物质表现。犯罪行为作用于犯罪对象，就是通过犯罪对象即具体的物或人来侵害一定的社会关系。

但犯罪客体与犯罪对象存在明显区别：①犯罪对象是犯罪行为所直接指向的人、物、信息，是可以为人的感觉所直接感知的；而犯罪客体是抽象的，必须通过人的抽象思维才能把握。它们的关系是现象与本质的关系。②犯罪客体是任何犯罪构成的四大基本要件之一，它是任何犯罪都不可缺少的要件。而犯罪对象则是犯罪客观方面的一个具体要素，犯罪对象在犯罪构成的结构层次上要低于犯罪客体。而且，虽然犯罪对象是大多数犯罪的犯罪构成的必要要素，但是也有少数犯罪，如脱逃罪，犯罪对象并非其犯罪构成的必要要素。③任何犯罪都侵害到一定的犯罪客体；而犯罪对象则不一定受到实际损害。

① 张明楷.刑法学(第 4 版)[M].北京：法律出版社，2011：247.

能力应用

案例分析：被告人陈某某，男，1967 年出生。陈某某因与邻居赵某家因为宅基地纠纷没有解决，一直对赵某家怀恨在心，2005 年 6 月 17 日，陈某某伺机向赵某院内的水井投放大量剧毒农药，赵某院内的水井为公共水井，左邻右舍均经常在此水井打水，后被前来打水的邻居发现井水颜色不对，没有饮用，并告知了赵某家，避免了造成伤亡等危害结果。报警后，福建泉州市公安局经过化验分析，发现有人投毒，遂侦破此案，抓捕犯罪嫌疑人陈某某。

泉州市检察院以故意杀人罪提起公诉，一审法院判决认定为故意毁坏财物罪，处 2 年有期徒刑；后检察院提起抗诉。二审法院撤销原判，发回重审。一审法院重审判认定为投放危险物质罪，处 5 年有期徒刑。被告人不服上诉，二审法院驳回上诉，维持原判。

请根据刑法学知识分析本案的定性问题。

【参考答案】本案定罪关键是客体的认定方面，即本案犯罪行为是侵害了危害公共安全还是特定人生命？这就存在对"不特定多人"的认识问题。

本案在处理中存在不同观点，在定罪方面主要有三种观点分别为：故意毁损财物罪、故意杀人罪、投放危险物质罪。本案定性的准确取决于本案侵犯的犯罪客体是财产权、特定人的生命权还是不特定多数人的生命健康权。

本案犯罪侵害的客体是公共安全，陈某某的投毒行为投向的是具有公众属性的水井，即该水井经常有左邻右舍取水，投放毒药在此水井之中，明显地危害了不特定人的生命健康权。因此，本案应该认定为投放危险物质罪。

第六章　犯罪主观方面

知识结构

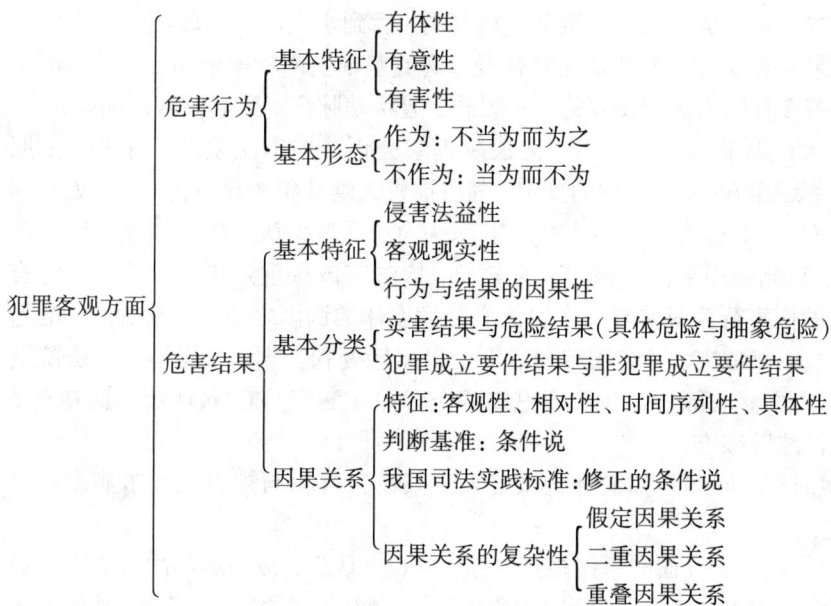

法条规范

第 13 条 [犯罪概念] 一切危害国家主权、领土完整和安全，分裂国家、颠覆人民民主专政的政权和推翻社会主义制度，破坏社会秩序和经济秩序，侵犯国有财产或者劳动群众集体所有的财产，侵犯公民私人所有的财产，侵犯公民的人身权利、民主权利和其他权利，以及其他危害社会的行为，依照法律应当受刑罚处罚的，都是犯罪，但是情节显著轻微危害不大的，不认为是犯罪。

┌─ **典型案例** ────────

【基本案情】

洪某故意伤害案①

被告人洪某，男，1954 年 10 月 2 日出生，1994 年 9 月 23 日因容留他人卖淫罪被判处有期徒刑 7 年。

被告人洪某与曾某在某市滨海公园内经营茶摊，二人因为争地曾发生过矛盾。2004 年 7 月 18 日，与洪某同居的刘某酒后故意将曾某茶摊上的茶壶摔破，并与曾某的女友方某发生争执，正在曾某茶摊上喝茶的陈某（男，48 岁）上前劝阻，刘某认为陈某有意偏袒方某遂辱骂陈某，并与陈某扭打起来。洪某闻讯赶到现场，挥拳连击陈某的胸部和头部，陈某被打后追撵洪某，追出二三步后倒地死亡。洪某逃离现场，后到水上派出所轮渡执勤点打探消息时被公安机关抓获。经鉴定，陈某系在原有冠心病的基础上因吵架情绪激动、胸部被打、剧烈运动及饮酒等多种因素影响诱发冠心病发作，冠状动脉痉挛致心跳骤停而猝死。

检察机关以被告人洪某犯故意伤害罪，向法院提起公诉。一审法院公开审理，依照《刑法》第 234 条第 2 款、第 65 条第 1 款的规定，判决被告人洪某犯故意伤害罪，判处有期徒刑 10 年 6 个月。被告人上诉后，二审法院经审理认为：原判决认定事实清楚，证据确实、充分，定罪准确，审判程序合法。被告人系累犯，依法应该从重处罚。但被害人患有严重心脏疾病，洪某的伤害行为只是导致被害人心脏病发作的诱因之一，原判对洪某的量刑过重，与其罪责明显不相适应，可在法定刑以下予以减轻处罚。据此，撤销一审法院刑事判决中对被告人洪某的量刑部分，以洪某犯故意伤害罪在法定刑以下判处有期徒刑 5 年，并依法报最高人民法院核准。

【法律问题】本案的核心问题是如何评价被告人洪某伤害行为与被害人心脏病发作猝死的因果关系的认定？

【案例分析】本案存在三个方面的争议观点：第一种观点认为，被告洪某的行为不构成犯罪。该观点主张胸部两拳只是被害人死亡的诱因之一，诱因与直接原因不同；被告人不可能预见被害人患有冠心病等因素，而死亡结果与这些自身因素分不开。其行为与被害人死亡之间不具有刑法上的因果关系，故应宣告被告人洪某无罪。第二种观点认为，被告洪某的行为构成过失致人死亡罪。该观点主张被告人洪某既没有伤害的故意，也没有杀人的故意，只是由于应该预见而没有预见，才造成被害人死亡结果的发生，因此，应定为过失杀人罪。第三种观点认为，被告洪某的行为构成故意伤害罪。理由是，被告人洪某对被害人头部、胸部分别连击数拳的行为，其主观上能够认识到其可能会伤害人的身体健康，虽然死亡后果超出本人的主观意愿，但符合故意伤害致人死亡的构成要件。

本案的焦点问题在于被告人洪某的行为与危害结果之间是否具有刑法上的因果关系，以及这种危害结果的发生是否属于被告人洪某"应当预见的范围"。本案从现象来看，正是被告人洪某的殴打行为等原因，共同诱发被害人冠心病发作导致死亡。被告人的殴打行为

────────

① 案例来源：最高人民法院刑事审判庭第一庭、第二庭. 刑事审判参考[M]. 北京：法律出版社，2006：26 - 31.

与被害人死亡之间存在引起与被引起的关系。因此，可以肯定被告人伤害行为与被害人死亡之间具有刑法上的因果关系。本案对于被害人患有冠心病的事实显然不可能已经预见，那么对于被害人患有冠心病的事实是否应当预见呢？对于洪某而言，依据他的知识和现实生活中的打架经验，显然不可能预见到一个患有冠心病的人被殴打数拳会引发冠状动脉痉挛致心跳骤停而猝死。被告人洪某主观上对于死亡结果没有预见可能性，其主观方面既不存在故意，也不存在过失。因此，被告人不应该对被告人死亡的结果承担责任。

> **规范释义**

犯罪客观方面是指刑法规定的成立犯罪所需要的客观事实特征，是犯罪的外在表现。犯罪客观方面的要素包括：第一，必备要素。必备要素是任何犯罪都必须存在的要素，如危害行为。第二，选择要素。选择要素是指犯罪成立不是必须具备的要素，而是有些犯罪成立所要求的要素，如危害结果、行为对象、犯罪时间、地点、方法（手段）等。

第一节　危害行为

行为在现代刑法体系中占据核心的地位。"无行为则无犯罪"，充分说明了行为在认定犯罪时的重要意义。首先，从历史上看，主张犯罪是行为这一观点具有巨大的历史作用。如果外部行为相同的话，原则上就应当处以相同的刑罚，就能够贯彻刑法面前人人平等的原则。其次，犯罪是行为意味着行为人的内心思想不能作为犯罪而被处罚。最后，犯罪是行为意味着犯罪人的性格或者人格不能成为处罚的对象。

一、行为的概念

（1）犯罪行为：是指充足犯罪构成要件（包括基本、修正构成要件；普通、加重构成要件等）的行为。如放火罪是指故意放火焚烧公私财物，危害公共安全的行为。

（2）非罪行为：是不充足犯罪构成要件的行为，包括出于缺乏主观或客观要件中某些要素，而不构成犯罪的行为，例如《刑法》第16条规定。

（3）构成要件行为：又称犯罪成立所必须具备的行为要素，是指刑法所规定的、行为人意识与意志支配下的、危害社会的身体动与静。具体分为非实行行为和实行行为。

（4）危害行为：是指在人的意志支配下实施的危害社会的身体动与静，即作为犯罪客观方面要件的行为。

> **释义1. 犯罪行为与危害行为的关系**
>
> 犯罪行为均属于危害行为，但危害行为不一定都是犯罪行为。非罪行为既可以是危害行为也可以是非危害行为，例如正当防卫的非罪行为，即为非危害行为。

二、刑法上关于行为的理论学说

(一)因果行为论

因果行为论是 19 世纪后半叶受自然科学与机械唯物论影响而形成的行为理论。这种学说的核心观点是将行为理解为一种因果事实,作为生理的、物理的过程来把握。其包括自然行为论(身体动作说)与有意行为说。自然行为论将行为理解为人的身体的动静,即纯肉体的外部动作,这种外部动作包括身体的"动"与"静"。至于这种动作是否由意识支配、支配动作的意识内容如何,并不是行为概念解决的问题,而是有责性的内容。因此,睡眠中的举动、幼童的动作都是行为。该学说主倡者是德国刑法学家李斯特、贝林。有意行为说认为,人的行为是伴随有一定意思活动的行为。因此,行为有两个要素:一是有意性或意识性;二是有体性或有形性。但是有意行为说主张的有意性是价值中立或中性无色的。换言之,意识的内容如何不是行为概念解决的问题而是有责性解决的问题。

有意行为说的优点在于能够较好地实现行为的界定功能,将不基于意思的反射动作等排除在行为之外;同时,对行为的主观面与客观面只做一般的描述,不取代此后的刑法评价,能够实现行为的基本机能与结合机能。主要问题是:第一,难以发挥行为的统一机能,强调行为有形性,无法解释不作为的行为问题。第二,强调行为有形性与有意性,无法解释忘却犯。一般而言,行为具有"有形性"与"有意性",但忘却犯(如铁道道口值班员在值班时因为打瞌睡而忘却放下道口栏杆,导致重大交通事故发生)却难言"有形性"与"有意性"。第三,强调行为概念中的意识价值中立,中性无色,使行为意识内容空虚化,从而失去实质意义。①

(二)目的行为论

该学说与因果行为论针锋相对,德国的威尔泽尔于 20 世纪 30 年代提出。核心观点是,人的行为不是单纯地由意志支配的因果事物现象,而是为实现一定目的的一种活动。人的目的是行为的本质要素,它支配、操纵着人的行为。即人根据自己对因果关系的认识,有目的地支配、操纵自己的举止,引起外界的变动。目的行为论的特征在于强调行为的存在结构是包括主观、客观在内的整体结构,目的性是行为的本质要素。

对目的行为论学说的批判主要有以下几点:①目的行为论对犯罪构成三要件的影响是最大的,打破了"行为是客观的,目的是主观的"这一说法。但致命点在于不能解释过失犯。在对过失犯罪进行解说时陷入困境。②该学说强调存在论的立场,无法解释不作为。

(三)社会行为论

该学说由德国刑法学者谢密特创立,形成于 20 世纪 30 年代,是在整合因果行为论与目的行为论的基础上形成的一种折中的行为理论。这种理论的核心观点:刑法上的行为是人的具有社会意义的身体举止。行为的社会意义,就是用法益侵害与刑法规范的概念来制约行为,即强调行为是对刑法所保护法益的侵害;同时,刑法也是一种社会规范,人的动作是否属于刑法上的行为就在于它是否违反了这种社会规范。

社会行为论的最大优点是能够很好地发挥行为的统一机能,将故意行为、过失行为、作为、不作为都纳入到行为的范畴之内。主要的缺点在于:①该学说无法满足行为的界限

---

① 张小虎. 犯罪论的比较与建构[M]. 北京:北京大学出版社,2006:115.

机能，不可抗力、纯粹的反射性动作等也可能具有社会意义，但对刑法判断没有意义。②该学说不能很好地发挥行为的结合功能，由于法律评价和社会评价是相互依存的，"社会性"这一范畴，原本就属于构成要件领域，而不是位于构成要件之前，因而它不是位于刑法之前的行为概念所具有的因素。①　③该学说中"社会意义"本身的标准是模糊的。④该学说在法律评价之前，又进行了一次评价，从而导致行为被双重评价。⑤该学说坚持行为的有意性，也难以解释忘却犯的行为问题。因为忘却犯缺乏意志性。②

（四）人格行为论

"行为是行为人人格的主体的实现化"，行为是人格与环境的相互作用下依据行为人的主体的人格态度而形成，并将主体人格现实化。例如，团藤重光认为，人的身体动静，只有与其主体的人格态度相结合，并能认为是其人格的表现时，才能认为是行为。不作为能表明主体的人格态度，因此是行为；过失行为因为表现出行为人轻视规范的人格态度，因此也是行为。但是，单纯的反射动作和受绝对强制的动作，不能表明行为人的人格态度，因此不是刑法意义上的行为。换言之，行为是行为人人格的发现或人格的表现。一方面，反射性举止等不是人格表现，因而不是行为；另一方面，思想与意志冲动虽然属于人的心理与精神领域的活动，但由于仅停留在内心，没有表现为外部举止，所以不是人格表现，不是行为。该学说代表人物有日本的团腾重光、德国阿尔特尔·考夫曼等。

人格态度行为是所有与犯罪有关联的可表明行为人背离社会基本价值的程度，说明意志态度的对立程度，并最终在量刑幅度内决定具体刑罚量的具有社会意义的行为。

对人格行为论学说的批判主要有以下几点：①该学说在发挥行为的界限功能上仍有不足，如根据该观点，精神病人杀人也是其人格表现，因为是刑法上的行为，但实际上却不是犯罪行为。②该学说有自相矛盾之嫌，人格行为论使用主体的现实化、主体的态度这种用语，显然意味着积极的、有意图的态度。但忘却犯却不具备这种态度，该学说为了解释忘却犯，又认为忘却犯只要与主体的人格态度相联系就够了，其理论的整合性存在疑问。③该学说中什么是人格并不明确，刑法能否介入到行为人的人格值得研究。④如果将人格行为论作为人格责任论的基础，那么站在批判人格责任论立场就无法采用这种行为论。③

（五）消极行为论

该学说的核心思想是"避免可能性原则"，即能够避免结果而没有避免的，就必须将结果规责于该行为人。卡尔斯是消极行为倡导者之一。他认为，如果一个行为人能够避免某种结果的发生，法律也要求他避免这种结果的发生，那么，只要他没有避免这种结果发生，就应将该结果归责于该行为人。赫茨贝格则第一次将该原则称为同时包括作为与不作为在内的行为概念基础，他认为"刑法的行为时指在保障地位上所作的能够避免的不避免"。

对消极行为学说的批判主要有以下几点：①罗叮辛指出人们能否真正地用这种否定的行为概念来赢得一种共同的基础因素，值得怀疑。②该学说否定行为的概念不应作为传统意义上的链接要素来使用。③该学说难以满足行为的界限机能。即消极行为论没有使行为特定化，消极行为论并非说明什么是行为，而是讨论归责的问题。

① 陈家林.外国刑法通论[M].北京：中国人民公安大学出版社，2009：164.
② 张小虎.犯罪论的比较与建构[M].北京：北京大学出版社，2006：115.
③ 陈家林.外国刑法通论[M].北京：中国人民公安大学出版社，2009：164.

三、我国刑法理论对行为的界定

我国刑法中的危害行为是指行为人在意识支配下的危害社会并被刑法所禁止的身体动静。其有如下几项主要特征。

（一）危害行为具有有体性

危害行为是人的身体动静。行为是犯罪的存在要素，也是犯罪的核心要素，若无行为，则难以评价。反对思想归罪，危害行为必须具有物质性，即具有损害法益的行为。

（二）危害行为具有有意性

危害行为是在人的意识支配下的身体动静。危害行为必须具有有意性。如果没有人的意识支配，不是刑法上的危害行为。因此，人的无意识动作如人在睡梦中或者精神错乱状态下的举动、身体受外力强制形成的动作、在不可抗力下形成的动作，即使客观上造成损害，也不是刑法意义上的危害行为。

（三）危害行为具有有害性

危害行为是侵犯刑法所保护的社会利益并被刑法所禁止的行为，具有社会危害性即法益侵害性。

> 案例1. 张三在深山老林中看见了一个稻草人，以为是仇人李四，便开枪射击，只打到了稻草，没有打死人。
>
> 案例2. 张三想杀李四，在李四的杯中放了以为是毒药的保健品，结果人没有死。
>
> 上述两个案例，张明楷教授在论述行为三特征中，认为上述行为有体、有意但无害，因此，不认为是犯罪。

四、行为的基本形式：作为与不作为

（一）作为

1. 作为的概念

作为指行为人以积极的身体活动实施某种被刑法所禁止的危害行为，即不当为而为，作为违反的是禁止性规范。

2. 作为的特征

（1）行为的有形性：有形性赋予作为以一定的可以识别的物理特征。

（2）行为的违法性：作为的发生表现为对禁止性法律规范的违反，是一种"不应为而为"。

3. 作为实施的方式

（1）利用行为人自身条件的作为，具体包括以下三种情况：第一，利用自身的身体条件，如四肢、头部等实施的作为；第二，利用自己的自然身份实施的作为，如我国刑法中只有男性才能构成强奸罪的实行犯；第三，利用自己的法定身份实施的作为，如我国刑法中只有国家机关工作人员利用职务之便才可以成立贪污罪。

（2）利用外力条件的作为，具体包括以下几种情况：利用他人的作为，如利用精神病等无责任能力的人实施作为；利用动物的作为；利用物质工具的作为或者借助自然力量

（风势、火等）来实施作为。

（二）不作为

1. 不作为的概念

不作为是指行为人能够履行应尽的义务而消极地不实施法律要求或期待的行为，即当为能为而不为，不作为违反义务性规范。

2. 不作为的成立条件

（1）"当为"：当为要求有作为义务，即行为人负有实施特定积极行为（作为）的义务。这种义务来源主要有以下几个方面：①法律明文规定的义务。例如，《中华人民共和国婚姻法》规定，夫妻之间有相互救助的义务；夫妻之间、直系亲属之间在特定条件下有扶养、抚养、赡养的义务；《刑法》第260条规定的遗弃罪；《刑法》第416条规定的拒不解救被绑架的妇女儿童罪，都规定了"负有……义务"，这就是纯正不作为犯的标志。②行为人职务或业务上要求义务。例如，值勤消防队员有扑灭火灾的义务；值班医生有抢救危重病人的义务；国家工作人员有履行相应职责的义务。③行为人的法律地位、法律行为所产生的义务。例如，对自己监护下的精神病人，在发生侵害法益的危险时，有防止其发生的义务；将弃婴抱回家的人对该婴儿有保护、抚养的义务。④行为人的先前行为所引起的义务。即行为人自己的先前行为具有造成一定危害结果危险的，行为人负有防止其发生的义务。

（2）"能为"：能为要求具有作为的可能性，即行为人能够履行特定义务。法律不能给人们强加力所不能及的义务，即法律不能强人所难。因此，尽管行为有防止危害结果发生的义务，但由于缺乏必要的能力或其他原因不可能防止危害结果发生的，不成立不作为犯罪。

（3）"不为"：不为说明结果具有回避的可能性，即行为人不履行特定义务，造成或可能造成危害结果，侵犯了法益。

　　案例3. 警察乙在大街上进行巡逻，看到歹徒正用刀砍杀王某，围观人很多，乙也围观了，但没有解救，最终王某被杀死。问：如何评价警察乙的行为？

　　案例4. 警察丙在自己家里看到歹徒用刀砍杀自己的妻子，但因为和妻子关系不好而故意不解救，导致自己的妻子被杀死。问：如何评价警察丙的行为？

　　答：案例3中乙的不作为构成不作为犯罪，但构成的是不作为的滥用职权罪还是不作为的故意杀人罪？由于乙的不作为与作为的故意杀人罪不具有等价性，只与作为的滥用职权罪具有等价性，所以对乙以不作为的滥用职权罪论处。

　　案例4中警察丙在自己家里看到歹徒用刀砍杀妻子，故意不解救，导致自己的妻子被杀死。首先，丙的不作为构成不作为犯罪；其次，丙的不作为有没有达到不作为的故意杀人罪的程度？从客观危害和主观恶性来看，其不作为与作为的杀死妻子没有本质区别，具有等价性。因为，第一，丙此时的作为义务有两种：一是身为丈夫有救助妻子的法律义务，二是身为警察的义务。第二，案发现场不是在人很多的大街上，而是在自己家里，除了丙没人能救，而且丙也有能力抢救。可以说，此时妻子是死是活，掌控在丙的手里。丙同时触犯不作为的滥用职权罪和不作为的故意杀人罪，想象竞合，择一重罪论处，定不作为的故意杀人罪。

(4)法益侵害：不作为本身具有法益侵害性，主要表现为不作为已经或可能造成一定的法益侵害结果。

释义 2. 不作为犯与相应作为犯具有等价性问题①

不作为犯与相应的作为犯具有等价性（整体性程度要件）。"应为、能为、而不为"是成立不作为犯的定性要求，具备了上述要求只能说明该行为属于不作为。但我国犯罪的成立在整体上一般都有量的、程度的要求。例如，故意伤害罪要求致人轻伤，盗窃罪要求数额较大。不作为要构成犯罪，也有量的要求。这个量的标准该如何衡量呢？可以参照对比不作为所对应的作为犯的程度，如果达到相对应的作为犯的程度，与其可以相同评价，那么就可以犯罪论处。即不作为犯与对应的作为犯具有等价性，才能构成犯罪。是否等价，应从客观危害程度和主观恶性程度来判断，具体参考因素有：作为义务的性质及程度高低、行为人支配危险发展的程度高低。

---

3. 纯正不作为犯与不纯正（不）作为犯

(1)纯正不作为犯：纯正不作为犯是刑法规定只能以不作为方式实现的犯罪，相当于"不作为犯"。

释义 3. 纯正不作为犯只能由刑法明文规定

纯正不作为犯只能由刑法明文规定，同时，因为有刑法明文规定，所以认定纯正不作为犯，完全符合罪刑法定原则的要求，不存在类推适用的问题。

---

(2)不纯正（不）作为犯：不纯正（不）作为犯是指刑法规定为作为犯，但行为人却以不作为方式实现，并具有相当性的犯罪。详而言之，指刑法分则条文规定以作为方式构成的犯罪，行为人实际上以不作为方式实施，客观上造成法定危害结果的发生或者法定的具体危险状态的出现，与作为犯罪之犯罪构成相当，因而构成犯罪的，是不纯正（不）作为犯。不纯正（不）作为犯的成立，必须同时具备以下三个条件：①行为人负有不使符合犯罪构成的一定结果发生的义务；②行为人有防止结果发生的现实可能性；③行为人以不作为方式所实现的犯罪构成事实与以作为方式实现的犯罪构成事实相当。

---

① 周光权.刑法总论(第2版)[M].北京：中国人民大学出版社，2011：87.

释义4.刑法处罚不作为犯问题

刑法处罚纯正的不作为犯是因为刑法有明文规定,但是处罚不纯正不作为犯却需要法理的支持,否则违反罪刑法定原则(法条并未将不作为规定为构成要件要素)。当不作为与作为等价时,对不纯正不作为犯处罚才是合理的。为实现这种等价,刑法认为行为人应当作为而没有作为是不作为犯的成立条件。将基于保证人地位的作为义务,视为不纯正不作为犯的成立条件,即负有防止结果发生的特别义务人称为"保证人"。其防止结果发生的特别义务就是作为义务。不作为的核心是行为人具有保护义务,即保证人地位所保护的危险情况不发生的地位。

第二节　危害结果

一、危害结果的概念

危害结果是指危害行为对法益所造成的结果。广义的危害结果包括实害结果和危险结果;狭义的危害结果仅指实害结果。

二、危害结果的特征

(1)侵害法益性:危害结果一定是侵害法益所导致的结果。该法益必须是刑法明文规定保护的法益。

(2)客观现实性:危害结果属于客观要件,是否产生危害结果,不受行为人主观认识错误的影响;同时,危害结果有时不受被害人的主观承诺影响。

案例5.甲误以为给人静脉注射空气没有危险,便给乙的静脉注射空气,结果导致乙死亡。本案甲虽然有认识错误,但是不影响危害结果的存在。

案例6.甲意欲强奸妇女乙,结果妇女乙同意与甲发生性行为,本案行为人就不构成强奸罪。但是如果本案妇女甲是幼女,即使幼女同意发生性行为,行为人也构成强奸罪。

(3)行为与结果的因果性:危害结果必须是由行为人的危害行为造成的,即危害结果与危害行为之间要有因果关系。

三、危害结果的分类

(一)实害结果与危险结果

(1)实害结果:实害结果是指行为对法益造成的现实侵害事实。例如,死亡是故意杀人罪的实害结果。实害结果对应的犯罪是实害犯，实害犯是指将发生实际法益侵害作为处罚根据的犯罪。

（2）危险结果：危险结果是指行为对法益造成的现实危险状态。例如，以杀人的故意重伤他人后被抓，重伤就是故意杀人罪的危险结果，因为重伤对生命造成了现实危险。其对应的犯罪是危险犯，危险犯是指将发生法益侵害危险作为处罚根据的犯罪。危险犯分为具体危险犯和抽象危险犯：①具体危险犯是指对法益的危险要求达到具体现实程度。是否达到具体危险，由法官来认定。例如，放火罪是具体危险犯，成立放火罪不仅要求有放火行为，还要求放火行为足以危害公共安全。②抽象危险犯是指对法益的危险只要求达到一种抽象的危险感即可。是否达到抽象的危险感，由立法者预先规定。例如，盗窃枪支罪是抽象危险犯，立法者认为盗窃枪支的行为具有抽象危险，可能会危害公共安全，因此只要实施盗窃枪支的行为，就构成犯罪，不要求枪支被盗后可能造成现实具体的危险才构成犯罪。

释义 5. 如何识别刑法典中的实害犯、具体危险犯和抽象危险犯？

第一，法条中规定成立犯罪的要求是"造成严重后果"，一般是实害犯。例如，《刑法》第 142 条规定："生产、销售劣药，对人体健康造成严重危害的，处三年以上十年以下有期徒刑，并处销售金额百分之五十以上二倍以下罚金……"。第二，法条中规定成立犯罪要求"足以造成严重后果的"，一般是具体危险犯。例如，《刑法》第 143 条规定："生产、销售不符合安全标准的食品，足以造成严重食物中毒事故或者其他严重食源性疾病的，处三年以下有期徒刑或者拘役，并处罚金……"。第三，法条中只规定实施某个行为就成立犯罪，一般是抽象危险犯。例如，《刑法》第 144 条规定："在生产、销售的食品中掺入有毒、有害的非食品原料的，或者销售明知掺有有毒、有害的非食品原料的食品的，处五年以下有期徒刑，并处罚金……"

（二）犯罪成立要件的结果和非犯罪成立要件的结果

一般犯罪的成立都要求有危害结果，但是有些犯罪的成立不要求有危害结果。要求有实害结果的属于犯罪成立要件的结果，如过失犯罪的成立都要求有危害结果；不要求有危害结果的属于非犯罪成立要件的结果。

【总结】常考的危害结果：①丢失枪支不报罪（《刑法》第 129 条）的成立要求"造成严重后果"；②信用卡诈骗罪（《刑法》第 196 条）中"恶意透支"要求经发卡银行催收后仍不归还，给银行造成损失；③侵犯商业秘密罪（《刑法》第 219 条）的成立要求"给商业秘密的权利人造成重大损失"；④滥用职权罪（《刑法》第 397 条）的成立要求"致使公共财产、国家和人民利益遭受重大损失"。

第三节　因果关系

因果关系是刑事责任的客观依据。确定行为人对危害结果负刑事责任，需要认定该结果与该行为之间存在因果联系。

一、刑法上的因果关系的概念

刑法上的因果关系是指危害行为与危害结果之间的引起与被引起的关系。但有因果关系不等于就成立犯罪。刑法上的因果关系，实质上是认定行为人对于结果是否具有支配力，是否应当为结果承担责任。它是在已经具备认知的前提下，进行刑法上的价值判断，即以生活中存在的因果关系为规范层面判断的前提。生活中的因果关系应该是一种科学的因果关系，所谓科学的因果关系则指能够在实验室里重复的因果关系。因此，"迷信犯"的诅咒行为和被害人的真实世界死亡结果之间，由于没有科学的因果关系而不可能存在刑法上的因果关系。

二、刑法上的因果关系判断基准：条件说

条件说认为，行为与结果之间存在着"没有前者就没有后者"的条件关系时，前者就是后者的原因。条件说，又称全条件等价值说，此说立足于逻辑因果关系的立场，认为一切行为只要在逻辑上是发生结果的条件，就是结果发生的原因。由于条件说是一种广义上的因果概念，具有物理的因果关系的性质，将之直接运用于刑法上的因果关系，会使刑事责任的客观基础过宽，扩大处罚范围。

条件说公式：无 A 则无 B，A 即 B 因。例如，没有甲的砍杀行为，乙就不会死，那么甲的行为与乙的死亡便具有因果关系。

三、我国司法实践及司法考试所采用的标准：修正的"条件说"

当一个行为或事实独立地导致结果发生时，就应当将结果归责于该行为，而不能追溯至先前的条件。如果在介入独立的行为或事实而导致结果发生时，则例外否定前危害行为与危害结果之间的因果关系。

(一)条件关系的限定：刑法上因果关系与生活中因果关系的区别

刑法上的因果关系是指危害行为与现实危害结果之间的关系，生活中因果关系是日常生活行为与现实危害结果之间的关系。

危害行为是指对法益产生危险或实害的行为。如果对法益不创设任何危险，则属于日常生活行为。注意：日常生活行为偶然产生的危害结果，不属于刑法上的因果关系。

案例 7. 甲意欲使乙在跑步时被车撞死，便劝乙清晨在马路上跑步，乙果真在马路上跑步时被车撞死。甲的劝说行为不会给乙的生命创设任何危险，因此属于日常生活行为偶然产生的危害结果，不属于刑法上的因果关系。甲对乙的死亡不负刑事责任。

案例 8. 乙很想让王某死亡，便劝其坐飞机，心想：如果飞机坠毁，王某必然死亡。王某便去坐飞机。结果飞机竟真的坠毁，王某死亡。乙的劝说行为属于日常生活行为，与王某的死亡没有刑法上的因果关系。

刑法上只讨论现实危害结果是由谁造成的，不讨论假设的结果，即使假设的结果按照时间正常发展必然会发生，也不讨论。

案例 9. 甲欲杀害其女友，某日故意破坏其汽车的刹车装置。女友驾车外出，15 分钟后遇一陡坡，必定会坠下山崖死亡。但是，女友将汽车开出 5 分钟后，即遇山洪暴发，泥石流将其冲下山摔死。现实的危害结果是女友死亡，该结果是由山洪导致的。虽然甲的破坏行为必然会导致女友 15 分钟后死亡，但该结果是假设的结果，没有发生，不予讨论。因此，甲的破坏行为与女友的实际死亡之间没有刑法上的因果关系。①

（二）条件关系的特殊情形

1. 假定的因果关系

因果历程：前条件→结果；前条件→后条件→结果。

前条件正要导致结果发生，后条件介入并导致结果发生。如前文所述，刑法上的因果关系中的结果是指具体的、现实的结果，而非假定的结果。结论：前条件与结果没有因果关系，后条件与结果有因果关系。

案例 10. 死刑犯 2 小时后要被执行死刑，被害人的父亲甲迫不及待地突然按下开关，执行了死刑。甲的行为与死刑犯的死亡有因果关系。

2. 二重的因果关系（择一的竞合）

$$因果历程：\left.\begin{array}{l}条件 1（100\%）\\ 条件 2（100\%）\end{array}\right\}⇨危害结果$$

两个条件单独都能导致结果发生，没有意思联络，各自同时发生作用，竞合在一起导致了结果发生，类似双保险。结论：两个条件与结果都有因果关系。

---

① 这种案例，用后文的"介入因素三标准"分析，也能得出同样结论。

案例11. 甲、乙没有意思联络，事前都向丙的水杯投了100%致死量的毒药，丙喝了以后中毒死亡。甲、乙的行为与丙的死亡都有因果关系。

3. 重叠的因果关系

两个条件单独都不能导致结果发生，相互之间没有意思联络，结合在一起同时起作用而导致了结果的发生。结论：两个条件都与结果有因果关系。

$$因果历程：\left.\begin{array}{c}条件1(50\%)\\条件2(50\%)\end{array}\right\}\Rightarrow 危害结果$$

案例12. 甲与乙都想杀死丙，甲先投了5毫克毒药(50%致死量)，不知情的乙又投了5毫克毒药(50%致死量)。然后，丙一口喝了，中毒死亡。甲、乙的行为与丙的死亡都有因果关系。甲、乙各自构成故意杀人罪既遂。注意，如果是甲先投，丙就喝了，然后乙再投，丙又喝，最终死亡，则属于介入因素的问题，需要用后文的介入因素三标准进行判断。

4. 被害人存在特殊体质问题

案例13. 张三与李四中学是非常好的同学，此后两人有七八年的时间因为其他原因失去联系。一日，张三在大街上巧遇李四，两人激动得不得了，张三像以前一样高兴的捶了李四几拳，哪知李四当场痛苦地蹲下，口吐白沫，被张三送到医院抢救无效死亡。原来，李四今年患上高血压、心脏病等疾病，由于遇到老同学张三一时激动，又在张三打两拳的外力下，疾病当场发作，抢救无效死亡。问：刑法该如何认定张三的行为与李四死亡之间的因果关系？

答：根据条件公式，没有张三的打两拳的行为，就不会有李四的死亡，因此二者之间有因果关系。结论：在被害人存在特殊体质的场合，行为人的先前伤害行为与被害人的死亡具有因果关系。

关于被害人特殊体质的认定，需要注意以下几点：

(1)行为人对被害人的特殊体质有无认识不影响因果关系的成立。这是因为因果关系具有客观性，不受行为人主观认识的影响。

(2)即使行为人的伤害行为与被害人死亡有因果关系，但并不意味着行为人对此要承担刑事责任，即认定因果关系不等于认定刑事责任。确定因果关系只是解决了犯罪客观要件的问题，行为人是否承担刑事责任，还需看是否具备主观要件，即看行为人主观上是否有故意或过失。如果甲明知乙有血友病而打他，想致其死亡，则甲构成故意杀人罪既遂；

如果甲应当预见乙有血友病，因疏忽大意而没有预见到，则甲构成过失致人死亡罪；如果甲无法预见到乙有血友病，则属于意外事件。由此可见：确定因果关系和承担刑事责任是两个阶段的不同问题，不可混淆。

（3）被害人存在特殊体质的问题，不需要用后文的介入因素三标准来判断。因为介入因素是指在行为人实施危害行为之后才介入、出现的因素，而被害人的特殊体质在行为人实施危害行为之前便存在。这种问题只需要用条件说便可解决。许多辅导书将被害人存在特殊体质这类题，归到介入因素里面去讨论，是没有看到二者的区别。造成这种错误的原因是，条件说、相当因果关系说是德日理论内容，苏联旧理论没有该内容，而这些辅导书用苏联理论去套德日理论的内容，所以会出现归类错误。

（三）因果关系的介入因素与因果关系的断绝与否

> 案例 14. 甲欲伤害乙，将乙打成重伤，又后悔，便送乙去医院，途中遭遇车祸，致乙死亡。问：甲的伤害行为与乙的死亡有无因果关系？
>
> 答：本案如果有刑法上的因果关系，甲构成故意伤害罪致人死亡；如果没有刑法上的因果关系，甲仅构成故意伤害罪。本案介入的车祸这个因素是独立、异常的，所以导致因果关系的断绝。

这类案件的特点是因果发展历程中出现介入因素，对此，根据条件公式得出一概都有因果关系的结论，这显然是不妥当的。因此，理论上提出相当因果关系说，通过"介入因素三标准"来解决这些问题。

存在介入因素时，判断先前行为与最终结果有无因果关系，判断的公式是：先前行为→介入因素→结果。

第一，判断先前行为对结果发生所起的作用大小。作用大者，则先前行为与结果有因果关系；反之则无。一般认为，重伤行为对死亡结果作用大，轻伤行为对死亡结果作用小。

第二，介入因素异常性的大小。过于异常，先前行为与结果无因果关系；反之则有。判断介入因素的异常性，主要是看在案件具体情景中，介入因素出现的概率大小，如果出现的概率很小，则属于很异常的事件。

第三，介入因素本身对结果发生所起的作用大小。作用大者，则表明先前行为与结果无因果关系；反之则有。

常见的介入因素有以下几种：

（1）自然事件。

> 案例 15. 甲欲杀害乙，将乙打成重伤，乙昏迷在海滩上，甲离去。海潮来临，将乙吞没，乙死亡。问：如何判断本案的因果关系？
>
> 答：第一，甲的重伤行为对死亡作用大，前后有因果关系；第二，海潮不异常，前后有因果关系；第三，海潮对死亡作用小，前后没有因果关系。综合结论，甲的前行为与乙的死亡有因果关系。

（2）第三人的行为。

> 案例16.张某追杀仇人赵某，赵某狂奔逃命。赵某的仇人李某早就想杀赵某，偶然见赵某慌不择路，在张某尚未赶到时，即向其开枪射击，致赵某死亡。问：如何判断本案的因果关系？
>
> 答：第一，先前行为是张某的追杀行为，对赵某的生命威胁很大，二者有因果关系；第二，介入因素是第三人李某开枪射击，很异常，先前行为与赵某死亡无因果关系；第三，李某开枪直接导致赵某死亡，先前行为与赵某死亡无因果关系。综合结论，先前行为即张某的追杀行为与赵某的死亡无因果关系。

（3）被害人自身的行为。

> 案例17.甲趁妇女喝醉，强奸妇女，妇女羞愤自杀。问：如何判断本案的因果关系？
>
> 答：强奸行为对生命威胁小；妇女自杀，较异常；自杀对死亡作用很大。结论是甲的强奸行为和妇女死亡没有因果关系。

（4）行为人的第二个行为①。

> 案例18.甲欲杀害乙，致乙重伤休克。甲以为乙死亡，为了毁尸灭迹，将"尸体"抛入河中，乙溺水身亡。问：如何判断本案的因果关系？
>
> 答：重伤行为对死亡作用大；杀人后为毁灭罪证而抛尸的行为，不算异常；抛"尸"行为对死亡作用大。综合结论，甲的重伤行为与乙的死亡有因果关系，甲构成故意杀人罪既遂。
>
> 实际上，该案例也称为因果关系认识错误中的"事前故意"。

能力应用

1.下列与不作为犯罪相关的表述，哪一选项是正确的？（　　）

A.甲警察接到报案：有歹徒正在杀害其妻。甲立即前往现场，但只是站在现场观看，没有采取任何措施。此时，县卫生局副局长刘某路过现场，也未救助被害妇女。结果，歹徒杀害了其妻。甲和刘某都是国家机关工作人员，都没有履行救助义务，均应成立渎职罪

B.甲非常讨厌其侄子乙（6岁）。某日，甲携乙外出时，张三酒后驾车撞伤了乙并迅速

---

① 周光权.刑法总论（第2版）[M].北京：中国人民大学出版社，2011：100.

逃逸。乙躺在血泊中。甲心想，反正事故不是自己造成的，于是离开了现场。乙因得不到救助而死亡。由于张三负有救助义务，所以甲不构成不作为犯罪

C.甲下班回家后，发现自家门前放着一包来历不明、类似面粉的东西。甲第二天上班时拿到实验室化验，发现是海洛因，于是立即倒入厕所马桶冲入下水道。甲虽然没有将毒品上交公安部门，但不构成非法持有毒品罪

D.《中华人民共和国消防法》规定，任何人发现火灾都必须立即报警。过路人甲发现火灾后没有及时报警，导致火灾蔓延。甲的行为成立不作为的放火罪

2.关于不作为犯，下列哪些选项是正确的？（   ）

A.刑法规定，依法配备公务用枪的人员丢失枪支不及时报告，造成严重后果的构成犯罪。该罪以不报告为成立条件，属于不作为犯罪

B.偷税罪①是一种不履行纳税义务的行为，只能由不作为构成

C.遗弃罪是一种不履行扶养义务的行为，属于不作为犯罪

D.刑法规定，将代为保管的他人财物非法占为己有，数额较大，拒不退还的，构成犯罪。该罪以拒不退还为成立条件，属于不作为犯罪

3.关于危害结果的相关说法，下列哪一选项是错误的？（   ）

A.甲男（25岁）明知孙某（女）只有13岁而追求她，在征得孙某同意后，与其发生性行为。甲的行为没有造成危害后果

B.警察乙丢失枪支后未及时报告，清洁工王某捡拾该枪支后立即上交。乙的行为没有造成严重后果

C.丙诱骗5岁的孤儿离开福利院后，将其作为养子，使之过上了丰衣足食的生活。丙的行为造成了危害后果

D.丁恶意透支3万元，但经发卡银行催收后立即归还。丁的行为没有造成危害后果

4.关于因果关系，下列哪些选项是错误的？（   ）

A.甲乘坐公交车时和司机章某发生争吵，狠狠踹了章某后背一脚。章某返身打甲时，公交车失控，冲向自行车道，撞死了骑车人程某。甲的行为与程某的死亡之间存在因果关系

B.乙以杀人故意瞄准李某的头部开枪，但打中了李某的胸部（未打中心脏）。由于李某是血友病患者，最后流血不止而死亡。乙的行为与李某的死亡之间没有因果关系

C.丙与同伙经预谋后同时向王某开枪，同伙射击的子弹打中王某的心脏，致王某死亡。由于丙射击的子弹没有打中王某，故丙的行为与王某的死亡之间没有因果关系

D.丁以杀人故意对赵某实施暴力，导致赵某遭受濒临死亡的重伤。赵某在医院接受治疗时，医生存在一定过失，未能挽救赵某的生命。丁的行为与赵某的死亡之间没有因果关系

5.关于刑法上的因果关系，下列哪一判断是正确的？（   ）

A.甲开枪射击乙，乙迅速躲闪，子弹击中乙身后的丙。甲的行为与丙的死亡之间不具有因果关系

B.甲追赶小偷乙，乙慌忙中撞上疾驶汽车身亡。甲的行为与乙的死亡之间具有因果

---

① 《中华人民共和国刑法修正案（七）》对本罪作了修订，罪名由偷税罪更改为逃税罪。

关系

C.甲、乙没有意思联络，碰巧同时向丙开枪，且均打中了丙的心脏。甲、乙的行为与丙的死亡之间不具有因果关系

D.甲以杀人故意向乙的食物中投放了足以致死的毒药，但在该毒药起作用前，丙开枪杀死了乙。甲的行为与乙的死亡之间不具有因果关系

【参考答案】 1.C 2.AC 3.A 4.BCD 5.D

第七章　犯罪主体

知识结构

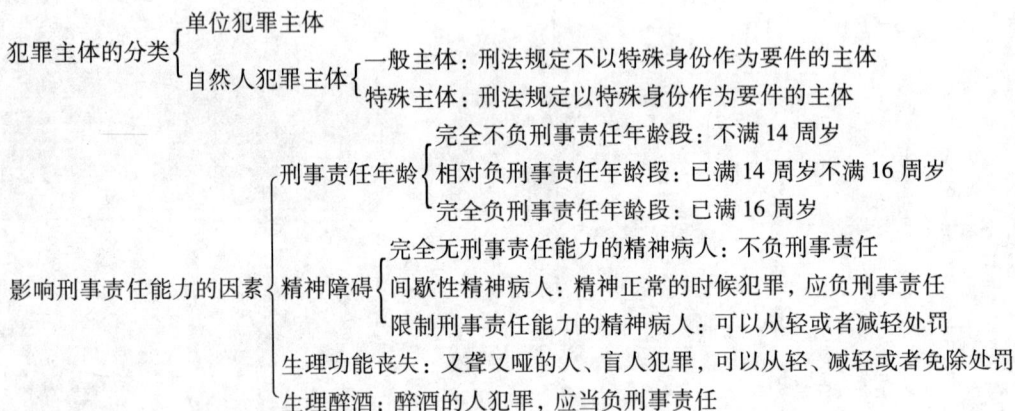

法条规范

第 17 条 [刑事责任年龄] 已满十六周岁的人犯罪，应当负刑事责任。

已满十四周岁不满十六周岁的人，犯故意杀人、故意伤害致人重伤或者死亡、强奸、抢劫、贩卖毒品、放火、爆炸、投毒罪的，应当负刑事责任。

已满十四周岁不满十八周岁的人犯罪，应当从轻或者减轻处罚。

因不满十六周岁不予刑事处罚的，责令他的家长或者监护人加以管教；在必要的时候，也可以由政府收容教养。

第 17 条之一　已满七十五周岁的人故意犯罪的，可以从轻或者减轻处罚；过失犯罪的，应当从轻或者减轻处罚。

第 18 条 [特殊人员的刑事责任能力] 精神病人在不能辨认或者不能控制自己行为的时候造成危害结果，经法定程序鉴定确认的，不负刑事责任，但是应当责令他的家属或者监护人严加看管和医疗；在必要的时候，由政府强制医疗。

间歇性的精神病人在精神正常的时候犯罪，应当负刑事责任。

尚未完全丧失辨认或者控制自己行为能力的精神病人犯罪的，应当负刑事责任，但是可以从轻或者减轻处罚。

醉酒的人犯罪，应当负刑事责任。

第19条〔又聋又哑的人或盲人犯罪的刑事责任〕又聋又哑的人或者盲人犯罪，可以从轻、减轻或者免除处罚。

第30条〔单位负刑事责任的范围〕公司、企业、事业单位、机关、团体实施的危害社会的行为，法律规定为单位犯罪的，应当负刑事责任.

第31条〔单位犯罪的处罚原则〕单位犯罪的，对单位判处罚金，并对其直接负责的主管人员和其他直接责任人员判处刑罚。本法分则和其他法律另有规定的，依照规定。

2006年1月《最高人民法院关于审理未成年人刑事案件具体应用法律若干问题的解释》的重点条文

第6条：已满十四周岁不满十六周岁的人偶尔与幼女发生性行为，情节轻微、未造成严重后果的，不认为是犯罪。

第7条：已满十四周岁不满十六周岁的人使用轻微暴力或者威胁，强行索要其他未成年人随身携带的生活、学习用品或者钱财数量不大，且未造成被害人轻微伤以上或者不敢正常到校学习、生活等危害后果的，不认为是犯罪。已满十六周岁不满十八周岁的人具有前款情形的，一般也不认为是犯罪。

第8条：已满十六周岁不满十八周岁的人出于以大欺小、以强凌弱或者寻求精神刺激，随意殴打其他未成年人、多次对其他未成年人强拿硬要或者任意损毁公私财物，扰乱学校及其他公共场所秩序，情节严重的，以寻衅滋事罪定罪处罚。

第9条：已满十六周岁不满十八周岁的人盗窃未遂或者中止的，可以不认为是犯罪。已满十六周岁不满十八周岁的人盗窃自己家庭或者近亲属财物，或者盗窃其他亲属财物但其他亲属要求不予追究的，可不按犯罪处理。

第10条：已满十四周岁不满十六周岁的人盗窃、诈骗、抢夺他人财物，为窝藏赃物、抗拒抓捕或者毁灭罪证，当场使用暴力，故意伤害致人重伤或者死亡，或者故意杀人的，应当分别以故意伤害罪或者故意杀人罪定罪处罚。

典型案例

【基本案情】

渤海某木厂盗窃电力案

渤海某木厂为集体性质的木材加工厂，因该地区夏季电力供应比较紧张，该厂经常处于停产、半停产状态。为了扭转这种情况，经过单位集体研究决定，一致同意采用偷电的方式解决问题。该厂隔壁有一家国有食品公司，用电比较有保障，于是该厂采取挖地道方式至食品公司配电室搭接线路，并长达两三个月的时间，致使该食品公司损失了二十多万元。

【法律问题】盗窃电力的行为构成盗窃罪，但本案盗窃罪的主体是谁？本案如何认定单位还是自然人犯罪主体将决定本案的罪与非罪的问题。

【案例分析】盗窃电力的行为构成盗窃罪，但本案盗窃罪的主体是谁？案例中渤海某木厂的行为完全符合单位犯罪的主、客观体征，如以单位的名义、为了单位的利益、由单位集体决定。但最终按照自然人犯罪主体处理，因为盗窃罪的犯罪主体是自然人，单位不可能构成盗窃罪。

┃ 规范释义 ▶━━━

第一节　自然人犯罪

一、自然人犯罪主体的概念

自然人是指达到法定刑事责任年龄、具备刑事责任能力并实施了犯罪行为的自然人。自然人犯罪主体必须具有备刑事责任年龄与刑事责任能力两个基本条件。

二、刑事责任年龄

(一)刑事责任年龄概念

刑事责任年龄是指刑法规定的行为人(自然人)对自己的犯罪行为负刑事责任必须达到的年龄，即法定年龄。

> **释义1：法定年龄的计算**
>
> 　　根据有关司法解释，刑法所规定的年龄是指实足年龄，刑法使用"周岁"一词，即生日的第二天才算满一周岁。法定年龄计算的基准是以实施行为时为基准进行计算，不是以结果发生时为基准进行计算。

(二)刑事责任年龄分类

(1)完全无刑事责任年龄：这是指不满十四周岁的人。

(2)相对负刑事责任年龄：《刑法》第17条第2款："已满十四周岁不满十六周岁的人，犯故意杀人、故意伤害致人重伤或者死亡、强奸、抢劫、贩卖毒品、放火、爆炸、投放危险物质罪的，应当负刑事责任。"

以上这八种罪的特点是这八种罪都是严重犯罪，但不包括绑架罪、拐卖妇女儿童罪；这八种罪是指八种犯罪行为，而不仅限于八个罪名，例如"故意杀人"，既包括故意杀人罪，还包括绑架罪中的杀人行为；这八种罪都是故意犯罪，没有过失犯罪；这八种罪不要求必须以暴力手段实施。以上八种罪的具体分析如下：

①故意杀人、故意伤害致人重伤或死亡：A.行为人绑架他人时故意杀人(撕票)，虽然不能定绑架罪，但可定故意杀人罪。B.行为人以故意决水、破坏交通工具或其他危害公共安全的危险方法故意杀人的，定故意杀人罪。C.行为人在拐卖妇女、儿童时故意致妇女、儿童重伤，虽然不能定拐卖妇女、儿童罪，但可定故意伤害罪致人重伤。D.行为人妨害公

务时使用暴力致人重伤，虽然不能定妨害公务罪，但可定故意伤害罪致人重伤。E. 行为人非法拘禁他人，使用暴力致人重伤或死亡，虽然行为人对非法拘禁罪不负刑事责任，但是根据第 238 条第 2 款，使用暴力致人重伤或死亡，定故意伤害罪或故意杀人罪，此时就要承担故意伤害罪或故意杀人罪的刑事责任。注意：这里一定要求使用暴力（是指非法拘禁之外的更高暴力）致人重伤或死亡。如果没有，而是拘禁本身导致人重伤或死亡，则十四至十六周岁的人不负刑事责任。F. 行为人聚众斗殴，致人重伤、死亡的，定故意伤害罪、故意杀人罪（《刑法》第 292 条第 2 款）。此时行为人就要承担故意伤害罪或故意杀人罪的刑事责任。G. 行为人聚众"打砸抢"中致人伤残、死亡的，定故意伤害罪、故意杀人罪（《刑法》第 289 条）。此时行为人就要承担故意伤害罪或故意杀人罪的刑事责任。H. 行为人非法组织卖血、强迫卖血，造成他人重伤的，转化为故意伤害罪（《刑法》第 333 条第 2 款，其中的"伤害"限于重伤）。此时行为人就要承担故意伤害罪的刑事责任。

②强奸：A. 行为人拐卖妇女时强奸妇女，虽不能定拐卖妇女罪，但可定强奸罪。B. 行为人强迫妇女卖淫时强奸妇女，虽不能定强迫卖淫罪，但可定强奸罪。

③抢劫：A. 抢劫枪支、弹药、爆炸物、危险物质（《刑法》第 127 条）。B. 携带凶器抢夺转化为抢劫（《刑法》第 267 条第 2 款）。注意，不包括第 269 条事后转化的准抢劫（见《最高人民法院关于审理未成年人刑事案件具体应用法律若干问题的解释》第 10 条）。

④贩卖毒品：这里只包括贩毒行为，不包括走私、制造、运输毒品的行为。

（3）完全负责任年龄：已满十六周岁的人犯罪，应当负刑事责任。

（4）减轻刑事责任年龄：已满十四周岁不满十八周岁的人犯罪，应当从轻或者减轻处罚，已满七十五周岁的人故意犯罪的，可以从轻或者减轻处罚；过失犯罪的，应当从轻或者减轻处罚。

三、刑事责任能力

（一）刑事责任能力的概念

刑事责任能力又称"归责能力"，指行为人辨别是非和控制自己行为的能力。如行为人不具备辨认能力或控制能力，即使其实施行为具有法益侵害性，也不承担刑事责任。

（1）辨认能力：是指行为人认识自己特定行为的性质、结果与意义的能力。

（2）控制能力：是指行为人支配自己实施或者不实施特定行为的能力。

（二）我国刑法对刑事责任能力的规定

（1）精神病人在不能辨认或者不能控制自己行为的时候造成危害结果，经法定程序鉴定确认的，不负刑事责任；但是应当责令他的家属或者监护人严加看管和医疗，在必要的时候，由政府强制医疗。

（2）尚未完全丧失辨认或者控制自己行为能力的精神病人犯罪的，应当负刑事责任，但是可以从轻或者减轻处罚。

（3）间歇性的精神病人在精神正常的时候犯罪，应当负刑事责任。

释义2. 精神病的确定标准

（1）医学标准：或称生理学标准，即行为人在实施危害社会的行为时患有某种真正的精神病。这里要注意区分精神病与非精神病性精神障碍，前者包括精神分裂症、情感性精神病、器质性或症状性精神病等；后者包括各类型的神经（官能）症、变态人格、慢性酒癖（或称慢性酒精中毒）等。

（2）心理学标准：即行为人在行为时由于精神病而不能辨认或控制自己的行为。因为精神病人不一定在精神结构的所有方面都是错乱的，可能在某些方面是正常甚至超常的。如果精神病人实施的是自己能够辨认和控制的某种危害行为，不能认定其行为时完全无责任能力。此外，确定精神病人有无责任能力，还须"经法定程序鉴定确认"，即由省级以上人民政府指定的医疗机构依法作出技术（专家）鉴定，然后由人民法院根据鉴定结论并结合案情等作出有无刑事责任能力、限制刑事能力的判断。

（3）综合标准：根据生理学标准与心理学标准进行综合判断。

（4）醉酒的人犯罪，应当负刑事责任。醉酒的人主要就生理性醉酒（一般醉酒）而言。将醉酒人视为完全刑事责任能力人，是出于刑事政策的考虑，不因为醉酒在事实上减弱辨认和控制能力而减轻其罪责。病理性醉酒是一种疾病。如果这种病人因饮酒而导致完全丧失辨别控制能力，视为完全无责任能力人。但如果这种病人是故意或过失导致自己陷入醉态，并实施危害行为的，不排除成立犯罪的可能。

（5）又聋又哑（既聋且哑）的人或者盲人（双目失明）犯罪，可以从轻、减轻或者免除处罚。

四、自然人犯罪主体的特殊身份

（一）自然人犯罪主体特殊身份的概念

自然人犯罪主体的特殊身份指刑法明文规定影响行为人刑事责任的行为人身份方面特定的资格、地位或状态，如公务员、军人、在押罪犯等。

特殊犯罪主体所要求的身份通常是以特定公职或者职业为内容的。如滥用职权罪要求的犯罪主体是国家机关工作人员；贪污罪的犯罪主体是国家工作人员；徇私枉法罪的犯罪主体是司法工作人员；医疗事故罪的犯罪主体是医务人员。此外，还包括其他一切与犯罪行为有关的行为人在社会关系上的特殊地位或者状态，如逃税罪的主体是纳税人；伪证罪的犯罪主体是证人、鉴定人、记录人、翻译人员。

释义3. 特殊身份问题

特殊身份必须是实施危害行为时就具备的特殊资格和已经形成的特殊地位、状态。故共同犯罪中的首要分子不是刑法上的特殊身份。作为要件的特殊身份只是针对实行犯（正犯）而言，对教唆犯和帮助犯则不受身份限制。特殊犯罪主体的身份要件是由刑法分则规定的。

（二）自然人犯罪主体特殊身份的分类

1. 自然身份与法定身份

自然身份是指行为人因自然因素赋予而形成的身份。例如，基于性别形成的事实有男女之分，有的犯罪如强奸罪仅仅男性可以成为直接实施犯罪的主体，女性只能构成此罪的共犯或间接正犯。法定身份是指人基于法律赋予而形成的特殊身份，如公务员、罪犯、警察等。有些犯罪需要法定身份，如受贿罪的主体是国家机关的工作人员。

2. 定罪身份与量刑身份

定罪身份又称作为构成要件的身份，是具有定罪意义的身份，具有定罪身份的犯罪又称为真正身份犯，如贪污罪主体的国家工作人员身份。量刑身份又称影响刑罚轻重的身份，是指影响刑事责任程度的身份。它不影响是否成立犯罪，只影响量刑。因而，又称之为不纯正身份犯，例如《刑法》第238条第3款规定，国家机关工作人员利用职权犯非法拘禁罪的，从重处罚。

第二节 单位犯罪

一、单位犯罪的立法沿革

单位犯罪又称为法人犯罪，是与自然人犯罪相对应的一个范畴。考察世界各国刑事立法例，英美法系国家普遍确认了法人刑事责任制度；大陆法系国家在刑法理论上坚持"法人或社团不能犯罪"的原则，但不少国家在单行刑法或附属刑法中规定了法人犯罪并追究其刑事责任。至今，法国、日本、德国、荷兰、瑞士等国家，在立法上均确立了法人刑事责任制度。[①]

> **释义4. 单位犯罪与法人犯罪的问题**
>
> 使用"单位犯罪"而不是"法人犯罪"一词，是因为前者能更完整地概括法人犯罪和非法人组织犯罪的外延。因为"单位"一词并不限于民法意义上的法人组织，还包括非法人组织在内，这样规定更符合我国司法实践中除法人犯罪以外还有非法人犯罪的现实情况。

二、单位犯罪的概念

单位犯罪是指公司、企业、事业单位、机关、团体为本单位谋取非法利益，经单位集体决定或负责人决定实施的危害社会的、依照法律规定应受刑罚处罚的行为。单位犯罪具有

---

① 王作富，黄京平.刑法（第6版）[M].北京：中国人民大学出版社，2016：72.

如下特征：

1. 单位犯罪主体包括公司、企业、事业单位、机关、团体

单位犯罪主体要适格，包括公司、企业、事业单位、机关、团体。关于公司、企业、事业单位、机关、团体的理解应注意以下几个方面：

(1)公司、企业、事业单位、机关、团体的概念：公司，是指以营利为目的的从事生产或经济活动的经济组织，在我国，公司包括有限责任公司和股份有限公司；企业，是指公司以外的，以从事生产、流通等活动为内容，以获取赢利和增加积累、创造社会财富为目的的营利性社会经济组织；事业单位，是指依法成立的从事各种社会公益活动的组织；机关①，是指执行党和国家的领导、管理职能和保卫国家安全职能的机构，包括国家各级权力机关、行政机关、审判机关、检察机关、军队和党的机关；团体，主要是指人民团体和社会团体，如全国总工会、共青团、全国妇联、法学会、宋庆龄基金会等。

根据最高人民法院颁布的《关于审理单位犯罪案件具体应用法律有关问题的解释》的第1条规定，"公司、企业、事业单位"既包括国有、集体所有的公司、企业、事业单位，也包括依法设立的合资经营、合作经营企业和具有法人资格的独资、私营等公司、企业、事业单位。

(2)单位的分支机构或内设机构能成为单位犯罪的主体的条件：根据相关司法解释规定，符合两个条件便可以成为单位犯罪的主体。第一，以自己名义犯罪；第二，违法所得归该机构。

(3)根据司法解释，下列四种情形貌似单位犯罪，实则按照自然人犯罪处理：第一，无法人资格的独资、合伙企业犯罪的；第二，个人为进行违法犯罪活动而设立的公司、企业、事业单位实施犯罪的；第三，公司、企业、事业单位设立后，以实施犯罪为主要活动的；第四，盗用单位名义实施犯罪，违法所得由实施犯罪的个人私分的。

释义5 单位犯罪与单位成员的关系

单位犯罪是单位本身的犯罪，不是各个成员的共同犯罪，也不是单位与成员的共同犯罪。第一，单位与单位之间可以构成共同犯罪。单位与自然人之间也可以构成共同犯罪。第二，刑法规定某些罪名不能由单位构成，但是单位实施了，可以直接追究直接责任人的自然人犯罪。例如，单位实施放火，虽然刑法规定单位不能成为放火罪主体，但是可以直接追究直接责任人的自然人犯罪，即放火罪。第三，单位涉嫌犯罪后，若被其主管部门、上级机构等吊销营业执照、宣告破产，此时，追究直接负责的主管人员和其他责任人员的刑事责任，对该单位不再追诉。

2. 单位决定由单位成员实施客观上的危害行为

单位犯罪的客观特征是集体意志决定，单位成员依该决定、命令施行。单位与成员之间不成立共犯。但如果单位与成员之间相勾结，共同故意实施犯罪，可构成共犯。

---

① 有人提出，机关不应成为单位犯罪的主体。

3. 以单位名义且为单位利益

以单位名义且为单位利益是单位犯罪的主观特征。单位犯罪的犯罪意志不是内部某个成员的意志,而是单位的整体意志。整体意志是由单位决策机构按照决策程序形成的。表现为为单位谋取不正当利益,或违法所得大部分归单位所有。单位犯罪既可以是故意犯罪,也可以是过失犯罪。

4. 只有法律明文规定单位可以成为犯罪主体的犯罪

单位犯罪的法律特征是只有法律明文规定单位可以成为犯罪主体的犯罪,才存在单位犯罪。

释义6. 我国刑法所规定的单位犯罪问题

我国刑法所规定的单位犯罪实际包括两种情况:一是单位集体决定或由单位负责人即单位代表或机关决定实施的犯罪。二并非基于单位集体决定或单位负责人决定,而是由于单位一般工作人员在履行业务过程中造成重大财产损失或人员伤亡的犯罪,如果有证据证明该结果产生是由于单位领导机关监督不力,或者说由于单位本身制度上的原因,单位就得对该行为承担刑事责任。我国刑法只注重第一种情况①。

三、单位犯罪分类

单位犯罪分为纯正的单位犯罪和不纯正的单位犯罪两种,前者是指只能由单位构成而不能由自然人构成的犯罪,例如单位行贿罪、单位受贿罪。后者是指既可由单位构成也可由自然人构成的犯罪,例如生产、销售伪劣产品罪。

四、单位犯罪的处罚

(一)处罚原则

对单位犯罪的处罚,世界各国刑事立法和刑法理论上存在三种立法例:一是双罚制,即单位犯罪的,对单位和单位直接责任人员(直接负责的主管人员和其他直接责任人员)均处以刑罚;二是转嫁制,即单位犯罪的,只处罚单位而对直接责任人员不予处罚;三是代罚制,即单位犯罪的,只处罚直接责任人员而不处罚单位。转嫁制和代罚制可统称为单罚制。

根据《刑法》第31条规定,对单位的处罚以双罚制(既罚单位又罚直接负责的主管人员和其他直接责任人员)为主,单罚制(只罚人不罚单位)为辅。我国刑法分则中,有少数几种单位犯罪采取单罚制,例如《刑法》第161条规定的违规披露、不披露重要信息罪和第162条规定的妨害清算罪。

(二)对单位犯罪的处罚的刑种

根据《刑法》第31条的规定,对单位的处罚只能判处罚金。

---

① 黎宏.刑法总论问题思考[M].北京:中国人民大学出版社,2007:208.

释义 7. 对单位本身只能判处罚金，不能判处没收财产

对单位不判处没收财产，主要是考虑到没收财产是指没收合法的没有用于犯罪的财产，如果没收单位的财产如办公设备、生产资料等，会影响单位的正常经营。单位犯了罪，并不意味着该单位就必须撤销。

五、司法实务处理单位犯罪的经验

（一）犯罪单位被兼并更名的处理

根据 2002 年 7 月最高人民法院、最高人民检察院、海关总署联合颁布的法〔2002〕139 号《最高人民法院、最高人民检察院、海关总署关于办理走私刑事案件适用法律若干问题的意见》的相关规定，单位走私犯罪后，发生分立、合并或其他资产重组的情形，以及被依法注销、宣告破产等情况的，无论承受该单位权利、义务的单位是否存在，均应追究原单位直接负责的主管人员和其他直接责任人员的刑事责任。例如：某国有企业犯单位受贿罪，若该原单位被兼并更名的，不处罚原单位，也不处罚兼并更名后的新单位，只处罚原单位的直接责任人员。若该原单位只是名称发生更改，仍以原单位（名称）为被告单位。

（二）单位共同犯罪的处理

根据 2001 年 1 月最高人民法院的《金融犯罪座谈会纪要》的规定，单位共同犯罪处理如下：①两个以上单位以共同故意实施的犯罪，应根据各单位在共同犯罪中的地位、作用大小，确定犯罪单位的主、从犯。②单位与个人（不包括单位直接负责的主管人员和其他直接责任人员）共同犯罪的，单位和个人均应对共同犯罪结果负刑事责任。

（三）单位犯罪中自首的认定

根据 2002 年 7 月最高人民法院、最高人民检察院、海关总署联合颁布的法〔2002〕139 号《最高人民法院、最高人民检察院、海关总署关于办理走私刑事案件适用法律若干问题的意见》的相关规定，单位集体决定自首的，或者单位直接负责的主管人员自首的，应当认定单位自首。认定单位自首后，如实交代主要犯罪事实的单位负责的其他主管人员或其他直接责任人员，也可视为自首。但对于拒不交代主要犯罪事实或逃避法律追究的人员，不以自首论。

能力应用

1. 路某（15 岁）先后唆使张某（15 岁）盗窃他人财物折价 1 万余元；唆使李某（19 岁）绑架他人勒索财物计 2000 余元；唆使王某（15 岁）抢劫他人财物计 1500 元。路某的行为构成何罪？（　　）

A. 盗窃罪　　　　　　　　　　　　B. 抢劫罪

C. 绑架罪　　　　　　　　　　　　D. 抢劫罪、绑架罪

2.《刑法》规定，在拐卖妇女、儿童过程中奸淫被拐卖的妇女的，仅定拐卖妇女、儿童罪。15 周岁的甲在拐卖幼女的过程中，强行奸淫幼女。对此，下列哪些选项是错误的？（　　）

A.《刑法》第 17 条第 2 款没有规定 15 周岁的人对拐卖妇女、儿童罪负刑事责任，所以，甲不负刑事责任

B. 拐卖妇女、儿童罪包含了强奸罪，15 周岁的人应对强奸罪承担刑事责任，所以，对甲应认定为拐卖妇女、儿童罪

C. 15 周岁的人犯强奸罪的应当负刑事责任，所以，对甲应认定为强奸罪

D. 拐卖妇女、儿童罪重于强奸罪，既然 15 周岁的人应对强奸罪承担刑事责任，就应对拐卖妇女、儿童罪承担刑事责任，所以，对甲应以拐卖妇女、儿童罪与强奸罪实行并罚

3. 关于犯罪主体，下列哪一选项是正确的?（ ）

A. 甲（女，43 岁）吸毒后强制猥亵、侮辱孙某（智障女，19 岁），因强制猥亵、侮辱妇女罪的主体只能是男性，故甲无罪

B. 乙（15 岁）携带自制火药枪夺取妇女张某的挎包，因乙未使用该火药枪，故应当构成抢夺罪

C. 丙（15 岁）在帮助李某扣押被害人王某索债务时致王某死亡，丙不应当负刑事责任

D. 丁是司法工作人员，也可构成放纵走私罪

4. 下列哪些行为不构成单位犯罪?（ ）

A. 甲、乙、丙出资设立一家有限责任公司专门从事走私犯罪活动

B. 甲、乙、丙出资设立的公司成立后以生产、销售伪劣产品为主要经营活动

C. 某公司董事长及总经理以公司名义印刷非法出版物，所获收入由他们二人平分

D. 某公司董事长及总经理组织职工对前来征税税务工作人员使用暴力，拒不缴纳税款

5. 关于单位犯罪的主体，下列哪一选项是错误的?（ ）

A. 不具有法人资格的私营企业，也可以成为单位犯罪的主体

B. 刑法分则规定的只能由单位构成的犯罪，不可能由自然人单独实施

C. 单位的分支机构或者内设机构，可以成为单位犯罪的主体

D. 为进行违法犯罪活动而设立的公司、企业、事业单位，或者公司、企业、事业单位设立后，以实施犯罪为主要活动的，不能成为单位犯罪的主体

6. 甲（15 周岁）的下列哪一行为成立犯罪?（ ）

A. 春节期间放鞭炮，导致邻居失火，造成 10 多万元财产损失

B. 骗取他人数额巨大财物，为抗拒抓捕，当场使用暴力将他人打成重伤

C. 受意图骗取保险金的张某指使，将张某的汽车推到悬崖下毁坏

D. 因偷拿苹果遭摊主喝骂，遂掏出水果刀将其刺成轻伤

7. 关于单位犯罪，下列哪些选项是错误的?（ ）

A. 单位只能成为故意犯罪的主体，不能成为过失犯罪的主体

B. 单位犯罪时，单位本身与直接负责的主管人员、直接责任人员构成共同犯罪

C. 对单位犯罪一般实行双罚制，但在实行单罚制时，只对单位处以罚金，不处罚直接负责的主管人员与直接责任人员

D. 对单位犯罪只能适用财产刑，既可能判处罚金，也可能判处没收财产

【参考答案】 1. B 2. ABD 3. C 4. ABCD 5. A 6. B 7. ABCD

第八章 犯罪主观方面

知识结构

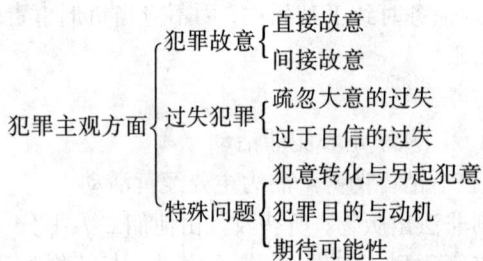

法条规范

第 14 条［故意犯罪］明知自己的行为会发生危害社会的结果，并且希望或者放任这种结果发生，因而构成犯罪的，是故意犯罪。

故意犯罪，应当负刑事责任。

第 15 条［过失犯罪］应当预见自己的行为可能发生危害社会的结果，因为疏忽大意而没有预见，或者已经预见而轻信能够避免，以致发生这种结果的，是过失犯罪。

过失犯罪，法律有规定的才负刑事责任。

第 16 条［不可抗力和意外事件］行为在客观上虽然造成了损害结果，但是不是出于故意或者过失，而是由于不能抗拒或者不能预见的原因所引起的，不是犯罪。

典型案例

【基本案情】

关某故意杀人案①

被告人关某，男，1978 年 7 月 9 日出生，汉族，小学文化程度，农民。

———————————————

① 案例来源：最高人民法院刑事审判庭. 刑事审判参考［M］. 北京：法律出版社，2006：33—35.

被告人关某与某酒店服务员张某于 2013 年 5 月份确立恋爱关系，后张某多次向被告人关某提出分手，关某均不同意。2013 年 11 月 15 日下午 3 时许，关某到某旅店，以其身份证登记入住 304 号房间。16 日凌晨 2 时 30 分，关某接张某下班后两人一起回到该旅店 304 号房间。张某再次提出分手，关某不同意，两人因此发生争吵。关某一时气愤，用手捂住被害人口鼻，被被害人推开以后，又将被害人推到在床上，并坐在被害人肚子上，用双手猛掐被害人的脖子，直至被害人张某窒息死亡（经法医鉴定，张某是被他人捂住口鼻及压迫颈部至机械性窒息死亡）。随后，关某将张某的尸体塞到床底下，于早上 7 时许退房，逃离现场，同月 28 日，被公安机关抓获即交代了故意杀人罪的犯罪事实。

检察机关以故意杀人罪对被告人关某提起公诉。一审法院经审理，依照《刑法》第 232 条、第 48 条第 1 款、第 57 条第 1 款、第 67 条、第 64 条等规定，判决如下：被告人关某犯故意杀人罪，判处死刑，缓期 2 年执行，剥夺政治权利终身（死刑缓期执行的期间，从判决确定之日起计算）。被告人关某上诉后，二审法院经审理，判决裁定驳回上诉，维持原判。

【法律问题】本案的核心问题被告人关某实施行为时主观上是出于故意还是过失。

【案例分析】本案审理过程中，对本案如何定性存在两种意见：

第一种观点认为，被告人关某的行为构成过失致人死亡罪。理由是：被告人与被害人系恋人关系，感情很好。被告人主观上没有剥夺被害人生命的故意，案发时被告人捂住被害人的口鼻是为了阻止被害人吵闹，并非为了杀害被害人；被告人客观上造成被害人死亡的结果系过失行为所致。

第二种观点认为，被告人关某的行为构成故意杀人罪。主要理由如下：被告人用手捂住被害人的口鼻和掐住被害人脖子的行为，必然会使被害人窒息并导致死亡，这是生活常识，一般人都能预见，被告人也必然能预见到该结果，被告人不顾被害人反抗而决定实施该行为，主观上具有故意杀人的事实性认识，积极追求被害人死亡结果的发生，反映出被告人主观上具有非法剥夺被害人生命的故意，其行为符合故意杀人的犯罪构成要件。

第二种观点比较符合刑法的规定。

规范释义

第一节　犯罪主观方面的概述

一、犯罪主观方面的概念

犯罪的主观方面，是指犯罪主体对自己行为及其危害社会的结果所抱的心理态度，包括罪过（犯罪故意或犯罪过失）、犯罪目的、犯罪动机等主观要素。

释义 1. 犯罪主观方面的问题

犯罪主观方面属于有责性内容，是重点和难点，主观问题指在什么样心态支配下实施犯罪行为，从某种意义上讲，主观罪过问题只有当事人自己最清楚，而外界包括司法认定只能根据罪过支配下的一些客观行为举动及具体环境判断推定。

二、罪过责任原则

罪过（犯罪故意或犯罪过失）是所有犯罪的必备要件。"无罪过，则无犯罪和刑事责任。"大陆法系的刑法理论称之为"责任主义"或"主观责任原则"，该原则反对客观归罪。客观归罪又称"结果责任"，即行为人在客观上造成了损害结果，即使主观上没有罪过，也可能承担刑事责任。

根据《刑法》第 16 条的规定，行为在客观上虽然造成了损害结果，但不是出于故意或者过失，而是由于不能抗拒或者不能预见的原因所引起的，不是犯罪。该法条在立法上确立了罪责原则，即罪过的心理与犯罪行为必须具有同时性。

例外，刑法上的原因自由行为，又称为"可控制的原因行为"，原因自由行为是大陆法系（尤其是德语系国家）刑法学中的一个重要概念。按照目前的通说，它指的是行为人有意使用酒精饮料或其他麻醉剂之类的物品使自己处于酩酊状态中，从而使自己丧失刑事责任能力；但因作为其无责任能力之原因的饮酒等行为之时该行为人尚有责任能力，因此该行为人实际上是在故意利用自己丧失刑事责任能力之后所为之犯罪行为的有责性缺失来企图规避法律，因此一般仍予以处罚。但对原因上的自由行为的处罚，与传统的责任原则有冲突，也不符合"行为与责任同时存在"的通常理解，因此是有争议的①。例如甲大量饮酒，在癫狂状态中将自己父亲杀害。其不要求动手时实际具有犯罪心理，只要在行为人自陷无责任能力状态之前具有罪过心理，就能认定行为人有罪过。

案例 1. 甲意图在次日的集体狩猎活动中伪造意外事件杀害其妻子。但是，在当天晚上擦枪时，却因为枪支走火而将妻子打死。问：甲能否构成故意杀人罪？

答：甲虽有杀妻故意，但该故意与走火致人死亡的行为及结果并无同时性，在主观上不能认定为故意，所以，本案甲不构成故意杀人罪。

① 原因自由行为[EB/OL].互动百科[2017 - 5 - 26] http://www.baike.com/wiki/% E5% 8E% 9F% E5% 9B% A0% E8%.

第二节 犯罪故意

一、犯罪故意的概念

犯罪故意，是指明知自己的行为会发生危害社会的结果，并且希望或者放任这种结果发生的心理态度，简而言之就是"明知故犯"。

二、犯罪故意的构成要素

犯罪的主观方面一般从认识因素与意志因素两个方面进行判断。

（一）认识因素

在认识因素方面，犯罪故意是明知自己的行为会发生危害社会的结果。从认识内容来看，构成犯罪故意，首先要明确需要认识哪些要素，这也是贯彻主、客观相统一原则的要求。

1. 认识内容

（1）行为人：成立犯罪故意要求行为人对自身有认识。一般而言，行为人当然会对自身存在有认识。如果是纯正身份犯，就要求行为人对定罪身份（也称构成身份）有认识。如果行为人没有认识到自己是国家机关工作人员，那么就不可能构成故意犯罪中要求犯罪主体是国家机关工作人员的犯罪。例如，如果没有认识到自己是国家机关工作人员就不可能构成故意的渎职犯罪，但可能构成过失的渎职犯罪。如果行为人没有认识到自己感染上性病而去嫖娼，就没有传播性病罪的故意。

（2）行为：成立故意，要求行为人对行为本身有认识。一般而言，行为人对自己实施的行为本身当然有认识，对行为的认识还包括对行为的自然属性的认识。

（3）行为对象：成立故意，要求行为人对行为对象有认识。对行为对象的认识，不要求认识得非常具体准确。例如，对于贩卖毒品，不要求行为人具体认识到毒品的具体种类、成分、数量；对于非法持有枪支，不要求行为人认识到所持枪支是 AK47 还是狙击枪。即对上述内容，行为人即使产生认识错误，也不影响故意的成立。

> 案例 2. 甲在深山老林中开枪打猎，误将人当作猎物。问：甲有没有杀人的故意？
> 答：甲对行为对象存在认识错误，故甲没有杀人的故意。
> 案例 3. 乙买进一些外文书籍然后贩卖，由于不认识外文，不知道这些外文书籍是非常淫秽的小说。问：乙有没有贩卖淫秽物品牟利罪的故意？
> 答：乙没有认识到自己在贩卖淫秽物品，就没有贩卖淫秽物品牟利罪的故意。

（4）危害结果：成立故意，要求行为人对危害结果有认识。例如，杀人的故意，要求行为人对人可能死亡的结果有认识。

【总结】对有些危害结果不要求有认识，总结如下：①丢失枪支不报罪，要求造成严重后果，但是不要求行为人明知会发生严重后果。例如，警察甲丢失枪支，没有及时报告，该枪支被不法分子乙捡到，乙用该枪实施抢劫。因为发生了乙持枪抢劫这种严重后果，所以，甲构成丢失枪支不报罪，但是不要求甲事先认识到枪支会被乙捡到并用来实施抢劫。②滥用职权罪要求造成重大损失，但是不要求行为人事先认识到会造成重大损失。③对结果加重犯的加重结果不要求有认识。例如，故意伤害罪致人死亡，对死亡结果不需要有认识，如果有认识，就直接定为故意杀人罪。

（5）因果关系：因果关系只是行为与结果之间的一种联系，当确定了行为与结果的联系后，因果关系的桥梁作用便完成了。因此，因果关系本身不是犯罪构成的客观要件。且因果关系不是犯罪故意所需要认识的要素。至于因果关系的具体发展样态，更不是犯罪故意所需要认识的要素。

> 案例4.甲欲开枪打死乙，乙为了躲避子弹而后退，不慎掉下悬崖摔死。问：甲是否存在杀人的主观故意？
>
> 答：首先在客观上，根据介入因素三标准判断，甲的开枪行为与乙的死亡具有因果关系。其次在主观上，甲所预想的因果历程（开枪打死）与实际发生的因果历程（失足摔死）并不一致，甲对实际发生的因果历程没有认识，但这无关紧要，不影响犯罪故意的成立。因此，甲构成故意杀人罪既遂。

（6）无排除犯罪事由：如果行为人认识到自己面临不法侵害而实施反击，属于正当防卫，不具有故意伤害罪的故意。如果行为人认识的不法侵害实际上是不存在的，就属于假想防卫，如果有过失，按过失犯罪处理，如果没过失，就按意外事件处理。如果行为人认识到自己没有面临不法侵害而实施攻击，就具有故意伤害罪的故意。可见，要具有犯罪故意，就要求行为人认识到自己没有面临不法侵害，即认识到不存在排除犯罪事由。

（7）违法性：这里的违法性，是指行为在刑法上的禁止性和应受处罚性。成立故意犯罪，是否要求行为人认识到自己的行为在刑法上是被禁止的？《刑法》第14条给犯罪故意的定义：明知自己的行为会发生危害社会的结果，并且希望或者放任这种结果发生。一般而言，认识到行为会发生危害社会的结果，就认识到自己行为的社会危害性，自然会认识到自己的行为是被刑法所禁止的。既然如此，就没必要还要求行为人对行为的刑法禁止性有认识。而且，如果将此种认识作为犯罪故意的成立条件，就很容易成为行为人逃避处罚的借口，行为人可以声称自己没有认识到自己的行为在刑法上是被禁止的。这就会造成对越懂法的人越不利。法谚道：不知法者不免责，便是这个道理。

释义2.故意中"明知"问题

故意中的明知指的是：①明知自己行为的内容和社会意义；②明知自己行为会发生某种危害结果(实害结果与危险结果)；③认识刑法分则规定的特定事实；④对规范构成要件要素，认识到"行为人所属的外行人领域的平行评价"，即行为人认识到单纯事实时，就能认识到行为的社会意义，进而认识行为的实质违法性乃至形式违法性。[①]

2.认识程度

在故意犯罪中，认识程度包括"必然性"也包括"可能性"。例如，直接故意包括：其一，明知其必然发生，而希望其发生；其二，明知其可能发生，而希望其发生。明知其必然发生而为的，只能是直接故意。

（二）意志因素

在意志因素方面，犯罪故意是希望或放任这种危害结果发生，希望是指对危害结果持积极追求心理；放任是指既不积极追求也设法避免，听之任之(纵容)。同时，"希望"或"放任"是针对危害结果而不是针对危害行为，这是由法律明文规定的。

案例5.①张三看到仇人李四，于是拿着砖头狠狠地打在其脑门上。②张三意识到自己从楼上往下扔砖头，可以会将大街上人打伤，但仍然实施该行为。问：张三主观方面的意志因素分别是什么？

答：第一种情况，张三在主观上就是希望；第二种情况，张三在主观上是放任。

三、犯罪故意的种类

（一）直接故意

直接故意是指行为人明知自己的行为会发生(必然发生或者可能发生)危害社会的结果，而希望这种结果发生的心理态度。

（二）间接故意

间接故意是指行为人明知自己的行为会发生(可能发生)危害社会的结果，而放任这种结果发生的心理态度。间接故意常见的几种情形如下：

（1）为追求某一犯罪目的，而放任另一危害结果的发生。

（2）为追求某一非犯罪目的，而放任某种危害结果的发生。

（3）在突发的情绪冲动下，不计后果实施危害行为，放任危害结果发生的情况。

[①]　韩友谊.万国授课精华·刑法［M］.北京：中国法制出版社，2013：62.

> 案例6. 朱某因婚外恋产生杀害妻子李某之念。某日清晨，朱某在给李某炸油饼时投放了可以致死的"毒鼠强"。朱某为防止其6岁的儿子吃饼中毒，将其子送到幼儿园，并嘱咐其子等他来接。不料李某当日提前下班后将其子接回，并与其子一起吃油饼。朱某得知后，赶忙回到家中，其妻、子已中毒身亡。问：关于本案朱某对妻子与儿子的死亡，其主观方面是什么？
>
> 答：本案朱某对妻子死亡是直接故意；对儿子的死亡是过失。

四、犯罪故意的认定或推定

法官认定犯罪故意，实际上是对犯罪人心理的猜测、揣度（以法官之心度罪犯之腹）。通常可以根据常情、常识进行认定。例如，根据行为方式、打击工具、打击力度、打击次数、行为过程等进行推定：表现为某些犯罪，只要根据行为人实施了该行为，就推定行为人具有该罪的故意。如果有相反的事实证据足以证明其是无辜的，可推翻这种推定。

第三节　犯罪过失

一、犯罪过失的概念

《刑法》第15条规定："应当预见自己的行为可能发生危害社会的结果，因为疏忽大意而没有预见，或者已经预见而轻信能够避免，以致发生这种结果的，是过失犯罪。"

犯罪过失的构成要素在认识因素方面主要是指应当预见而未能预见或已经预见其可能性；犯罪过失的意志因素是疏忽大意或轻信能够避免。

二、犯罪过失的种类

（一）疏忽大意的过失

疏忽大意的过失是指行为人应当预见自己的行为可能发生危害社会的结果，因为疏忽大意而没有预见的心理态度。

疏忽大意过失的基本结构是：应当预见→疏忽大意→没有预见→发生危害结果。应当预见是前提，疏忽大意是原因，没有预见是事实。

释义3. 关于应当预见的结果问题

应当预见的结果，不是泛指一切可能的危害结果，而是具体过失犯罪中的属于构成要件的危害结果。刑法分则规定的每一个具体过失犯罪，其成立都要求造成一个具体特定的危害结果。应当预见的结果就是成立该过失犯罪所要求的具体特定的危害结果。例如，过失致人死亡罪，如果是疏忽大意过失，则应当预见的危害结果是指致人死亡的结果，而不是指致人重伤的结果。

刑法处罚疏忽大意的过失，是因为行为人违反了结果预见义务，即行为人本应该预见到结果可能发生，因为疏忽大意而没有预见到。判断有无结果预见义务，主要是判断有无结果预见的可能性。其判断标准：一是看行为人主观上的认识能力和预见能力；二是看客观的认识条件和环境。

案例7. 甲、乙二人是建筑工人，在工地上发生口角。甲猛推乙一把，乙倒地后后脑勺恰巧碰在石头上，导致颅脑损伤，抢救无效死亡。问：对甲的行为如何定性？

答：甲对危害结果有预见的可能性，属于疏忽大意过失，构成过失致人死亡罪。

（二）过于自信的过失

过于自信的过失是指已经预见自己的行为可能发生危害结果，但轻信能够避免，以致发生危害结果。过于自信的过失的基本结构是：已经预见→轻信能够避免→发生危害结果。

刑法处罚过于自信的过失，是因为行为人违反了结果避免义务，即行为人本能够避免结果发生，因为过于自信而没有避免。判断有无结果避免义务，主要是判断有无结果避免的可能性。其判断标准：一是看行为人的避免能力；二是看客观上有无避免的条件和环境。

三、允许危险理论与信赖原则

（一）理论形成背景

允许危险理论是19世纪末德国学者提出的一种理论，标志性口号是"如果禁止一切危险，社会就会停滞"。它是以对社会有益为理由而允许企业活动、高速交通、医疗、科学实验等具有法益侵害危险的行为理论。生产力是社会现象的最终源泉，信赖原则、允许危险原则互为表里，应运科技时代要求而形成。该理论在德国经由判例，逐步占据稳固位置，后传入日本。在适用对象上，其最先针对交通肇事处理，后来扩大至医疗事故判决乃至整个社会生活领域。

（二）允许危险原则

允许危险原则的是指某种行为虽然具有侵害法益的危险，但为了社会文明与科技进步乃至社会运行的必要，只要这种危险行为保持在适度范围内，实施行为所获取社会价值超过危险行为风险，即使导致危害结果发生，也不存在过失责任。

(三)信赖原则

信赖原则指在合理信赖被害人或第三者将采取适当行为时，如果由于被害人或第三者采取不适当的行为而造成了侵害结果，行为人也对此不承担刑事责任。

信赖原则存在以下例外情况：第一，当对方是幼儿、老人、残疾人、醉酒者时；第二，在对方有采取违反义务行为的具体的先兆的场合；第三，在违反义务行为频发场合。如果行为人自己有违反义务的行为，则法学界对能否适用信赖原则有不同看法。

四、罪过形态的区分

表 8-1　罪过形态总结表

认识因素	+	意志因素	=	罪过形式
必然发生/可能发生	+	希望发生/积极追求	=	直接故意
可能发生	+	放任发生	=	间接故意
应当预见而没有预见	+	不想发生	=	疏忽大意过失
已经预见	+	不想发生	=	过于自信过失
没有预见到，无法预见到	+	不想发生	=	意外事件
预见到，但无法避免	+	不想发生	=	不可抗力

(一)过失犯罪与故意犯罪的区别

(1)过失犯罪的成立以发生危害结果为前提；故意犯罪的成立没有这个要求。

(2)过失犯罪不存在未完成形态，如中止、未遂等问题；故意犯罪存在未完成形态。

(3)过失犯罪不存在共同犯罪；故意犯罪存在共同犯罪。

(4)刑法以处罚故意犯罪是原则，处罚过失犯罪是例外；过失犯罪，法律有规定的才负刑事责任。这里的"法律"是指《刑法》。

(5)就主观罪过程度(可谴责程度)而言，过失犯罪要轻于故意犯罪。因此，过失犯罪的刑事责任一般轻于与之对应的故意犯罪的刑事责任。例如，过失致人死亡罪的法定刑就比故意杀人罪的法定刑轻得多。

(二)主观罪过形态的区别

1. 直接故意和间接故意的区分

(1)在认识因素上，直接故意是明知必然发生或可能发生；间接故意是明知可能发生。如果明知必然发生，就只能是直接故意。

(2)在意志因素上，直接故意是希望发生、积极的追求；间接故意是放任发生。所谓放任，是指听之任之，发生也可以，不发生也可以，完全漠视。

(3)在对象认识错误的场合，行为人是直接故意而非间接故意。因为行为人对犯罪行为及结果具有认识并且希望其发生，且故意的认识对象不要求很具体。例如，在故意杀人罪中，只要求认识到有个人存在即可，不要求认识到是具体的张三还是李四。

案例8.甲欲杀死仇人乙,有一天在大街上,甲误以为丙是乙而开枪,结果丙被打死。问:甲对丙的死亡持什么主观态度?

答:甲构成故意杀人罪(既遂),对于丙的死亡,甲是直接故意,而非间接故意。

案例9.甲欲杀死乙,得知乙在值班室,便放火烧值班室,实际上是丙在值班室,结果烧死了丙。问:甲对丙的死亡持什么主观态度?

答:对丙的死亡,甲是直接故意,而非间接故意。

2.间接故意和过于自信的过失的区分

二者都已经预见到结果可能发生,但二者区别如下:

(1)主观上,间接故意是行为人持放任态度,结果的发生不违背行为人意志;过于自信的过失是行为人持谨慎态度,结果的发生违背行为人的意志。简而言之,在对待结果发生的态度上,直接故意投了赞成票,过于自信的过失投了反对票,间接故意投了弃权票①。

(2)客观上,间接故意是行为人没有采取避免措施;过于自信的过失是行为人一般会采取避免措施。

释义4.关于避免措施与加害措施融为一体的问题

有时,避免措施与加害措施融为一体。行为人在实施加害措施时为了避免危害结果发生,认为自己会把握好分寸。例如,甲开车时被乙的车干扰了一下,甲顿生不快,对旁边的朋友王某说:"我要吓唬他一下。"王某说:"不会出事吧?"甲说:"放心!"便猛地加速干扰乙的车,乙为了躲避导致车辆翻下路基,乙身受重伤,不治身亡。甲属于过于自信的过失。

如果行为人既采取加害措施,又采取避免措施,则比较两种措施的效果,如果加害措施的危害后果仍很明显,则仍构成间接故意。例如,王某为防小偷偷西瓜,给西瓜注射剧毒,但在地里树了一小旗,写着"西瓜有毒"。小偷仍来偷摘,吃后中毒身亡。王某是放任还是过于自信的过失?从采取加害措施(注射毒药)看,是放任;从采取避免措施(树小旗)看,是过于自信的过失。比较二者的效果,综合来看,加害措施的危害后果仍很明显,所以王某总的来说仍是放任,是间接故意,构成投放危险物质罪。

3.疏忽大意的过失和过于自信的过失的区分

(1)在主观认识上,疏忽大意的过失是应当预见但没有预见危害结果可能发生;过于自信的过失是已经预见危害结果可能发生。

(2)在客观行为上,疏忽大意的过失是因为没有预见,所以没有采取避免措施;过于自信的过失是因为已经预见,所以采取了避免措施。

二者很容易混淆,如误将应当预见等同于已经预见。应当预见,只表明行为人有预见义务和预见能力,不表明行为人已经预见。反过来,行为人即使预见能力再高,只表明应

---

①　张明楷.刑法学(第4版)[M].北京:法律出版社,2011:268.

当预见，并不能推导出其已经预见。应当预见是应然状态，已经预见是实然状态。

如何判断"应当预见"？主要是判断有无预见的可能性：一看行为人主观认识能力和预见能力；二看客观认识条件和环境。

如何判断"已经预见"？一看行为人主观上对危害结果的发生有无判断、思考、权衡的过程，如果有，就表明已经预见危害结果可能发生；二看行为人客观上有无采取避免措施，如果有，就表明已经预见危害结果可能发生。

> 案例10.陈某与同村某妇女通奸，一直想杀死其妻李某。某天晚上，陈某为上山打猎在院子里擦枪，这时，李某从娘家回来，兴致勃勃地站在陈某身边谈一天见闻。陈某没耐心地听着，继续擦枪，不慎触动扳机，打中李某腿部，李某失血过多死亡。问：陈某是何种过失？
>
> 答：属于疏忽大意的过失。虽然陈某作为猎人有预见能力，但不代表他已经预见危害结果。从案例中看不出陈某对危害结果的发生有判断、思考、权衡的过程，而且也没有采取避免措施，因此陈某没有预见。其没有预见的原因是疏忽大意。

4. 疏忽大意的过失与意外事件的区分

二者都没有预见到危害结果可能发生，但二者区别如下：疏忽大意的过失是应当预见而没有预见；意外事件是因无法预见而没有预见。判断核心点在于是否具有结果预见的可能性。结果预见的可能性判断标准是，一是看行为人主观上的认识和预见能力，二是看客观上的认识条件和环境。

5. 过于自信的过失与不可抗力的区分

二者都已经预见危害结果可能发生，但二者区别如下：过于自信的过失是本来可以避免结果发生；不可抗力是根本无法避免结果发生。判断核心点在于是否具有结果避免的可能性。结果避免的可能性判断标准：一是看行为人的避免能力；二是看客观上有无避免的条件和环境。

第四节　犯意转化与另起犯意

一、犯意转化

犯意转化是指在犯罪过程中，针对同一对象、同一法益，改变犯罪故意，由此罪转化为彼罪，只按一罪处理。在这里，被侵害的法益是同一性质法益、所触犯罪名是同一性质罪名。

犯意转化的处理原则：

(1)从预备阶段过渡到实行阶段，实行行为吸收预备行为。

案例11.甲在预备阶段意图入户盗窃，进屋后看到主人，便将其打倒在地，劫取财物。问：对甲的行为如何定性？

答：对甲要定抢劫罪。

案例12.甲预备阶段意图入户抢劫，进屋后发现没人，便实施盗窃。问：对甲的行为如何定性？

答：对甲的行为认定为盗窃罪。

（2）在实行阶段，犯意升高者，从新意；犯意降低者，从旧意。

总结：择一重罪论处。

案例13.甲抢夺乙的背包，但抢夺不下来，于是甲恼羞成怒，拿把刀直接对着乙说：给包还是要命，于是乙只能乖乖把自己的背包给了甲。问：甲构成抢夺罪还是抢劫罪？

答：甲构成抢劫罪。

二、另起犯意

另起犯意是指在犯罪产生终局性形态后，针对新的法益，另起新的犯罪故意，实施新的犯罪行为。在这里，被侵害的法益是性质不同的法益，所触犯的罪名是性质不同的罪名。

另起犯意的处理原则是数罪并罚，主要是因为另起犯意是在犯罪产生终局性形态后，针对新的法益，另起新的犯罪故意，实施新的犯罪行为。因为具有新的犯意、新的犯罪行为、触犯了不同的罪名，因此，成立数罪。

案例14.甲准备强奸，发现妇女丑得惨不忍睹便放弃，又对其实施抢劫。问：对甲的行为如何定性？

答：对甲定强奸罪（中止）和抢劫罪，数罪并罚。

案例15.甲准备入室抢劫，看到女主人很漂亮便觉得抢劫没前途，不如强奸，并实施了强奸，致女主人昏迷，忽看到女主人的项链，便趁机拿走。问：如何认定甲的行为？

答：甲抢劫成立中止，另起犯意，强奸既遂，然后又另起犯意，盗窃既遂。因此甲属于抢劫中止、强奸既遂、盗窃既遂。注意：甲不属于抢劫既遂。

第五节　犯罪目的与动机

一、犯罪目的

犯罪目的是指行为人希望实施犯罪行为以达到某种特定危害结果的心理态度，一般是指作为直接故意内容的犯罪目的，其特点是犯罪目的与犯罪行为是目的与手段的关系，犯罪行为受犯罪目的的制约与支配，从属于犯罪目的，并且犯罪目的必然指向一定的客体，在犯罪活动过程中有导向作用。同时，犯罪目的只存在于直接故意犯罪中。它是犯罪人主观恶性的体现。

二、犯罪动机

犯罪动机是指刺激犯罪主体实施犯罪行为以达到犯罪目的的内心起因，例如杀人的动机。犯罪动机的主要功能是促使犯罪发生，推动犯罪发展。

三、犯罪动机与犯罪目的的关系

犯罪动机与犯罪目的之间相互联系，主要表现为以下几个方面：①二者都是行为人通过犯罪行为表现出来的主观心理活动，都反映行为人的某种需要与主观恶性程度，它们所反映的需要有时甚至是一致的。一定的动机总是和一定的目的相互对应，相互联系，彼此作用的。②目的以动机为前提和基础，目的源于动机，动机是激励人行动的原因，是个性需要的表现，动机促使目的形成。③动机表明行为人为什么要犯罪的内心起因，推动犯罪的实施，动机具有使行为保持一定方向且带有目的性的特点。目的则反映行为人主观上对危害结果的追求，为犯罪目标的确定与侵害程度起引导作用，目的能够给动机以具体的指向和表现。④一定的动机形成后，便会形成一定的目的，并通过一定的行为实现这种目的，满足行为人自己的动机需要。

犯罪动机与犯罪目的之间相互区别，主要表现为以下几个方面：①在心理现象产生顺序上，动机产生在前，是目的产生的原因；目的形成在后，是动机作用的结果。②在内容上，动机可以是被行为人意识到的，也可以是未被行为人意识到的，是一种比目的更内在、内容更抽象的心理现象；而目的则是发展到希望通过犯罪行为以满足错误愿望的犯罪思想，是行为人已经意识到的具体自觉意识。③在犯罪活动中的地位和作用上，动机表明行为主体同犯罪行为之间的关系，它起到的是推动、发动犯罪行为的作用，说明行为主体实施某种犯罪行为的主观原因；而目的所揭示的是行为主体抑制的行为、结果与犯罪对象、法益之间的关系，表明行为主体对某种危害结果的追求，其作用是为确定目标和侵害程度提供指导。④在与危害结果的联系上，目的与危害结果的联系是直接的，因为目的就是行为人通过犯罪行为所希望达到的危害结果在其观念中的反映，目的以危害结果为内容；而动机与危害结果之间的联系是间接的，动机只是行为人追求危害结果发生的主观原因，说明行为人为什么要追求这种结果，而不以危害结果为内容。

第六节　与罪过有关的几个特殊问题

一、无罪过事件

《刑法》第16条规定：行为在客观上虽然造成了损害结果，但不是出于故意或者过失，而是由于不能抗拒或者不能预见的原因所引起的，不是犯罪。这称为"无罪过事件"，具体包括不可抗力与意外事件。

二、期待可能性

（一）期待可能性的内容

期待可能性，是指根据具体情况，有可能期待行为人不实施违法行为而实施其他合法行为的可能性。即行为人在行为时存在履行守法义务、避免实施犯罪行为的可能性。如果存在这种可能性，应负刑事责任；否则，成为责任阻却事由。法不仅仅是人们"应当"（或被期待）遵从的东西，而且是人们"能够"（或有期待可能性）遵从的东西。若期待过高，则法规范自身缺乏期待可能性，属于苛刻的立法。

（二）期待可能性的沿革

期待可能性来源于1897年德国帝国法院第四刑事部的"癖马案"判决。该案件的大体情况是：被告人为一马车夫，他多年以来受雇驾驶一辆双匹马车，其中一匹名叫莱伦芳格的马有以其尾绕住缰绳并用力压低的恶癖，马车夫和雇主都知道莱伦芳格的这一癖性。1896年7月19日，马车夫在雇主的特别命令下，被迫使用了莱伦芳格，结果在途中它又像往常一样癖性发作，以其尾绕缰用力下压。马车夫极力使马尾脱离缰绳，却未成功。此时，马匹暴狂起来，马车夫完全失去了对该马的控制。结果，狂奔的马撞倒了在路旁行走的铁匠，致其脚部骨折。检察官根据上述事实，以过失伤害罪对马车夫提起公诉，但是原审法院宣告被告无罪。检察官以原审判决不当为由，向德意志帝国法院提起上告，1897年3月23日德意志帝国法院第四刑事部宣布了对于"癖马案"的判决，驳回了检察院的上告。其理由是：本案马车夫虽然认识到该马有以尾绕缰的癖性并可能导致伤人的后果，但当他要求更换一匹马时，雇主不但不允，反以解雇相威胁。在这种情况下，很难期待被告人不惜失掉工作，违抗雇主的命令而拒绝驾驭该马车。

日本采用期待可能性理论的著名判例是"第五柏岛丸事件"。该案件基本案情是：被告人是持有乙种二等驾驶员执照的船员，自1932年6月起受雇于广岛县音户町的航运业主木村，担任"第五柏岛丸"机帆船的船长，从事往来于音户町和吴市之间的客运业务。第五柏岛丸机帆船载重9吨，核准乘客定额24人，如超载则有倾覆危险，被告人对此也是清楚的。1932年9月13日，该船载客128人，在行进到某海面时，被另一艘机帆船"第二新荣丸"超越，当时两船相距约16米，"第五柏岛丸"上的乘客为了躲避后超越时所激起的浪水，纷纷自右侧走向左侧，船身因此倾斜，加之超载大约5倍，船体最终覆没。其结果是28名乘客溺死，7名乘客因为溺水发生头痛、腹胀等疾病。原判依据事实，认为被告触犯了《刑法》第 129 条第 2 项基于业务上的过失而使轮船覆没罪及《刑法》第 212 条业务上过失致人死亡罪之想象竞合，按业务过失致人死亡罪的刑罚，判处 6 个月的禁锢。

（三）期待可能性的判断标准

1. 行为人标准说

行为人标准说即以行为时的具体状况下的行为人自身的能力为标准。如果在当时的具体状况下，不能期待该行为人实施适法行为，就表明缺乏期待可能性。因为责任是就符合构成要件的违法行为而对行为人进行的人格非难，这就决定了要以行为人为标准。而且期待可能性的理论，本来就是为了针对行为人的人性弱点而给予救济，故期待可能性的存否，自然应以行为人为标准。[1]

2. 平均人标准说

平均人标准说指如果对处于行为人状态下的通常人、平均人，能够期待其实施适法行为，则该行为人也具有期待可能性；如果对处于行为人状态下的通常人、平均人，不能期待其实施适法行为，则该行为人也不具有期待可能性。这种观点认为，责任判断虽然是一种个别的判断，必须以每个人的具体情况为基础，但在判断的标准上，应当以平均人为标准。[2]

3. 国家标准说

国家标准说主张以国家或法秩序的具体要求为标准，来判断是否具有期待可能性。所谓期待，是指国家或法秩序对行为人的期待，而不是行为人本人的期待。同此，是否具有期待可能性，只能以国家或法秩序的要求为标准，而不是以被期待的行为人或平均人为标准。[3]

能力应用

1. 甲贩运假烟，驾车路过某检查站时，被工商执法部门拦住检查。检查人员乙正登车检查时，甲突然发动汽车夺路而逃。乙抓住汽车车门的把手不放，甲为摆脱乙，在疾驶时突然急刹车，导致乙头部着地身亡。甲对乙死亡的心理态度属于下列哪一选项？（　　）

A. 直接故意　　　　　　　　B. 间接故意

C. 过于自信的过失　　　　　D. 疏忽大意的过失

2. 朱某因婚外恋产生杀害妻子李某之念。某日晨，朱某在给李某炸油饼时投放了可以致死的"毒鼠强"。朱某为防止其 6 岁的儿子吃饼中毒，将其子送到幼儿园，并嘱咐其子等他来接。不料李某当日提前下班后将其子接回，并与其子一起吃油饼。朱某得知后，赶忙回到家中，其妻、子已中毒身亡。关于本案，下列哪一说法是正确的？（　　）

A. 朱某对其妻、子的死亡具有直接故意　B. 朱某对其子的死亡具有间接故意

C. 朱某对其子的死亡具有过失　　　　　D. 朱某对其子的死亡属于意外事件

3. 某医院妇产科护士甲值夜班时，一新生婴儿啼哭不止，甲为了止住其哭闹，遂将仰

---

① 陈家林. 外国刑法通论 [M]. 北京：中国人民公安大学出版社，2009：402.

② 同①.

③ 同①.

卧的婴儿翻转成俯卧,并将棉被盖住婴儿头部。半小时后,甲再查看时,发现该婴儿已无呼吸,该婴儿经抢救无效死亡。经医疗事故鉴定委员会鉴定,该婴儿系俯卧使口、鼻受压迫,窒息而亡。甲对婴儿的死亡结果有何种主观罪过?( )

A.间接故意　　　　　　　　B.直接故意

C.疏忽大意的过失　　　　　D.过于自信的过失

4.甲深夜潜入乙家行窃,发现留长发穿花布睡衣的乙正在睡觉,意图奸淫,便扑在乙身上强脱其衣。乙惊醒后大声喝问,甲发现乙是男人,慌忙逃跑被抓获。甲的行为( )。

A.属于强奸预备　　　　　　B.属于强奸未遂

C.属于强奸中止　　　　　　D.不构成强奸罪

5.刘某基于杀害潘某的意思将潘某勒晕,误以为其已死亡,为毁灭证据而将潘某扔下悬崖。事后查明,潘某不是被勒死而是从悬崖坠落致死。关于本案,下列哪些选项是正确的?( )

A.刘某在本案中存在因果关系的认识错误　　B.刘某在本案中存在打击错误

C.刘某构成故意杀人罪未遂与过失致人死亡罪　　D.刘某构成故意杀人罪既遂

6.甲为杀害仇人林某在偏僻处埋伏,见一黑影过来,以为是林某,便开枪射击。黑影倒地后,甲发现死者竟然是自己的父亲。事后查明,甲的子弹并未击中父亲,其父亲患有严重心脏病,因听到枪声后过度惊吓死亡。关于甲的行为,下列哪一选项是正确的?( )

A.甲构成故意杀人罪既遂

B.甲构成故意杀人罪未遂

C.甲构成过失致人死亡罪

D.甲对林某构成故意杀人罪未遂,对自己的父亲构成过失致人死亡,应择一重罪处罚

7.甲在从事生产经营的过程中,不知道某种行为是否违法,于是以书面形式向法院咨询,法院正式书面答复该行为合法。于是,甲实施该行为,但该行为实际上违反《刑法》。关于本案,下列哪一选项是正确的?( )

A.由于违法性认识不是故意的认识内容,所以,甲仍然构成故意犯罪

B.甲没有违法性认识的可能性,所以不成立犯罪

C.甲虽然不成立故意犯罪,但成立过失犯罪

D.甲既可能成立故意犯罪,也可能成立过失犯罪

8.看守所值班武警甲擅离职守,在押的犯罪嫌疑人乙趁机逃走,但刚跑到监狱外的树林即被抓回。关于本案,下列哪一选项是正确的?( )

A.甲主观上是过失,乙是故意　　　B.甲、乙是事前无通谋的共犯

C.甲构成私放在押人员罪　　　　　D.乙不构成脱逃罪

9.关于罪过,下列哪些选项是错误的?( )

A.甲的玩忽职守行为虽然造成了公共财产损失,但在甲未认识到自己是国家机关工作人员时,就不存在罪过

B.甲故意举枪射击仇人乙,但因为没有瞄准,将乙的名车毁坏。甲构成故意杀人未遂

C.甲翻墙入院欲毒杀乙的名犬以泄愤,不料该犬对甲扔出的含毒肉块不予理会,直扑

甲身，情急之下甲拔刀刺杀该犬。甲不构成故意毁坏财物罪，而属于意外事件

D. 甲因疏忽大意而致人死亡，甲应当预见而没有预见的危害结果，既可能是发生他人死亡的危害结果，也可能只是发生他人重伤的危害结果

10. 甲与乙因情生仇。一日黄昏，甲持锄头路过乙家院子，见甲妻正在院内与一男子说话，以为是乙举锄就打，对方重伤倒地后遂发现是乙哥哥。甲心想，打伤乙哥哥也算解恨。关于甲的行为，下列哪些选项是错误的？（　　　）

A. 甲的行为属于对象错误，成立过失致人重伤罪

B. 甲的行为属于方法错误，成立故意伤害罪

C. 根据法定符合说，甲对乙成立故意伤害（未遂）罪，对乙哥哥成立过失致人重伤罪

D. 甲的行为不存在任何认识错误，理所当然成立故意伤害罪

【参考答案】1. B 2. C 3. C 4. B 5. A 6. A 7. B 8. A 9. ACD 10. ABCD

第九章　排除犯罪性事由

知识结构

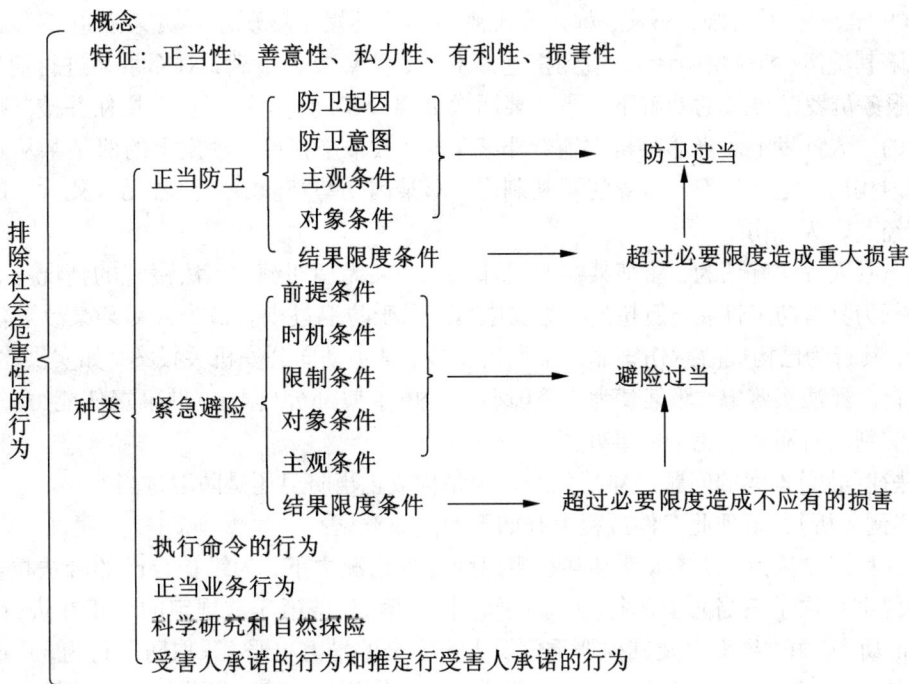

概念
特征：正当性、善意性、私力性、有利性、损害性

排除社会危害性的行为

种类

正当防卫
- 防卫起因
- 防卫意图
- 主观条件
- 对象条件 → 防卫过当
- 结果限度条件 → 超过必要限度造成重大损害

紧急避险
- 前提条件
- 时机条件
- 限制条件 → 避险过当
- 对象条件
- 主观条件
- 结果限度条件 → 超过必要限度造成不应有的损害

执行命令的行为
正当业务行为
科学研究和自然探险
受害人承诺的行为和推定行受害人承诺的行为

法条规范

第 20 条［正当防卫］为了使国家、公共利益、本人或者他人的人身、财产和其他权利免受正在进行的不法侵害，而采取的制止不法侵害的行为，对不法侵害人造成损害的，属于正当防卫，不负刑事责任。

正当防卫明显超过必要限度造成重大损害的，应当负刑事责任，但是应当减轻或者免除处罚。

对正在进行行凶、杀人、抢劫、强奸、绑架以及其他严重危及人身安全的暴力犯罪，采取防卫行为，造成不法侵害人伤亡的，不属于防卫过当，不负刑事责任。

第21条［紧急避险］为了使国家、公共利益、本人或者他人的人身、财产和其他权利免受正在发生的危险，不得已采取的紧急避险行为，造成损害的，不负刑事责任。

紧急避险超过必要限度造成不应有的损害的，应当负刑事责任，但是应当减轻或者免除处罚。

第一款中关于避免本人危险的规定，不适用于职务上、业务上负有特定责任的人。

典型案例

【基本案情】

邓某某故意伤害案

被告人，邓某某，女，24岁，酒店服务员。

2009年5月10日晚，邓某、黄某等人酒后到该县娱乐城玩乐。黄某强迫要求服务员邓某某陪其洗浴（即色情陪侍），遭到拒绝。邓某、黄某极为不满，对邓某某进行纠缠、辱骂，在服务员罗某等人的劝解下，邓某某两次欲离开房间，均被邓贵大拦住并被"推坐"在身后的单人沙发上。当邓某再次逼近邓某某时，被推坐在单人沙发上的邓某某从随身携带的包内掏出一把水果刀，起身朝邓某刺击，邓某因伤势严重，经抢救无效死亡；黄某所受伤情经鉴定为轻伤。

巴东县人民法院认为，邓某某在遭受邓某、黄某无理纠缠、不法侵害的情况下，实施的反击行为具有防卫性质，但超过了必要限度，属于防卫过当。被告人邓某某故意伤害致人死亡，其行为已构成故意伤害罪。案发后，邓某某主动向公安机关投案，如实供述罪行，构成自首。经法医鉴定，邓某某为心境障碍（双相），属部分（限定）刑事责任能力。据此，法院依法判决对邓某某免予刑事处罚。

【法律问题】本案的问题是邓某某的行为是构成正当防卫还是防卫过当？

【案例分析】在审理此案件过程中有如下的法律意见：

第一种意见认为，被告人邓某某在遭遇强奸的情况之下，为维护自己的合法权益，面对不法侵害采取了正当防卫的行为，属于《刑法》第20条第3款规定的对正在进行行凶、杀人、抢劫、强奸、绑架以及其他严重危及人身安全的暴力犯罪，采取防卫行为，造成不法侵害人伤亡的，不属于防卫过当，不负刑事责任。本案邓某某的行为属于正当防卫，依法应该认定为无罪。

第二种意见认为，被告人邓某某在遭遇的只是猥亵，还达不到强奸的情况之下，用刀将他人刺成一死一伤的行为，明显超过了必要限度，造成了重大损害，属于防卫过当，应当以故意伤害（致人死亡罪）追究其刑事责任。理由是被害人因有偿陪侍的问题与被告人发生争执，继而纠缠、辱骂和猥亵被告人属于正在进行的不法侵害，被告人邓某某对此有权实行防卫，但邓某某使用水果刀朝受害人邓某乱刺，按照防卫的手段、强度必须与侵害的手段、强度相适应的标准来衡量，邓某某用刀将邓某刺死、黄某刺伤的情况属于防卫行为显然超过了必要限度，造成了重大损害。

本案第二种意见比较符合《刑法》规定，理由如下：本案不能适用《刑法》第20条第3

款无限防卫权的规定，从本案来看，因为邓某、黄某主观上认为邓某某为有偿色情陪侍的服务人员而要求陪侍，双方发生争议，受害人并无强奸的故意，同时也没有开始实施强奸的行为，受害人只是纠缠、辱骂和猥亵被告人，刑法上对于本案受害人行为的法律评价只能是猥亵。因此，本案不能适用《刑法》第 20 条第 3 款的规定，应该认定为防卫过当。认定被告人邓某某防卫行为致人死伤明显超过必要限度符合刑法理论要求也符合法律体系解释原则。

规范释义

　　排除犯罪性事由在不同法系的国家犯罪论体系中有不同的称呼，在我国"四要件"犯罪论体系中称为"排除社会危害性行为说"；在大陆法系"三要件"犯罪论体系中称为"违法性阻却事由"；在英美法系"双层次"犯罪论体系中称为"合法抗辩事由"。一般来讲，根据大陆法系"三要件"犯罪论体系，符合构成要件的行为，原则上是违法的行为，具有违法性；但如果具有特殊事由，可排除该行为的违法性，该特殊事由即为违法性阻却事由。德日刑法的通说把违法性阻却事由分为法定的违法性阻却事由和超法规的违法阻却事由，前者如正当防卫和紧急避险；后者如被害人承诺、安乐死等。

第一节　正当防卫

一、正当防卫的概念

　　正当防卫是指为了使国家、公共利益、本人或者他人的人身、财产和其他权利免受正在进行的不法侵害，而对不法侵害人本人所采取的制止不法侵害且没有明显超过必要限度并造成重大损害的行为。正当防卫分为一般正当防卫与特殊正当防卫。

二、一般正当防卫的构成

　　正当防卫分为一般正当防卫与特殊正当防卫，其成立条件的要求不同。行为人针对不法侵害实施的各种防卫行为，只有符合法律规定的条件才能构成正当防卫。

表 9 - 1 　正当防卫成立条件的具体内容一览表

成立条件	具体内容	否则为（防卫错误）	处理方法
起因条件	面临侵害的不法性、客观性和现实性	假象防卫	过失犯罪、意外事件
时间条件	不法侵害进行紧迫性和防卫的适时性	事前防卫/事后防卫	符合犯罪构成按犯罪处理
主观条件	防卫者具有正对不正的防卫意识	偶然防卫/防卫挑拨/相互斗殴	符合犯罪构成按犯罪处理
对象条件	防卫手段针对不法侵害人本人	假象防卫/紧急避险	按犯罪处理/正当化事由
限度条件	防卫手段具有必要性和相当性	防卫过当	应当减免处罚

(一)防卫起因

不法侵害是正当防卫的起因，没有不法侵害就谈不上正当防卫。作为正当防卫，面临的不法侵害必须具有不法性、客观性和现实性。

正当防卫面临的侵害具有不法性。不法性表明侵害行为属于违法行为或犯罪行为等侵害合法法益的行为。侵害行为仅限于人的行为，因为只能针对人的行为进行合法和不法的评价。山洪暴发、地震灾害、野狗咬人等，只能视为单纯的危险，只能进行紧急避险。但是正当防卫、紧急避险行为不属于不法侵害，所以对正当防卫、紧急避险本身不能进行正当防卫。

正当防卫面临侵害具有客观性。根据我国"四要件"犯罪论体系，犯罪由客观阶层和主观阶层两个层面构成。一个行为符合客观阶层，就表明该行为在客观上具有法益侵害性。至于行为人在主观阶层是否具有故意、过失，是否具有责任年龄、责任能力等，只是影响责任的承担。所以，对未达刑事责任年龄的人、精神病人的不法侵害，可以正当防卫。同时，不法侵害既包括作为的不法侵害，也包括不作为的不法侵害。例如，对进入自己住宅、要求其退出而拒不退出的人，使用强力将其推出门外，成立正当防卫。

正当防卫面临的侵害具有现实性。不法侵害必须是现实存在的。如果不存在现实的不法侵害而行为人误以为存在不法侵害，并进行所谓的防卫，就是假想防卫。

> 案例 1. 甲在商场付完款后带着所买的平板电视就往外走，保安乙误以为甲是盗窃者，上前就将甲打伤在地。问：如何评价保安的行为？
> 答：本案中保安的行为属于假想防卫。

对于假想防卫的处理如下：

第一，假想防卫不可能是故意为之，否则就是故意犯罪而非假想防卫。例如，若保安明知甲是顾客而借机将其打伤在地，保安就是故意伤害。

第二，假想防卫，如果防卫人有过失，就是过失犯罪，例如保安误以为甲是盗窃者，将甲打成重伤。保安如果存在疏忽大意的过失，就构成过失致人重伤罪。

第三，假想防卫，如果防卫人没有过失，就只能按照意外事件处理。

(二)防卫时间

正当防卫要求防卫应具有适时性，即防卫面对的不法侵害应具有紧迫性。不是所有的不法侵害都具有紧迫性，有些犯罪如侵犯著作权罪、重婚罪、贿赂犯罪等犯罪行为也是不法侵害，但不具有紧迫性，对其不能进行正当防卫。不法侵害已经开始、尚未结束时，就意味着不法侵害具有紧迫性，此时可以正当防卫。在此之前防卫属于事前防卫，在此之后防卫属于事后防卫，都属于防卫不适时。对于防卫不适时的处理如果符合犯罪构成按犯罪处理。

正当防卫的时间条件主要是不法侵害已经开始、尚未结束的判断标准问题。不法侵害的开始时间的判断标准是着手时，而判断着手的标准是行为对法益造成现实紧迫而又直接的危险。不法侵害的结束时间是法益不再处于紧迫、现实的侵害、威胁之中。

> 案例2.甲走到乙面前扇了乙两巴掌走掉，乙恼羞成怒追过去用砖头把甲敲死。
> 问：乙属于正当防卫吗？
> 答：乙找回的是"面子"，不是法益，不属于正当防卫。

(三)防卫意识

正当防卫要求的意思条件是指防卫人主观上要具有防卫意识。所谓防卫意识，是指防卫人意识到自己是在制止不法侵害(即以合法行为制止不法侵害)。防卫意识由防卫认识和防卫意志构成。防卫认识，是指防卫人认识到某项合法权利正在受到不法侵害。防卫意志，是指防卫人制止不法侵害、保护合法权利的决意，防卫人具有明确的保护合法权利的正当目的和动机。如果缺乏防卫认识，就谈不上防卫意志了。成立正当防卫，通说要求具有防卫意识，既要有防卫认识，也要有防卫意志。

关于正当防卫要求的防卫意识存在如下的理论争议：

观点一认为，成立正当防卫，只要求有防卫认识，不要求有防卫意志。行为人如果认识到有人在实施不法侵害，但是主观上没有形成制止不法侵害、保护合法权利的决意，缺乏明确的保护合法权利的正当目的和动机，而只是因为惊愕、兴奋、激愤、恼羞成怒，甚至为了满足精神空虚、寻求精神刺激等情绪，对不法侵害人实施攻击。根据上述观点，这种攻击可以构成正当防卫。

观点二认为，成立正当防卫，不要求有防卫意识，即既不要求有防卫认识，也不要求有防卫意志。按照这种观点，偶然防卫属于正当防卫。

案例3.甲向乙开枪时,乙正要开枪杀丙,甲杀了乙,但不知道乙也正在杀人。结果甲杀乙的行为客观上救了丙的生命。问:如何评价甲的行为性质?

答:甲的行为叫偶然防卫。甲在客观上制止了一场不法侵害,但甲在主观上既没有防卫认识(没有认识到乙在实施不法侵害),也没有防卫意志(没有制止不法侵害、保护合法权利的目的),即甲没有防卫意识。根据上述观点,甲的行为不构成正当防卫。

根据通说观点,以下三种情形,由于缺乏防卫意识,不构成正当防卫。

(1)偶然防卫:偶然防卫是指行为人出于一定的犯罪故意实施其行为,但该行为在客观上发生了防卫效果的情形,如上述案例3的分析。

(2)防卫挑拨:刑法上把故意挑逗对方,使对方进行不法侵害而借机加害于对方的行为称为防卫挑拨。例如甲欲侵害乙,故意先挑衅乙侵害自己,然后以正当防卫为借口加害乙。结论:甲的行为不构成正当防卫,属于故意犯罪。

(3)相互斗殴:相互斗殴是指参与者在其主观上不法侵害故意的支配下,客观上所实施的连续相互侵害的行为。如甲、乙都出于不法侵害对方的意图而相互攻击。因为双方都是不正对不正,所以甲、乙都不构成正当防卫。例外:甲已经停止、求饶或逃跑,乙仍继续侵害,甲可以正当防卫。

(四)防卫客体

正当防卫的对象条件必须针对不法侵害人本人进行防卫。这里的本人不仅包括不法侵害人本人,也包括共同犯罪人,但是必须是正在进行不法侵害的共犯人。当然,防卫主体不限于被害人本人,只要是面临不法侵害,不管是被害人本人,还是无关第三人,都可以正当防卫,予以制止。

案例4.甲教唆乙伤害丙,丙不对乙防卫,而是离开现场来到甲的家里,看到甲正在喝茶,将甲打成重伤。问:丙是否成立正当防卫?

答:本案不成立正当防卫。

关于正当防卫的防卫对象,存在以下几种特殊情形:

(1)侵害人利用第三人财物。

案例5.甲将王某的珍贵花瓶砸向乙的头部,乙情急之下用木棒挡开,导致花瓶破碎。问:刑法上如何评价乙的行为?

答:乙的行为对甲而言是正当防卫,对王某而言是否属于紧急避险则存在争议。乙对王某造成的损失结果应归责于甲。因此,只需要认定乙的行为构成正当防卫,因正当防卫而造成的损害结果均应由甲承担。

（2）防卫人利用第三人财物。

> 案例 6. 甲追杀乙，乙情急之下迫不得已用王某的珍贵花瓶反击，导致花瓶破碎。问：刑法上如何评价乙的行为？
>
> 答：乙的行为对甲而言是正当防卫，对王某而言是紧急避险。由于乙的紧急避险是由甲的追杀引起的，所以应由甲来承担损毁花瓶的民事赔偿责任，当然这是以乙的行为符合紧急避险条件为前提。

（3）防卫行为造成第三人损害。

> 案例 7. 甲追杀乙，乙用自己的花瓶反击，花瓶偶尔砸中了行人王某，导致王某重伤。问：刑法上如何评价乙的行为？
>
> 答：乙的行为对甲而言是正当防卫，对王某而言是什么，理论上存在争议。
>
> 观点一，认为是正当防卫。理由是整体看待，既然对甲而言是正当防卫，对王某而言也附带认为是正当防卫。这种观点的问题是，因为对王某是正当防卫，王某就必须忍受，而不能反击。这不合理。
>
> 观点二，认为是假想防卫。理由是王某没有不法侵害行为，却对王某实施了防卫，属于假想防卫。如果有过失，定过失犯罪；如果是意外事件，就无罪。这种观点的问题是，乙的防卫目标不是王某，主观上也没有认识到王某有"不法侵害行为"，谈不上对王某假想防卫。
>
> 观点三，认为是紧急避险。理由是乙面临不法侵害时，迫不得已将风险转嫁给王某，属于紧急避险。这种观点的问题是，当时乙并没有避险的意识。

（五）限度条件

正当防卫要求的防卫手段必须没有明显超过必要限度并造成重大损害，即防卫的手段具有必要性和相当性。防卫的必要限度是它和防卫过当相区别的一个法律界限。

关于如何理解正当防卫的必要限度，在刑法理论上存在三种观点：①基本适应说，认为防卫行为与侵害行为必须基本相适应。如何才算基本相适应，要根据侵害行为的性质和强度以及防卫利益的性质来决定。②客观需要说，认为防卫行为只要是为了制止不法侵害所需要的，就是没有超过限度，因此，只要防卫在客观上有需要，防卫的强度既可以大于，也可以小于，还可以相当于侵害的强度。③基本适应与客观需要的统一说。这是一个综合标准，应该从三个方面考察：第一，不法侵害的强度，在确定必要限度时，首先需要考察不法侵害的强度。所谓不法侵害的强度是指行为的性质、行为对客体已经造成的损害结果的轻重以及造成这种损害结果的手段、工具的性质和打击部位等因素的统一。第二，不法侵害的缓急，所谓不法侵害的缓急是指侵害的紧迫性，即不法侵害所形成的对国家、公共利益、本人或者他人的人身、财产等合法权益的危险程度。第三，不法侵害权益，就是正当防卫保护的法益①。

三、防卫过当

如果正当防卫明显超过必要限度并造成重大损害的，是防卫过当。防卫过当本身不是罪名，需要结合案件事实根据《刑法》分则进行具体定性评价。同时，根据《刑法》第20条的第2款规定，防卫过当应当负刑事责任，但应当减轻或者免除处罚。

关于防卫过当的罪过形式，理论存在如下争议：观点一认为，防卫人对过当的结果只能持间接故意或过失。观点二认为，防卫人对过当的结果只能持过失。观点三认为，防卫人对过当的结果可以持直接故意、间接故意或过失。

> **注释1. 不能把事后防卫视为防卫过当**
>
> 例如，甲抢劫乙，乙将甲打晕在地，乙为了防止甲继续侵害，便用石块将甲砸死。乙不是防卫过当，而是事后防卫，成立故意杀人罪。

四、特殊正当防卫

根据《刑法》第20条第3款的规定，无过当防卫是一种特殊的防卫。其特殊性表现在以下两个方面：第一，防卫客体的特殊性，无过当防卫的客体是行凶、杀人、抢劫、强奸、绑架以及其他严重危及人身安全的暴力犯罪。第二，法律后果的特殊性，即使防卫行为造成了不法侵害人的伤亡，也不构成防卫过当，不负刑事责任。

（一）特殊正当防卫的性质

特殊正当防卫也要符合一般正当防卫的条件。例如，要符合时间上的适时性、手段上的必要性和相当性等。其特殊性仅体现在，面临的不法侵害是严重危及人身安全的暴力犯罪，所以防卫的程度级别相应提高，造成伤亡也是必要的、相当的。

根据上述分析，得出两个结论：第一，《刑法》第20条第3款不是赋予防卫人无限防卫权，而是一种提示性的注意规定，提醒法官，由于防卫人面临的是严重危及人身安全的暴力犯罪，所以造成伤亡不算过当。第二，除了《刑法》第20条第3款规定的严重危及人身安全的暴力犯罪，面对其他犯罪，只要满足防卫手段的必要性和相当性，造成侵害人伤亡的，也不算过当。

（二）特殊正当防卫的内容理解

（1）行凶：行凶是指重伤害，这是一种缩小解释。第一，这里的"行凶"不包括轻伤害；第二，这里的"行凶"不要求使用凶器。

（2）杀人：杀人不包括非暴力手段的杀人。例如，母亲故意不喂养婴儿或投毒杀人，对母亲、投毒者不能行使特殊防卫权，致其重伤或死亡。杀人包括转化犯转化来的故意杀人罪。例如，非法拘禁使用拘禁之外更高的暴力致人死亡的，聚众"打砸抢"致人死亡的，都定为故意杀人罪，对此可以进行特殊正当防卫。

（3）抢劫：第一，抢劫不包括非暴力手段的抢劫。例如，用麻醉方法抢劫。第二，抢劫包括抢劫枪支、弹药、爆炸物罪。第三，抢劫包括事后转化抢劫，但不包括携带凶器抢夺转化的抢劫，因为前者对人有暴力行为，后者对人没有暴力行为。

（4）强奸：第一，强奸不包括非暴力的强奸，例如，昏醉强奸。第二，强奸包括拐卖妇女罪、强迫卖淫罪中的强奸。

（5）绑架：绑架包括拐卖妇女、儿童罪中的绑架。

（6）其他严重危及人身安全的暴力犯罪：指除了上述内容以外的其他暴力犯罪。例如，劫持航空器罪、放火罪、爆炸罪、暴动越狱罪虽不属于人身犯罪，但是会严重危及人身安全，对其也可进行特殊正当防卫。这就要求暴力的程度是严重危及人身安全，不包括非暴力和轻微暴力。因此，不包括侮辱罪、暴力干涉婚姻自由罪、妨害公务罪中的暴力。同时，这里的人身安全包括生命、身体健康、性自由，但不包括人格、名誉。例如，对侮辱罪、诽谤罪不能行使特殊正当防卫。

第二节　紧急避险

一、紧急避险的概念

紧急避险是指为了使国家、公共利益、本人或者他人的人身、财产和其他权利免受正在发生的危险，不得已而采取的损害另一较小合法利益的行为。

二、紧急避险的构成

（一）避险起因

避险起因是指只有存在着对国家、公共利益、本人或者他人的人身、财产和其他权益的危险时，才能实行紧急避险。避险起因要求必须存在现实危险。造成危险的原因是以下几种情况：首先是人的行为，而且必须是危害社会的违法行为，对于合法行为不能实行紧急避险；其次，是自然界的力量，例如火灾、狂风、洪水等；最后是来自动物的侵袭，如猛兽追咬等。

紧急避险保护的利益同正当防卫一样，紧急避险不仅是为了保护行为人本人的利益，也可以是为了保护他人乃至国家、社会的利益。

如果事实上不存在危险，行为人误以为存在危险，进行避险行为，属于假想避险。与假想防卫的处理办法相同，假想避险，如果存在故意，就是故意犯罪；如果存在过失，就是过失犯罪；如果没有故意或者过失，就是意外事件。

（二）避险时间

紧急避险的时间条件，是指危险正在发生，对于国家利益、公共利益和其他合法权益已经直接构成了威胁，[①]即避险具有紧迫性。避险具有紧迫性的标准是法益受到紧迫的危

①　陈兴良. 规范刑法学（教学版）［M］. 北京：中国人民大学出版社，2015：74.

险，即危险已经产生但尚未消除。对于尚未到来或者已经过去的危险，都不能实施紧急避险，否则就是避险不适时，避险不适时分为事前避险或事后避险，处理办法与防卫不适时相同。

（三）避险意图

避险意图是紧急避险构成的主观条件，避险意图要求行为人要具有避险意识，指行为人实行紧急避险的目的在于使国家利益、公共利益、本人或者他人的人身、财产和其他权益免受正在发生的危险。因此，行为人实施紧急避险，必须是为了保护合法权益。为了保护非法利益，不允许实行紧急避险。

偶然避险不是紧急避险。偶然避险，是指行为人实施犯罪行为，在客观上偶然起到了紧急避险的效果。

（四）避险可行性

避险可行性是指只有在不得已，即没有其他方法可以避免危险时，才允许实行紧急避险。这是紧急避险和正当防卫的重要区别之一。因为紧急避险是通过损害一个合法权益来保全另一个合法权益，所以对于避险可行性不能不加以严格限制，只有当紧急避险成为唯一可以免遭受危险的方法时，才允许实行，即避险手段只能是最后的补充手段，是不得已而为之。这里的不得已意味着避险手段是化险为夷的唯一手段，别无他法。

对于特殊群体不适应紧急避险，例如《刑法》第21条第3款规定，在职务上、业务上负有特定责任的人在面临自己职务、业务带来的危险时，不能进行紧急避险。

（五）限度条件

紧急避险的限度条件要求避险手段没有超过必要限度且造成不应有的损害。紧急避险行为所引起的损害之所以应小于所避免的损害，原因在于紧急避险所保护的权益同紧急避险所损害的第三者的权益，都是受法律所保护的。只有在两利保其大、两弊取其小的场合，紧急避险才是对社会有利的合法行为。

紧急避险的限度条件要求进行法益衡量，其公式为："保护的法益≥损害的法益"。在对法益进行衡量的时候，要注意以下几点：

第一，在"等于"的情况下，不包括为了保全自己生命而牺牲他人生命。

第二，司法实践中权衡权益的大小，应明确以下几点：①在一般情况下，人身权利大于财产权利。所以，不允许牺牲他人的生命来保全本人的财产，哪怕这种财产的价值非常大。②在人身权利中，生命权是最高的权利，不容许为了保护一个人的健康而牺牲另一个人的生命，更不容许牺牲别人的生命而保全自己的生命。③在财产权益中，应该用财产的价格进行比较，不容许为了保护一个较小的财产权益而牺牲另一个较大的财产权益，尤其不容许牺牲较大的国家、公共利益以保护本人较小的财产权益。

三、避险过当

根据《刑法》第21条第2款规定，避险过当是指紧急避险超过必要限度且造成不应有的损害行为。避险过当不是一个罪名，在追究其刑事责任时，应当在确定其罪过形式的基础上，以其所触犯的刑法分则有关条文定罪量刑。在避险过当的罪过形式中，大多数是疏忽大意的过失，如避险过当致人重伤或死亡的，定过失致人重伤罪或过失致人死亡罪，当然在个别少数情况之下，可能由间接故意或过于自信的过失构成避险过当。① 避险过当，应当负刑事责任，但是应当减轻或免除处罚。

四、紧急避险与正当防卫的比较

紧急避险与正当防卫都是为了保护公共利益、本人或者他人的人身或其他合法权益免受危害而采取的一种紧急措施，两者都会给某种利益造成一定的损害，但从整体上看，它们又都是有益于社会行为而不是犯罪行为，因此，二者都不负刑事责任。但二者之间又有区别，具体如下：

第一，二者在性质上是不同的。正当防卫是合法行为与不法行为的斗争，是正义与邪恶的斗争；而紧急避险则是在危急情况下，为保存一个较大的合法权益而损害另一个较小的合法权益，是权衡两种合法权益大小后所作的抉择。

第二，二者必须具备的条件不同，主要表现在：①危害的来源不同，紧急避险的危害来源非常广泛，既可以是人的不法侵害，也可以是自然灾害、动物侵袭等；而正当防卫的危害来源只能是不法侵害人。②行为所损害的对象不同，紧急避险损害的对象是第三者的合法权益；而正当防卫损害的对象只能是不法侵害人；③行为的限制条件不同，紧急避险是行为只能是在迫不得已，即在没有其他方法可以避免的情况下才能实行；而正当防卫的行为则无此限制。④对损害程度的要求不同，紧急避险损害的合法利益必须小于所保护的合法利益；而正当防卫所造成的损害可以大于不法侵害者可能造成的损害。

第三节　其他排除犯罪性事由

一、法令行为

法令行为是指直接根据成文法律、法令的规定，依法行使权利或者承担义务所实施的行为。

一般法令行为可以分为以下几种情况：①政策性行为。例如国家发行彩票的行为，彩票本质上是赌博行为，但基于政策考虑，法律规定其为合法行为。②有合法性条件的行为。这是指某类行为本来具有犯罪性，但是法律特别规定，符合一定条件时就属于合法行为。例如，在规定堕胎罪的国家，根据优生法规定，往往符合一定条件的堕胎行为不构成堕胎罪。③职权（职务）行为。例如，司法人员对犯罪嫌疑人进行拘捕。④权利（义务）行为。例如公民扭送现行犯。

二、正当业务行为

正当业务行为是指虽没有法令的直接规定，但在社会观念上被认为是正当的业务上的行为。例如医生对病人进行手术救治而截取患者手臂的行为。

---

① 陈兴良. 规范刑法学（教学版）[M]. 北京：中国人民大学出版社，2015：74.

正当业务行为阻却违法性条件有两个方面：第一，业务必须具有正当合法性；二是行为必须在业务范围内。

正当业务行为有以下几种分类：①职业体育比赛。例如，遵守拳击规则，打伤对手，属于正当业务行为。但是如果在拳击比赛中咬掉对手耳朵，则不是正当业务行为。②正当医疗行为。例如，医生进行外科手术。③其他正当业务行为。例如，记者如实报道行为不构成诽谤罪。

三、被害人承诺

被害人承诺是指如果被害人同意他人对其进行加害，那么他人就不构成犯罪。例如，甲同意乙毁坏自己的财物，乙的毁坏行为便不构成犯罪。

被害人承诺有效的成立要件有以下几点：①被害人对承诺的法益具有处分权限。②被害人对承诺的法益具有一定限度，超出这个限度，即使有被害人的承诺，行为人也有罪。诸如财产、名誉、自由等都是可以放弃法益，但是身体权只能在轻伤的范围内可以放弃，同时，生命不可以承诺放弃。③被害人对承诺事项的意义、范围有理解能力（承诺能力）。基于此，幼儿、精神病患者的承诺无效。④被害人的承诺必须是其真实意思的表示。基于被骗、被迫所做出的承诺及戏言性承诺均无效。例如，甲冒充乙的丈夫欲和乙发生性关系，乙误以为是自己丈夫便同意，甲仍构成强奸罪。又如，甲胁迫乙承诺放弃财物，乙无奈放弃，甲仍构成犯罪。⑤被害人的承诺必须事前作出。⑥经承诺实施的行为不得超出承诺预设的范围。例如，甲仅承诺让乙打一耳光，而乙将甲打成脑震荡，乙便构成故意伤害罪。

> 案例8.甲（妇女）以为与领导乙发生性关系，乙便会为自己丈夫调动工作。但是两人发生性关系后，乙并没有给其丈夫调动工作。问：乙能否构成强奸罪？
>
> 答：仅仅是承诺动机的错误，不影响承诺效力，因此乙不构成强奸罪。

释义2.被害人的承诺必须事前作出

第一，事后承诺于事无补。例如，甲强奸了乙（妇女），事后乙喜欢上甲，向警方表示自己当时自愿与甲发生性关系，但是这种事后承诺不影响甲强奸罪的成立。

第二，承诺以最后一次作出的为准。例如，甲（妇女）在星期一承诺周末与乙通奸，但在星期二又不同意了，而乙仍坚持要求履行承诺，强行与甲发生性关系。乙便构成强奸罪。

四、推定的被害人承诺

推定的被害人承诺是指现实中没有被害人的承诺，但是推定被害人得知真相后会作出承诺，基于这种推定的承诺作出的行为不构成犯罪。

推定的被害人承诺的成立条件：①被害人没有现实的承诺。②推定被害人得知真相后会承诺。这种推定以一般人的合理意愿为标准，而不以被害人的实际意愿为标准。③必须是为了被害人的一部分法益而牺牲其另一部分法益，但所牺牲的法益不得大于所保护的法益。④行为所指向的法益必须是被害人有处分权的法益。

五、自救行为

自救行为指权利受到侵害的人，在通过法律程序、依靠国家机关不可能或者明显难以恢复权利的情况下，依靠自己的力量救济权利的行为。例如，甲的摩托车被乙偷走，第二天甲发现乙将自己的摩托车停在路边，甲便偷了回来，甲属于自救行为，因而无罪。

自救行为成立条件有以下几点：

①不法侵害已经结束。这说明自救行为的时间条件必须在不法侵害已经结束之后才能形成自救，如果不法侵害正在进行，则可以进行正当防卫。

②恢复权利具有现实必要性。它是指依当时情况的紧迫性，难以通过法律程序来救济权利。

③恢复权利的手段具有相当性。它是指所造成的侵害与所救济的权利具有相当性。例如，甲骗取乙的钱财，乙醒悟后为了夺回钱财，用刀直接将甲砍死，这种救济手段便不具有相当性。

六、义务冲突

义务冲突是指存在两个以上不相容的法律上的义务，为了履行其中的某种义务，而不得已不履行其他义务的情况。

义务冲突的成立条件有两点：第一，存在两个以上的义务的冲突，这个义务必须是法律上的义务；第二，必须权衡义务的轻重。

> 案例9.德国有一个案例，一个家庭医生负责一对夫妻的健康，他对丈夫进行体检的时候发现丈夫已经感染艾滋病。于是丈夫对他说："你是医生，有保密义务，千万不能跟别人说，尤其不能和我的妻子说。"但这个医生是家庭医生，他还要对妻子的健康负责。于是他有两个义务：一是保密义务；二是对他的服务对象健康负责任的义务。问：这个医生如何选择？
>
> 答：在义务冲突时候，如果义务无大小之分，则履行其中之一即可；如果有大小之分，则必须履行大义务。该医生应该告诉妻子实情，因为生命健康法益大于隐私法益。

紧急避险是一种作为的形式，而义务冲突是一种不作为的形式。但是，紧急避险的避险人如果愿意忍受危险，可以不实行紧急避险，而义务冲突中负有义务的人必须履行其中的某项义务。

七、安乐死

安乐死又称"安乐术"，指在患者临近死期，难以忍受痛苦的情况下，根据患者的嘱托, 使用医学处置方法, 让其无痛苦地死亡的行为。荷兰 1987 年通过安乐死法案, 成为世界上第一个在立法上承认安乐死的国家。安乐死分为不作为安乐死和作为安乐死。不作为的安乐死即消极安乐死, 是指单纯地不予医治, 让患者死亡的安乐死, 通说认为这不违法。

安乐死主要有以下几个类型: 第一, 是没有缩短患者生命的安乐死(本来安乐死或真正安乐死), 这被认为是一种治疗行为, 是合法的; 第二, 是具有缩短患者生命危险的安乐死(间接安乐死), 也被认为是一种正当的业务行为; 第三是为了结束患者痛苦, 而提前结束其生命的方法(积极安乐死)。

根据日本名古屋裁判所 1965 年 12 月 22 日的判决, 实施安乐死的条件是: ①根据现代医学知识和技术, 患者的疾病为不治之症; ②患者有难以忍受的肉体痛苦, 见到患者的其他人也难以忍受; ③安乐死以缓和患者的死亡痛苦为目的; ④在患者意识清楚、能表明意志的场合, 必须有本人的真挚的嘱托或者承诺; ⑤安乐死原则上由医师执行; ⑥安乐死的执行方法在伦理上必须是妥当的, 能够被人们接受。

能力应用

1. 陈某抢劫出租车司机甲, 用匕首刺甲一刀, 强行抢走财物后下车逃跑。甲发动汽车追赶, 在陈某往前跑了 40 米处将其撞成重伤并夺回财物。关于甲的行为性质, 下列哪一选项是正确的?(　　　)

A. 法令行为　　　　　　　　　　B. 紧急避险

C. 正当防卫　　　　　　　　　　D. 自救行为

2. 关于排除犯罪的事由, 下列哪一选项是正确的?(　　　)

A. 对于严重危及人身安全的暴力犯罪以外的不法侵害进行防卫, 造成不法侵害人死亡的, 均属防卫过当

B. 由于武装叛乱、暴乱罪属于危害国家安全罪, 而非危害人身安全犯罪, 所以, 对于武装叛乱、暴乱犯罪不可能实行特殊正当防卫

C. 放火毁损自己所有的财物但危害公共安全的, 不属于排除犯罪的事由

D. 律师在法庭上为了维护被告人的合法权益, 不得已泄露他人隐私的, 属于紧急避险

3. 《刑法》第 20 条第 3 款规定: "对正在进行行凶、杀人、抢劫、强奸、绑架及其他严重危及人身安全的暴力犯罪, 采取防卫行为, 造成不法侵害人伤亡的, 不属于防卫过当, 不负刑事责任。" 关于《刑法》对特殊正当防卫的规定, 下列哪些理解是错误?(　　　)

A. 对于正在进行杀人等严重危及人身安全的暴力犯罪, 采取防卫行为, 没有造成不法侵害人伤亡的, 不能称为正当防卫

B. "其他严重危及人身安全的暴力犯罪"的表述, 不仅说明其前面列举的抢劫、强奸、绑架必须达到严重危及人身安全的程度, 而且说明只要列举之外的暴力犯罪达到严重危及人身安全的程度, 也应适用特殊正当防卫的规定

C. 由于特殊正当防卫针对的是严重危及人身安全的暴力犯罪, 而这种犯罪一旦着手实行便会造成严重后果, 所以, 应当允许防卫时间适当提前, 即严重危及人身安全的暴力犯罪处于预备阶段时, 也应允许进行特殊正当防卫

D. 由于针对严重危及人身安全的暴力犯罪进行防卫时可以杀死不法侵害人, 所以, 在

严重危及人身安全的暴力犯罪结束后，当场杀死不法侵害人的，也属于特殊正当防卫

4.张某的次子乙，平时经常因琐事滋事生非，无端打骂张某。一日，乙与其妻发生争吵，张某过来劝说。乙转而辱骂张某并将其踢倒在地，并掏出身上的水果刀欲刺张某，张某起身逃跑，乙随后紧追。张某的长子甲见状，随手从门口拿起扁担朝乙的颈部打了一下，将乙打昏在地上。张某顺手拿起地上的石头转身回来朝乙的头部猛砸数下，致乙死亡。对本案中张某、甲的行为应当如何定性？（　　）

A.张某的行为构成故意杀人罪，甲的行为属于正当防卫

B.张某的行为构成故意杀人罪，甲的行为属于防卫过当

C.张某的行为属于防卫过当，构成故意杀人罪，甲的行为属于正当防卫

D.张某和甲的行为均构成故意杀人罪

5.关于正当防卫，下列哪一选项是错误的？（　　）

A.制服不法侵害人后，又对其实施加害行为，成立故意犯罪

B.抢劫犯使用暴力取得财物后，对抢劫犯立即进行追击的，由于不法侵害尚未结束，属于合法行为

C.动物被饲主唆使侵害他人的，其侵害属于不法侵害；但动物对人的自发侵害，不是不法侵害

D.基于过失而实施的侵害行为，不是不法侵害

6.甲遭乙追杀，情急之下夺过丙的摩托车骑上就跑，丙被摔骨折。乙开车继续追杀，甲为逃命飞身跳下疾驶的摩托车奔入树林，丙一万元的摩托车被毁。关于甲行为的说法，下列哪一选项是正确的？（　　）

A.属于正当防卫　　　　　　　　B.属于紧急避险

C.构成抢夺罪　　　　　　　　　D.构成故意伤害罪、故意毁坏财物罪

7.关于被害人承诺，下列哪一选项是正确的？（　　）

A.儿童赵某生活在贫困家庭，甲征得赵某父母的同意，将赵某卖至富贵人家。甲的行为得到了赵某父母的有效承诺，并有利于儿童的成长，故不构成拐卖儿童罪

B.在钱某家发生火灾之际，乙独自闯入钱某的住宅搬出贵重物品。由于乙的行为事后并未得到钱某的认可，故应当成立非法侵入住宅罪

C.孙某为戒掉网瘾，让其妻子丙将其反锁在没有电脑的房间一星期。孙某对放弃自己人身自由的承诺是无效的，丙的行为依然成立非法拘禁罪

D.李某同意丁砍掉自己的一个小手指，而丁却砍掉了李某的大拇指。丁的行为成立故意伤害罪

8.甲乙两家有仇。某晚，两拨人在歌厅发生斗殴，甲、乙恰巧在场并各属一方。打斗中乙持刀砍伤甲小臂，甲用木棒击中乙头部，致乙死亡。关于甲的行为，下列哪一选项是正确的？（　　）

A.属于正当防卫　　　　　　　　B.属于紧急避险

C.属于防卫过当　　　　　　　　D.属于故意杀人

【参考答案】　1.C　2.C　3.ACD　4.A　5.D　6.B　7.D　8.D

第十章　故意犯罪停止形态

知识结构

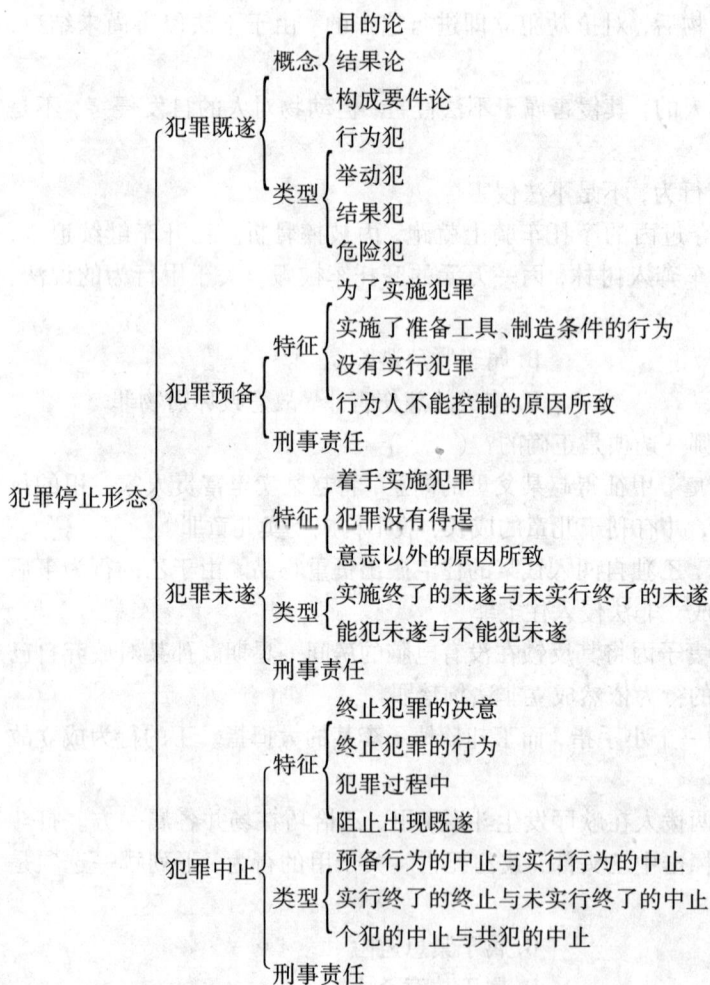

法条规范

第22条［犯罪预备］为了犯罪，准备工具、制造条件的，是犯罪预备。

对于预备犯，可以比照既遂犯从轻、减轻处罚或者免除处罚。

第23条［犯罪未遂］已经着手实行犯罪，由于犯罪分子意志以外的原因而未得逞的，是犯罪未遂。

对于未遂犯，可以比照既遂犯从轻或者减轻处罚。

第24条［犯罪中止］在犯罪过程中，自动放弃犯罪或者自动有效地防止犯罪结果发生的，是犯罪中止。

对于中止犯，没有造成损害的，应当免除处罚；造成损害的，应当减轻处罚。

典型案例

【基本案情】

郑某强奸案①

被告人，郑某，男，29岁，无业。

2014年6月5日凌晨5时许，被告人郑某在某市延安一城中村胡同口，遇到上早班的女青年黄某（女，23岁），遂掏出随身携带的匕首，顶在女青年的后腰部，将女青年黄某挟持到厕所内要求发生性关系，黄某不允，郑某遂用匕首将女青年的腰带拽断，欲强行与黄某发生性关系，黄某说："你要这么做的话，咱们另外找一个地方，我叫黄某，在市纺织厂工作，电话XXX。"随后黄某又说："我现在在排卵期，你要乱来肯定会怀孕，到时候你肯定跑不了。"黄某见郑某手里还拿着匕首，就说："你下次再来找我行吧，今天你把我给害了，你也逃脱不了，你自己想一想吧。"郑某表示"那就算了"。然后搂抱、亲吻黄某后就离开了。在随后的几天里，郑某先后两次给黄某打电话，黄某均不在，9日，郑某又给黄某打电话，约黄某晚上在北城门见面，黄某立即报告给公安机关，当日晚9时，公安机关在北城门口将郑某抓获，并从中搜出避孕套等物品。

【法律问题】本案主要是郑某涉嫌强奸罪的停止形态问题。

【案例分析】本案存在两个方面的争议：一是认定郑某行为构成强奸罪的中止；二是认定郑某行为构成强奸罪的未遂。本案应该认定郑某行为构成强奸罪的未遂。被告人郑某在被害人黄某言语周旋下，信以为真，误认为可以换另外一种方式进行奸淫，或等条件成熟再进行奸淫。由于黄某的言语使得郑某产生错误的认识，郑某事后又打几次电话约黄某，表明其未放弃不法行为。如果从形式上来看，被告人郑某在厕所内能够继续实施犯罪却停止了犯罪，似乎属于行为人自动放弃犯罪，但实质上，被告人在厕所是暂时放弃犯罪。被告人郑某犯罪未得逞完全是由于意志以外的原因，所以，本案对于郑某应该以强奸罪（未遂）论。

———————

① 袁登明，罗翔.刑法［M］.北京：中国政法大学出版社，2011：87.

规范释义

第一节　故意犯罪停止形态的概述

故意犯罪的行为是一个发展的过程，但是并非任何犯罪行为都能顺利得以完成。故意犯罪一般是先产生犯意，然后进入犯罪的预备阶段和实行阶段直至犯罪既遂状态出现。但是故意犯罪的行为过程中不可能一帆风顺，会出现各种形态的停止状态。犯罪的停止形态是在犯罪过程中由于某种原因犯罪行为停止下来所呈现的状态，这种停止不是暂时性的停顿，而是终局性的停止，即该犯罪行为由于某种原因不可能继续向前发展。就同一犯罪行为而言，出现一种犯罪形态以后，不可能再出现另一种犯罪形态。

刑法一般以打击犯罪既遂为标准，但是刑法并不仅仅处罚犯罪既遂，而是有条件地将处罚范围扩张到犯罪预备、犯罪未遂和犯罪中止。

犯罪形态是只针对（直接）故意犯罪而言的。犯罪形态是《刑法》预设的犯罪进程中停顿或结局的状态。其中，刑法分则各条规定了各罪及其法定刑的基准程度，叫犯罪的完成形态，即既遂犯；刑法总则第22条至24条规定了各罪的未完成形态，即预备犯、未遂犯、中止犯。

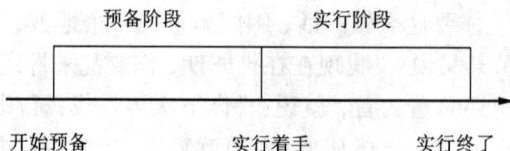

图 10 - 1　简易模式

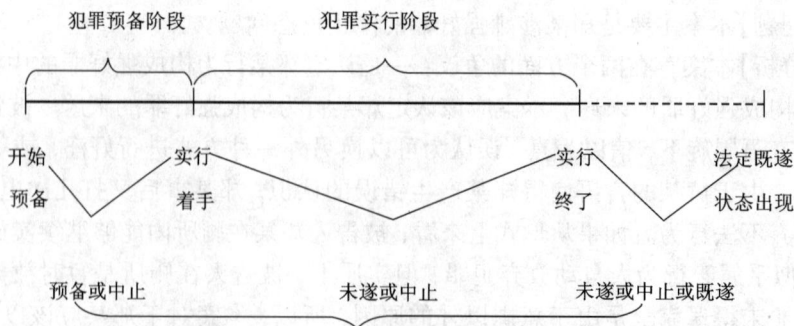

不同犯罪阶段可能出现的犯罪停止形态

图 10 - 2　完整模式

　　刑法以处罚故意犯罪①为原则,以处罚过失犯罪为例外。对于过失犯罪,只有在对法益造成已然损害的程度才追究刑事责任,完全是一种事后问责;而对于故意犯罪,则扩张到对法益可能造成损害(危险)的程度就可以追究刑事责任。

　　大陆法系对预备行为原则上不处罚,对未遂行为选择可罚,并在刑法分则条文中规定。而我国刑法在总则规定,从法律拟制上讲,将全体故意犯罪可罚范围往前推移到预备、未遂。我国刑法的态度似乎是,无论是否实际可罚,先在法律中肯定可罚,表现国家强势,并把是否实际处罚委托为司法机关。

第二节　犯罪预备

一、犯罪预备的概念

　　根据《刑法》第22条第1款的规定:"为了犯罪,准备工具、制造条件的,是犯罪预备。"所以,犯罪预备是指已经实施犯罪的预备行为,由于行为人意志以外的原因而未能着手实行犯罪的情形。

二、犯罪预备的特征

(一)主观上为了实行犯罪而做准备

　　《刑法》第22条第1款中的"为了犯罪"应当理解为"为了实行犯罪"。因此,为了预备犯罪而做的准备,不是犯罪预备行为。例如,为了实行抢劫而购买凶器的行为,是预备行为;为了购买凶器打出租车前往五金商店的行为,不是犯罪预备行为。同时,为了实行犯罪,既包括为了自己实行犯罪,也包括为了他人实行犯罪。例如,甲告知乙想盗窃,让乙帮自己制作一把"万能钥匙",乙制作好后交给甲,甲未使用便放弃盗窃。甲是预备阶段的犯罪中止,乙是犯罪预备。

(二)客观上已经实施犯罪的预备行为

　　客观上已经实施犯罪的预备行为,是指行为人在萌发犯意以后,已经开始实施为犯罪准备工具、制造条件的行为。犯罪预备行为的客观特征就是具有为进一步实施犯罪而准备工具、制造条件的行为。"制造条件"指为犯罪实行直接制造机会或创造条件的行为。在司法实践中主要表现为以下几种犯罪预备行为:其一,为实行犯罪进行事先调查;其二,事先清除实行犯罪的障碍;其三,前往犯罪现场或诱骗被害人赴犯罪地点;其四,跟踪或者守候被害人;其五,勾引他人参加犯罪;其六,商议或拟定实施犯罪的计划等。

---

①　我国传统刑法理论认为,犯罪的特殊形态仅存在于直接故意之中,因为间接故意是放任结果的发生,不可能为犯罪准备工具、制造条件;在没有发生结果的情况之下,不可能行为人有间接故意。所以间接故意不可能有犯罪预备、未遂和中止形态,只有成立与否的问题。现在认为间接故意于直接故意无本质性区别。间接故意存在犯罪中止与未遂的问题,但由于犯罪预备以确定犯意为前提,故间接故意原则上没有犯罪预备形态。——张明楷.刑法学[M].北京:法律出版社,2016:331.

释义 1. 犯罪预备行为的认定问题

如果行为对将来实行犯罪不具有制造直接便利的性质，不是犯罪预备行为。不要以为着手以前的所有行为都叫犯罪预备行为。预备行为对于着手的出现是必要动作，意味着这个动作对法益具有一定威胁，如果根本没有任何威胁则不可以评价为预备行为。比如，王五为抢劫更有力气，在抢劫之前喝了一杯牛奶。

（三）未能着手实行犯罪

未能着手实行犯罪是指犯罪预备行为没有进入实行阶段。包括两种情况：第一，预备行为未实施终了，因意外原因无法继续实施。例如，赶往犯罪现场途中遇车祸。第二，预备行为已经终了，因意外原因无法进入实行阶段。例如，已经赶到犯罪现场，但是意图杀害的人已经出门。

（四）未能着手实行犯罪是由于犯罪分子意志以外的原因

行为人意欲继续实施预备行为，进而着手实行犯罪，但由于违背行为人意志的原因，使得行为人客观上不可能继续实施预备行为，或者客观上不可能着手实施犯罪。犯罪预备终结于预备阶段，未能着手实行犯罪必须是行为人意志以外的原因。

释义 2. 预备犯、犯罪预备和预备行为的区分

预备犯是指构成犯罪预备的罪犯；犯罪预备就是在预备阶段因意志以外原因未能着手实行犯罪的犯罪形态；预备行为是指实施了为实行犯罪而做的准备行为。从《刑法》第 22 条第 2 款看，表面上刑法以处罚预备犯为原则，实际上刑法以处罚预备犯为例外，只对重罪处罚预备犯，例如，《刑法》第 120 条规定的组织、领导、参加恐怖组织罪。

三、犯罪预备与犯意表示的区分

犯意表示是在实施犯罪活动以前，把自己的犯罪意图通过口头或者书面的形式流露出来。犯意表示虽然在客观上也表现为一定的行为，但这一行为仅仅是其犯罪意图的流露，还不属于为犯罪制造条件的行为。因此，它与犯罪预备具有本质的区别：犯意表示不可能对社会造成实际危害，也不具有对社会的现实危害性，因此《刑法》没有规定处罚犯意表示。犯意表示只是一种错误，可以通过批评教育的方式加以解决。而犯罪预备是为着手实行犯罪而制造条件，对社会存在着实际威胁，具有社会危害性，因此《刑法》明文规定预备犯应负刑事责任。

四、刑事责任

(一)犯罪预备的处罚范围

我国刑法原则上处罚犯罪预备,但在司法实践中,处罚犯罪预备是极其例外的现象。这里的犯罪预备分为从属的犯罪预备与独立的犯罪预备。一般来说,刑法将准备行为作为基本犯罪构成要件行为(实行行为)之前的行为予以规定的情形,就属于从属的犯罪预备;刑法将准备行为规定为独立的犯罪类型时,该准备行为就属于独立的犯罪预备。刑法处罚犯罪预备是极其例外。其主要原因是:第一,犯罪预备行为不能直接对法益造成侵害结果与具体危险,因而犯罪预备对法益威胁并不紧迫,在通常情况之下没有达到值得科处刑罚的程度。第二,犯罪预备行为的外部形态往往是日常生活行为。第三,在犯罪的预备阶段,行为人可能随时有效的放弃犯罪决意,如果广泛处罚预备行为,反而促使行为人着手实行犯罪。①

(二)预备犯的处罚原则

根据《刑法》第 22 条第 2 款的规定,对于预备犯,可以比照既遂犯从轻、减轻处罚或者免除处罚。在处罚预备犯时,采用的是"可以"模式即法官裁量主义的模式,"可以"是授权性的法律规范的表达方式,也表明刑事立法的倾向性意见。

第三节 犯罪未遂

一、犯罪未遂的概念

根据《刑法》第 23 条第 1 款的规定,犯罪未遂是已经着手实行犯罪,由于犯罪分子意志以外原因而未得逞的,是犯罪未遂。在结果责任时代,只要造成结果便处罚行为人,所以实行的是客观归罪,通常不处罚犯罪未遂;责任主义兴起以后,一方面将故意、过失等作为犯罪成立条件,即主观责任;另一方面也处罚没有造成结果的未遂犯。

二、犯罪未遂的特征

(一)犯罪分子已经着手实行犯罪

1. 犯罪着手的判断标准

犯罪分子已经着手实行犯罪是犯罪未遂的前提条件。我国刑法理论认为,着手是犯罪实行行为的起点,标志着犯罪行为进入实行阶段。关于"着手"的判断标准,我国刑法理论传统的判断标准认为,作为着手,就是开始实行刑法分则所规定的某一犯罪构成客观要件的行为。这种学说采取形式客观说,但这一学说存在疑问。首先,没有从实质上说明什么是着手,即什么行为才是符合刑法分则规定的构成要件的行为。其次,在有些情况下,采

---

① 张明楷.刑法学(第 5 版)[M].北京:法律出版社,2016:336.

取形式客观说会使着手提前。① 现在普遍的观点认为，由于犯罪是侵犯法益的行为，所以犯罪着手的判断标准是对法益是否造成现实、紧迫、直接的危险。

2. 关于犯罪着手的特殊情形

(1)不纯正不作为犯的着手：关于不纯正不作为犯的着手，刑法理论上存在争议。第一种观点认为，在行为主体(作为义务人、保证人)具有作为可能性的最初阶段认定着手，例如母亲为了使婴儿饿死而首次不喂奶时，就是着手，这是基于主观主义的观点。第二种观点认为，可以防止结果发生的最后阶段是着手。第三种观点认为，延迟履行作为义务，给被害人造成直接危险或者使原来的危险增大时，才构成着手，所以，在法益面临紧迫、具体危险时仍然不作为而导致结果可能发生时，就是不纯正不作为犯的着手。如母亲不喂养婴儿，导致婴儿生命受到现实、紧迫、直接的危险时，就是不作为故意杀人的着手。② 相比较而言，第三种观点被广泛采纳。

(2)间接正犯的着手：由于间接正犯是他手正犯，是不亲自实行危害行为而利用他人之手达成犯罪目的。所以，关于间接正犯的着手，主要存在利用行为说与被利用行为说两种观点。现在的观点是被利用行为说，即被利用人的行为对法益产生现实、紧迫、直接的危险时，就是着手。例如，甲指使小孩入室盗窃，甲指使时不是着手，小孩着手实施时才是着手。

(3)隔离犯的着手：隔离犯是指行为与结果之间存在时空上的间隔。隔离犯的着手以危险是否现实、紧迫、直接为标准。这个危险即包括行为的危险也包括结果的危险，即如果行为有危险，则行为的时候是犯罪着手；如果到了结果才产生危险，则结果将有现实、紧迫、直接的危险时候为标准。例如，如果是用邮寄物杀人，则看邮寄物在途中有无危险，如果有，则寄出时是着手；如果没有，则收到时为着手。

3. 犯罪预备与犯罪未遂的比较

(1)两者的相同点：一是都没能继续犯罪，二是犯罪没能继续是意志以外的原因所致。

(2)两者的区分：犯罪预备处在预备阶段，犯罪未遂处在实行阶段。预备阶段与实行阶段的分界点是着手。因此，区分关键在于着手，着手之前是犯罪预备，着手之后是犯罪未遂。

(二)犯罪未得逞

犯罪未得逞是犯罪未遂的形态条件。这一特征是犯罪未遂同犯罪既遂相区分的主要标志。犯罪是否得逞，应以是否具备《刑法》分则所规定的犯罪构成的全部要件为标准。

犯罪未得逞可以概括为以下三种情况：第一，结果犯应以法定的危害结果是否发生作为犯罪是否得逞的标志。犯罪未得逞并不是说犯罪行为没有造成任何损害结果，而只是说没有造成法律所规定的作为犯罪构成要件的犯罪结果。第二，危险犯应以是否造成了法定的危险状态作为犯罪是否得逞的标志。第三，行为犯应以行为是否完成作为犯罪是否得逞的标志。

(三)犯罪未得逞，是由于犯罪分子意志以外的原因

犯罪未得逞，是由于犯罪分子意志以外的原因，这是犯罪的主观条件。这一特征是区

---

① 张明楷.刑法学(第4版)[M].北京：法律出版社，2011：319.

② 张明楷.刑法学(第4版)[M].北京：法律出版社，2011：343.

分犯罪未遂与犯罪中止的主要标志。所谓"犯罪分子意志以外的原因"，是指违背犯罪分子本意的原因。犯罪分子意志以外的原因，应该具备质和量两个方面的特征：从质上来说，只有那些违背犯罪分子本意的原因才能成为犯罪分子意志以外的原因；从量上来说，那些违背犯罪分子本意的原因必须达到足以阻碍犯罪分子继续实行犯罪的程度。由于犯罪分子意志以外的原因导致犯罪未得逞这是犯罪未遂与犯罪预备的相同点，又是犯罪未遂与犯罪中止的关键区分点。

常见的意志以外的原因有如下几点：

（1）外在的自然因素。

案例1.甲预谋杀害乙，有一天终于发现乙，结果甲在追杀乙的过程中，遇到火车经过，挡住去路，等火车过去之后，乙已经消失得不见踪影。本案突然出现的火车就属于外在的自然因素。

（2）第三人的行为。

案例2.甲预谋杀害乙，有一天终于发现乙，结果甲在追杀乙的过程中，被迅速赶到的警察逮捕，而导致甲故意杀人罪未遂。本案突然出现的警察抓捕了甲就属于第三人的行为。

（3）被害对象的自身因素。

案例3.张三正在偷李四的口袋时被李四发现，李四大叫一声"我是警察，请住手"，张三立刻收手。本案张三正在偷盗受害人李四的时候，被李四发现而导致张三盗窃罪未遂，李四发现盗窃行为就是被害人自身的因素。

（4）行为人的自身因素。

案例4.张三入室盗窃的时候，误以为窗外救护车声是警车声而逃跑。本案导致张三盗窃罪未遂的因素是行为人自身的因素。

三、犯罪未遂的种类

(一)实行终了的未遂和未实行终了的未遂

以犯罪行为实行终了与否为标准，可以将犯罪未遂分为实行终了的未遂和未实行终了的未遂。实行行为是否终了的判断标准在于：主观上，行为人自己是否认为既遂所需的条件已经实施完毕；客观上，行为是否已经彻底结束。

实行终了的未遂是指犯罪分子已将他认为实现犯罪意图所必要的全部行为实行终了，但由于犯罪分子意志以外的原因而未得逞。未实行终了的未遂是指犯罪分子还未将其认为实现犯罪意图所必要的全部行为实行终了，因而未发生犯罪分子预期的犯罪结果。

案例5.张三以杀人故意向李四连开五枪，李四中弹倒地，张三认为李四已死便离开现场。实际上李四事后被抢救活过来。这便是实行终了的未遂。

案例6.张三以杀人故意向李四开枪，李四没被打死，张三准备再打一枪，此时警察赶到抓捕了张三。这便是未实行终了的未遂。

(一)能犯未遂与不能犯未遂

以犯罪行为实际上能否达到既遂状态为标准，犯罪未遂又可以分为能犯未遂与不能犯未遂。这里的"能犯"与"不能犯"区分的实质是对法益是否具有侵害的可能性。

能犯未遂是指犯罪分子有实际可能实现犯罪，达到犯罪既遂，但由于犯罪分子意志以外的原因，未能得逞；不能犯未遂是指犯罪分子因事实认识错误，其行为不能完成犯罪，不能达到既遂。

四、不能犯

(一)不能犯的概念

不能犯是指行为人虽然主观有犯意，但是客观行为不具有任何法益侵害危险，因此，不能犯的法律效果是做无罪处理。

(二)关于不能犯是否有罪问题的理论争议

刑法学存在两大学派，分别是主观主义与客观主义，关于不能犯是否有罪问题，刑法立足于不同的刑法派别，会得出不同的结论。例如，甲在四下无人的沙漠里误将稻草人当作仇人乙而开枪。如果立足于主观主义刑法，由于主观主义刑法重视人的主观恶性，在认定犯罪时，先判断主观要件，后判断客观要件。只要行为人具备主观要件，即使不完全具备客观要件，也构成犯罪，只是未遂。因此，认为甲构成故意杀人罪，只是未遂而已。主观主义刑法因为容易主观归罪，侵犯人权，所以已被大陆法系的国家所摒弃。我国刑法旧理论仍抱守主观主义立场，但现代主流刑法立场已转变为客观主义。客观主义刑法重视行为的危害性，在认定犯罪时先判断客观要件，后判断主观要件。如果行为不具有侵害法益的任何危险，就不是危害行为，连危害行为都不是，那更不是犯罪行为。那么，就不用再判断主观要件，直接得出无罪结论，即使主观上有犯意，也是无罪。因为犯罪是行为，而不是思想。刑法惩罚的是人的行为，而不是思想。上述案例中，甲的开枪行为对任何人的生命没有造成任何危险，不是危害行为，因此，应做无罪处理。

（三）不能犯的分类

（1）对象不能犯。对象不能犯因为不存在犯罪对象，导致不可能构成犯罪。

对象错误与对象不能犯是两个不同的问题，二者的相同点是行为人主观上都存在对象认识错误。区别在于：对象错误中，行为具有危险性，属于危害行为，构成犯罪；对象不能犯中，行为不具有危险性，不属于危害行为，即行为不构成犯罪。

> 案例7. 甲在游人很多的大街上行走，误将街头雕塑当作仇人而开枪。这种行为对他人生命有危险，甲构成故意杀人罪未遂，这属于对象错误。一般在"事实认识错误"中讲解。
>
> 案例8. 甲在四下无人的沙漠里，误将稻草人当作仇人而开枪。这种行为对他人生命没有任何危险，甲无罪。这属于对象不能犯。

（2）手段不能犯。手段不能犯因为手段不可能产生任何危险，导致不可能构成犯罪。

打击错误与手段不能犯是两个不同的问题，二者的相同点都是行为客观上出现了方法错误。两者的区别在于打击错误中，手段具有危险性，属于危害行为，构成犯罪；手段不能犯中，手段不具有危险性，不属于危害行为，不构成犯罪。

> 案例9. 甲举枪射杀乙，因为没有瞄准，打死了乙身边的丙。甲的行为具有危险性，构成犯罪。这属于打击错误，一般在"事实认识错误"中讲解。
>
> 案例10. 甲举枪射杀乙，发现枪原来是一把早已生锈的坏枪，根本无法射击。甲的行为不具有危险性，不构成犯罪。这属于手段不能犯，一般在"犯罪未遂"中讲解。

（四）不能犯与未遂犯

不能犯与未遂犯的区分，二者相似点是都有犯罪故意，都没有得逞。二者的区别在于，法律效果不同，对不能犯是无罪处理；而未遂犯构成犯罪，只是未遂而已。

两者具体区分标准，行为是否具有侵害法益的危险性。如果有，就是未遂犯；如果没有，就是不能犯。①

行为是否具有危险应从以下几个方面进行判断：

（1）从客观角度来判断，而不能从行为人主观认识角度来判断。这是因为，对行为危险性的判断，是一种客观判断，危险是一种客观存在，不受行为人主观认识影响。

---

① 周光权. 刑法总论（第2版）[M]：北京：中国人民大学出版社，2011：194.

> 案例 11. 甲将面粉交给乙，谎称是毒品，让乙运输，乙以为是毒品而运输。问：如何评价乙的行为？
>
> 答：从乙的主观认识看，运输行为有危险性，但从客观角度看，运输行为没有危险性。乙不构成运输毒品罪。

（2）从行为时的情况来判断，而不能从行为后的情况来判断。这是因为，危险是指行为的危险，所以需要以行为时的情况来判断，而不能以事后是否最终发生实害结果来判断。

> 案例 12. 甲向乙投毒 1 毫克，乙服用后未死。事后发现，该毒药 1 毫克不会致人死亡。问：如何评价甲的行为？
>
> 答：如果从事后看，甲的行为没有危险性；但从行为时看，甲的行为有危险性，应构成故意杀人罪（未遂）。

（3）从整体的、发展的眼光判断（辩证的看待），而不能以孤立的、静止的眼光判断（形而上学的看待）。这是指在判断行为的危险性时，应当综合行为时的全面因素，而不能仅局限于结局这一个点；应当看这类行为以后再重复实施有没有侵害法益的可能性，而不能仅局限于当下这一次。如果有侵害的可能性，只是因为偶然原因而未能既遂，如果下回再重复一次就有可能既遂，那么该行为便具有类型化的危险特征。

> 案例 13. 甲拦路抢劫乙，发现乙身无分文，没有抢到一分钱。问：如何评价甲的行为？
>
> 答：不能因为乙身无分文而认为抢劫行为没有危险性，甲构成抢劫罪未遂。
>
> 案例 14. 甲夜晚潜伏乙家谋杀乙，从窗户外向乙的床铺猛开枪，实际上床上无人。问：如何评价甲的行为？
>
> 答：不能因为床上无人就认为开枪行为没有危险性，甲构成故意杀人罪未遂。

对行为危险的判断，常见错误是简单孤立地判断，而不注意综合具体情形，导致结论绝对化。例如，大家往往只记住，误将白糖当作砒霜而杀人，是手段不能犯，作无罪处理。实际上这种说法过于简单，应补充具体情形来具体分析。

> 案例 15. 甲以为白糖能毒死人，想用白糖毒死乙，一天甲悄悄向乙投放白糖。问：如何评价甲的行为？
>
> 答：这属于手段不能犯，具体而言是迷信犯，按无罪处理。
>
> 案例 16. 甲、乙在朋友丙家吃饭，甲想杀死乙，以为丙家厨房里的白糖是砒霜，悄悄向乙投放。问：如何评价甲的行为？
>
> 答：由于行为没有任何危险，所以甲是手段不能犯，按无罪处理。

五、未遂犯的刑事责任

对于未遂犯，可以比照既遂犯从轻或者减轻处罚。

第四节　犯罪中止

一、犯罪中止的概念

根据《刑法》第 24 条第 1 款的规定，犯罪中止是指在犯罪过程中，自动放弃犯罪或者自动有效地防止犯罪结果发生的，是犯罪中止。犯罪中止存在两种情况：一是未实行终了的中止，即在预备阶段或实行阶段实行行为还没有实行终了的犯罪过程中自动放弃犯罪；二是实行终了的中止，即在实行行为终了的情况之下自动有效地防止犯罪结果的发生。

二、犯罪中止的成立条件

（一）犯罪中止的时间性

犯罪中止必须发生在犯罪过程中，即在开始实施犯罪行为之后、犯罪呈现结局之前均可中止。"在犯罪过程中"表明，犯罪中止既可以发生在预备阶段，也可以发生在实行阶段，这是犯罪中止与犯罪预备、未遂的重要区别。

（1）在预备阶段，犯罪中止既可以发生在预备行为尚未终了时，也可以发生在预备行为已经终了，但未着手实行时。不过从犯罪的实质考虑，一般没有必要处罚预备阶段的中止犯。

> 案例 17. 张三为了杀李四，准备买枪支，在买枪支时，忽然想放弃杀人，便放弃买枪支。这是预备行为尚未终了时的中止。
>
> 案例 18. 张三为了杀李四而买枪支，买好枪支后，拎着枪支来到李四家门前，此时忽然想到要受到法律的惩罚于是放弃独自回家。这是预备行为终了后的中止。

（2）在实行阶段，犯罪中止既可以发生在实行行为尚未终了时，也可以发生在实行行为已经终了后，结果出现之前。

案例19.甲用刀杀乙，刚要举刀砍乙时，忽然后悔，便"放下屠刀，立地成佛"。这是实行行为尚未终了时的中止。

案例20.甲用刀杀乙，捅了乙三刀，乙流血不止。甲此时后悔，便送乙去医院并将乙抢救过来。这是实行终了后、结果发生前的中止。

（二）犯罪中止的自动性

成立犯罪中止就要求行为人"自动"放弃犯罪或"自动"有效防止结果发生。这是犯罪中止与犯罪预备、犯罪未遂在主观方面的区分标志。①

用弗兰克公式表述就是，能达目的而不欲，为犯罪中止；欲达目的而不能，为犯罪未遂。

这个公式应翻译为：能继续犯罪而放弃犯罪，是中止；不能继续犯罪而放弃犯罪，是未遂。因此，判断的重点在于"能不能继续犯罪"，而不是"欲不欲（想不想）继续犯罪"。

1.如何判断"能不能"继续犯罪

"能不能"继续犯罪应从客观的、自然的、物理的角度，而不能从主观的、心理的、伦理感情的角度判断。具体包含以下情况：①客观上能继续犯罪，基于同情、后悔等感情而放弃，是中止。②客观上能继续犯罪，基于惊愕、恐惧等感情而放弃，是中止。例如，甲用刀杀乙，看到乙满脸是血的样子，很害怕，便放弃，是中止。③客观上能继续犯罪，基于厌恶、空虚而放弃，是中止。例如，甲强奸妇女，发现妇女容貌相当丑陋，顿生厌恶而放弃，是中止。④客观上能继续犯罪，发现对方是熟人而放弃，是中止。例如，抢劫过程中发现对方是堂兄，便放弃，是中止。

2.认识错误问题

行为人对客观障碍存在认识错误时，处理标准是根据主观认识来判断。具体包括以下两种情形：

第一，主观上误以为不能继续犯罪而放弃，以为只能未遂，实际上客观上仍可以继续。这种情况的处理模式是按主观定，定犯罪未遂。

案例21.甲入室盗窃，忽听到门外脚步声，以为主人要回家了，赶紧从阳台逃离。实际上是邻居回家的脚步声。甲主观上以为只能是未遂，所以定未遂。

第二，主观上误以为可以继续犯罪而放弃，以为是中止，实际上客观上已经不能继续。这种情况的处理模式是按主观定，定犯罪中止。

---

① 张明楷.刑法学(第4版)[M].北京：法律出版社，2011：343.

案例22.甲投毒杀乙,乙呕吐不止,甲又生怜悯之心,送乙到医院治疗后康复。但事后鉴定,甲投放的毒药失效,没有致命性,最严重也只是导致乙呕吐。甲主观上以为可以继续而放弃,定犯罪中止。

3.特定对象障碍

特定对象障碍是指行为人的目标是特定对象,因为客观不存在而放弃犯罪,因此,成立犯罪未遂,而非犯罪中止。具体包括以下情形:

第一,特定物障碍,特定物不存在而未遂。

案例23.赵三盗窃银行的保险柜,好不容易打开后,发现里面只有二元钱,非常失望,转身离去。赵三构成盗窃未遂。因为赵三的盗窃对象是特定的财物(巨额现金),因为不存在,只能是未遂。即使他拿走了二元钱,因为相对于巨额现金而言,拿走两块钱跟没拿一样,

仍是盗窃未遂。

第二,特定人障碍,特定人不存在而未遂。

案例24.张三将王五的照片交给李四(职业杀手),让其干掉王五。李四说:"干一行,爱一行,记住了!"便把照片撕了。第二天在大街上发现王五,正准备开枪时,突然发现对方不是王五,赶紧收枪并逃离。由于特定对象不存在,李四只能构成未遂。

注意此时,不能认为李四客观上可以继续杀人,所以定犯罪中止。因为此时李四的行为对象是特定的,特定的行为对象不存在,只能认为是无法继续。当然,如果李四将认识错误进行到底并杀了人。这便是同一犯罪构成内的对象认识错误,成立杀人既遂。这时定既遂,是因为李四已经造成危害结果了,只能定既遂。而本案中的李四在最后一刻没有产生认识错误。

(三)犯罪中止的客观性

犯罪中止不只是一种内心状态的转变,还要求客观上有中止的行为。具体分为以下两种情况。

1.行为未实行终了,自动放弃的

行为未实行终了时,只要自动放弃,就可以成立中止。①这里的自动放弃,要求是真实彻底的放弃,而非暂时停顿。例如,甲入室盗窃,发现财物过多,便出门去叫同伙一起搬运,不是盗窃中止。②这里的真实彻底地放弃犯罪,是就当时这起犯罪而言,不要求犯罪人日后永远都放弃犯罪。行为人自动放弃当下这起犯罪,就可以成立中止,即使行为人

放弃时心怀日后"东山再起"的意思，也不妨碍中止的成立。③自动放弃重复侵害行为成立中止。例如，甲砍了乙三刀，仍没砍死，本可以继续但自动放弃，是中止。④如果实施财产犯罪，转换犯罪对象不算犯罪中止。例如，甲欲盗窃乙家电冰箱，入室后看到笔记本电脑，便放弃电冰箱而窃得笔记本电脑，是盗窃既遂。

2.行为实行终了，有效防止犯罪结果发生

行为实行终了后，要成立中止，不但要求自动放弃，而且要求有效防止犯罪结果发生。这里的防止措施要具备两个条件：一要有足以避免结果发生的性质；二要真诚努力地去完成。

案例25.甲砍了乙两刀，看到乙流血不止后又后悔，给乙伤口放了些纸巾便离去，乙最终死亡。甲的中止行为不具有防止结果发生的性质，不成立犯罪中止。

案例26.甲点燃仓库后又后悔，便打了消防电话，然后离去。甲的中止行为没有真诚努力地去完成，不成立犯罪中止。

(四)犯罪中止的有效性

犯罪中止的有效性要求危害结果没有发生。危害结果没有发生，是指行为人追求或放任的、行为性质决定的危害结果没有发生，而不是指任何结果都没有发生。因此，犯罪中止可以分为没有造成任何危害结果的犯罪中止和造成一定危害结果的犯罪中止。

案例27.王某欲杀死李某，捅了两刀，看到李某流血不止，又心生怜悯，将其送到医院，李某被抢救活过来，但仍身受重伤。王某仍成立故意杀人罪的犯罪中止。

三、中止犯的刑事责任

《刑法》第24条第2款规定："对于中止犯，没有造成损害的，应当免除处罚；造成损害的，应当减轻处罚。"

第五节 犯罪既遂

一、犯罪既遂的概念

犯罪既遂是指行为完整地实现了法条规定的基本犯罪构成事实。不同的犯罪类型，既遂的标准不同，主要有以下几种情形：

(1)结果犯：以造成实害为既遂标准。

（2）危险犯：以具备法定的具体危险为既遂标准。

（3）行为犯：以法定的行为实施完毕为既遂标准，即行为具有抽象危险。

（4）举动犯（即成犯）：依照法律规定，行为人一着手犯罪实行行为即告犯罪完成和完全符合犯罪构成要件，从而构成既遂。

二、犯罪既遂的司法认定

（一）既遂与未遂的区分

既遂与未遂的区分标准是犯罪是否得逞，即行为人希望或放任的、行为性质所决定的实害结果是否发生。[①] 两者在区分应注意以下几个方面：

（1）间接目的犯的目的是否实现不影响既遂成立。目的犯分为直接目的犯和间接目的犯，前者如盗窃罪，其中的"非法占有目的"是直接目的；后者如传播淫秽物品牟利罪，其中直接目的是传播淫秽物品，间接目的是牟利。只要传播了淫秽物品就既遂，牟利目的是否实现，不影响既遂。

（2）既遂结果是指实害结果而非危险结果。危险犯，是指行为产生危险时的犯罪称谓；实害犯，是指行为产生实害时的犯罪称谓。危险犯和实害犯不是对立概念，不是对罪名的分类，而是对犯罪阶段情形的分类。同一个犯罪，既可以是危险犯，也可以是实害犯。例如破坏交通工具罪，某人将他人汽车的刹车破坏时，产生危险，此时是危险犯；他人开车上路，车毁人亡，造成实害结果，此时是实害犯。[②]

旧理论认为，危险犯，只要产生危险就既遂。新理论认为，危险犯，产生危险是犯罪的成立要件，造成实害结果才是犯罪的既遂要件；因为犯罪成立和犯罪既遂是两个阶段的不同问题，犯罪成立在前，犯罪既遂在后。[③]

（3）实害结果应整体看待，而不能孤立地看待，也不能单纯根据犯罪人的主观意识判断。

> 案例28.甲敲诈勒索乙的钱财，让乙将钱放到指定地点，否则将乙的丑闻曝光。乙报警后，警察让乙按照甲的指示去放钱，以此诱捕甲。乙将钱放到指定地点，甲刚拿到钱后便被埋伏的警察抓捕。问：如何评价甲的行为？
>
> 答：甲是敲诈勒索罪的未遂，而非既遂。

（二）因果关系与既遂问题

既遂所要求的实害结果必须与实行行为有因果关系，否则不构成犯罪既遂。

（1）预备行为造成的实害结果不属于既遂结果。既遂结果出现在实行阶段，是由实行行为导致的。如果预备行为偶然导致实害结果，不属于既遂结果，不构成犯罪既遂。

---

① 张明楷.刑法学(第4版)[M].北京：法律出版社，2011：321.
② 张明楷.刑法学(第4版)[M].北京：法律出版社，2011：168.
③ 周光权.刑法总论(第2版)[M].北京：中国人民大学出版社，2011：189.

案例29.甲欲杀死同事乙,将毒酒放在自己办公桌,准备晚上给乙喝,然后出门。乙来到甲办公室,不知情的情况下喝了毒酒,中毒死亡。甲的杀人行为只是预备行为,不构成故意杀人罪既遂,而构成故意杀人罪犯罪预备。

（2）若因果链条断裂,则不构成犯罪既遂。

（三）各犯罪形态的联系

犯罪形态,是终局性的停止,不是暂时性的停顿。就同一犯罪而言,如果出现了一种犯罪形态后,就不可能再出现其他犯罪形态。例如,出现犯罪预备后,就不可能再出现未遂或中止;出现未遂后,就不可能再出现中止或既遂;出现中止后,就不可能再出现预备或未遂;出现既遂后,就不可能再出现前面的所有形态。即同一起犯罪,不可能并存两个犯罪形态。

如何判断犯罪是处于暂时性停顿还是处于终局性停止?判断标准:一是看行为人主观犯意是否完全消除;二是看行为人客观犯罪行为是否彻底结束。如果犯罪处于暂时性停顿,而非终局性停止时,不能在此时就确定犯罪形态,只有在犯罪出现终局性停止时,才能确定犯罪行为具体属于哪种犯罪形态。

案例30.张三入室盗窃笔记本电脑,拿起电脑刚要转身时看到女主人躺在床上,便临时放下电脑,打算先奸淫了女主人再说,在施暴时发现对方是男子,拔腿就跑出门外。问:如何评价张三的行为?

答:因为张三在放下电脑时并没有放弃盗窃意图,只是暂时性停顿,所以不能认为此时就是盗窃中止。张三逃离现场时犯罪才出现终局性停止,此时确定犯罪形态,即盗窃罪是未遂,强奸罪也是未遂。

能力应用

1.甲将汽车停在自家楼下,忘记拔车钥匙,匆匆上楼取文件,被恰好路过的乙发现。乙发动汽车刚要挂挡开动时,甲正好下楼,将乙抓获。关于乙的行为,下列哪一选项是正确的?（ ）

    A.构成侵占罪既遂   B.构成侵占罪未遂

    C.构成盗窃罪既遂   D.构成盗窃罪未遂

2.药店营业员李某与王某有仇。某日王某之妻到药店买药为王某治病,李某将一包砒霜混在药中交给王妻。后李某后悔,于第二天到王家欲取回砒霜,而王某谎称已服完。李某见王某没有什么异常,就没有将真相告诉王某。几天后,王某因服用李某提供的砒霜而死亡。李某的行为属于（ ）。

    A.犯罪中止   B.犯罪既遂

C. 犯罪未遂　　　　　　　　　　　D. 犯罪预备

3. 下列案例中哪一项成立犯罪未遂?(　　　)

A. 甲对胡某实施诈骗行为,被胡某识破骗局。但胡某觉得甲穷困潦倒,实在可怜,就给其 3000 元钱,甲得款后离开现场

B. 乙为了杀死刘某,持枪尾随刘某,行至偏僻处时,乙向刘某开了一枪,没有打中;在还可以继续开枪的情况下,乙害怕受刑罚处罚,没有继续开枪

C. 丙绑架赵某,并要求其亲属交付 100 万元。在提出勒索要求后,丙害怕受刑罚处罚,将赵某释放

D. 丁抓住妇女李某的手腕,欲绑架李某然后出卖。李为脱身,便假装说:"我有性病,不会有人要。"丁信以为真,于是垂头丧气地离开现场

4. 甲携带凶器拦路抢劫,黑夜中遇到乙便实施暴力,乙发现是自己的熟人甲,便喊甲的名字,甲一听便住手,还向乙道歉说:"对不起,认错人了。"甲的行为属于下列哪一种情形?(　　　)

A. 实行终了的犯罪未遂　　　　　　B. 预备阶段的犯罪中止

C. 未实行终了的犯罪未遂　　　　　D. 实行阶段的犯罪中止

5. 甲欲杀乙,便向乙开枪,但开枪的结果是将乙和丙都打死。关于本案,下列哪些选项是正确的?(　　　)

A. 根据具体符合说,甲对乙成立故意杀人既遂,对丙成立过失致人死亡罪

B. 根据法定符合说,甲对乙与丙均成立故意杀人既遂

C. 不管是根据具体符合说,还是根据法定符合说,甲对乙与丙均成立故意杀人既遂

D. 不管是根据具体符合说,还是根据法定符合说,甲对乙成立故意杀人既遂,对丙成立过失致人死亡罪

6. 甲雇凶手乙杀丙,言明不要造成其他后果。乙几次杀丙均未成功,后来采取爆炸方法,对丙的住宅(周边没有其他人与物)进行爆炸,结果将丙的妻子丁炸死,但丙安然无恙。关于本案,下列哪些说法是错误的?(　　　)

A. 甲与乙构成共同犯罪

B. 甲成立故意杀人罪(未遂)

C. 乙对丙成立故意杀人未遂,对丁成立过失致人死亡罪

D. 乙对丙成立爆炸罪,对丁成立过失致人死亡罪

7. 甲因父仇欲重伤乙,将乙推倒在地举刀便砍,乙慌忙抵挡喊着说:"是丙逼我把你家老汉推下粪池的,不信去问丁。"甲信以为真,遂松开乙,乙趁机逃走。关于本案,下列哪一选项是正确的?(　　　)

A. 甲不成立故意伤害罪　　　　　　B. 甲成立故意伤害罪中止

C. 甲的行为具有正当性　　　　　　D. 甲成立故意伤害罪未遂(不能犯)

8. 甲将自己的汽车藏匿,以汽车被盗为由向保险公司索赔。保险公司认为该案存有疑点,随即报警。在掌握充分证据后,侦查机关安排保险公司向甲"理赔"。甲到保险公司二楼财务室领取 20 万元赔偿金后,刚走到一楼即被守候的多名侦查人员抓获。关于甲的行为,下列哪一选项是正确的?(　　　)

A. 保险诈骗罪未遂　　　　　　　　B. 保险诈骗罪既遂

C.保险诈骗罪预备　　　　　　　　　　D.合同诈骗罪

9.甲欲枪杀仇人乙，但早有防备的乙当天穿着防弹背心，甲的子弹刚好打在防弹背心上，乙毫发无损。甲见状一边逃离现场，一边气呼呼地大声说："我就不信你天天穿防弹背心，看我改天不收拾你！"关于本案，下列哪些选项是正确的？（　　　）

A.甲构成故意杀人中止　　　　　　B.甲构成故意杀人未遂

C.甲的行为具有导致乙死亡的危险，应当成立犯罪　　　D.甲不构成犯罪

10.甲与一女子有染，其妻乙生怨。某日，乙将毒药拌入菜中意图杀甲。因久等未归且又惧怕法律制裁，乙遂打消杀人恶念，将菜倒掉。关于乙的行为，下列哪一选项是正确的？（　　　）

A.犯罪预备　　　　　　　　　　B.犯罪预备阶段的犯罪中止

C.犯罪未遂　　　　　　　　　　D.犯罪实行阶段的犯罪中止

11.关于犯罪中止，下列哪些选项是正确的？（　　　）

A.甲欲杀乙，埋伏在路旁开枪射击但未打中乙。甲枪内尚有子弹，但担心杀人后被判处死刑，遂停止射击。甲成立犯罪中止

B.甲入户抢劫时，看到客厅电视正在播放庭审纪实片，意识到犯罪要受刑罚处罚，于是向被害人赔礼道歉后离开。甲成立犯罪中止

C.甲潜入乙家原打算盗窃巨额现金，入室后发现大量珠宝，便放弃盗窃现金的意思，仅窃取了珠宝。对于盗窃现金，甲成立犯罪中止

D.甲向乙的饮食投放毒药后，乙呕吐不止，甲顿生悔意急忙开车送乙去医院，但由于交通事故耽误一小时，乙被送往医院时死亡。医生证明，早半小时送到医院乙就不会死亡。甲的行为仍然成立犯罪中止

【参考答案】1.D　2.B　3.A　4.D　5.AB　6.BCD　7.B　8.A　9.BC　10.B　11.AB

第十一章　共同犯罪

知识结构

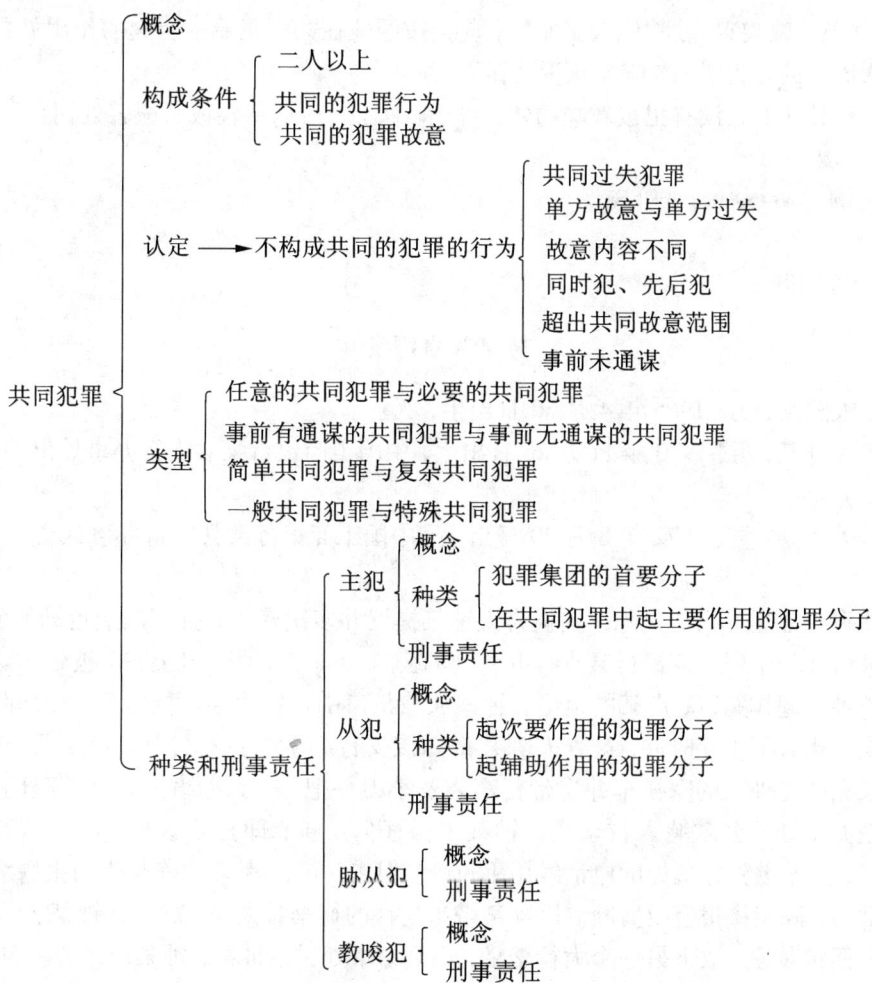

法条规范

第 25 条［共同犯罪概念］共同犯罪是指二人以上共同故意犯罪。

二人以上共同过失犯罪，不以共同犯罪论处；应当负刑事责任的，按照他们所犯的罪分别处罚。

第 26 条 ［主犯］组织、领导犯罪集团进行犯罪活动的或者在共同犯罪中起主要作用的，是主犯。

三人以上为共同实施犯罪而组成的较为固定的犯罪组织，是犯罪集团。

对组织、领导犯罪集团的首要分子，按照集团所犯的全部罪行处罚。

对于第三款规定以外的主犯，应当按照其所参与的或者组织、指挥的全部犯罪处罚。

第 27 条 ［从犯］在共同犯罪中起次要或者辅助作用的，是从犯。

对于从犯，应当从轻、减轻处罚或者免除处罚。

第 28 条 ［胁从犯］对于被胁迫参加犯罪的，应当按照他的犯罪情节减轻处罚或者免除处罚。

第 29 条 ［教唆犯］教唆他人犯罪的，应当按照他在共同犯罪中所起的作用处罚。教唆不满十八周岁的人犯罪的，应当从重处罚。

如果被教唆的人没有犯被教唆的罪，对于教唆犯，可以从轻或者减轻处罚。

典型案例

【基本案情】

陈某等贪污案①

被告人陈某，男，1965 年 4 月 30 日出生，无业。

被告人钟某，男，1970 年 11 月 26 日出生，中国工商银行某县支行办事处出纳员（计划内临时工）。

被告人卢某，男，1972 年 8 月 20 日出生，中国工商银行某县支行办事处会计（计划内临时工）。

2008 年春节前，被告人陈某向被告人钟某提议并多次密谋，打算制造抢劫假象，密谋窃取钟某所在的中国工商银行某支行办事处的公款。同年 2 月 3 日上午，被告人陈某又邀被告人卢某一起作案，遭卢某的拒绝。钟某从陈某口中得知卢某不同意后，亦向陈某表示放弃作案。当日下午 6 时许，被告人陈某得知该支行办事处只有钟某、卢某两人当班时，即从钟某家骑走钟某的摩托车并携带行李袋及小刀一把，来到办事处。陈某敲门进屋后，叫钟某把办事处的公款装入行李袋。钟某未做任何反抗，即打开钱柜，将公款装入行李袋。这时，陈某欲将办事处的电话线用手拉断，但未拉断。卢某向陈某指明报警线及桌上摆放的剪刀，陈某将报警线剪断。因陈某带来袋钱的行李袋太小，陈某让钟某、卢某等着，自己又返回钟某家，取来另一个大行李袋，回到办事处丢给钟某，钟某便将公款 30 万元装给陈某。之后，为了制造抢劫的假象，陈某将钟某、卢某叫进卫生间，向两人各打一拳，然后扣上卫生间门，携带账款逃离现场。钟某在陈某逃离后，与卢某商议同义口径报假案，

① 案例来源：最高人民法院刑事审判第一、二、三、四、五庭主办.中国刑事审判指导案例［M］.北京：法律出版社，2008：3 - 4.略作修改。

谎称被一持枪歹徒抢劫。后在公安机关教育下，卢某、钟某先后供认了案件真相，案发后追回全部账款。

检察机关以被告人陈某、钟某、卢某犯贪污罪，向人民法院提起公诉。人民法院依照《刑法》第 382 条规定被告人陈某、钟某、卢某犯贪污罪，分别判处 4 年、4 年 6 个月和 5 年不等。

【法律问题】本案主要涉及身份与共同犯罪的认定，即无身份者与有身份者共同实施犯罪如何定性。

【观点争议】关于无身份者与有身份者共同实施犯罪如何定性的问题上，理论和司法实践中存在不同的观点：

第一，主犯决定说，认定应由主犯犯罪的基本特征来决定。

第二，分别说，认为应根据犯罪主体的不同而区别对待，有身份者按特定犯罪处理，无身份者按普通犯罪论处。

第三，实行犯决定说。认为应以实行犯实行何种犯罪构成要件的行为为根据来认定，而不以其他共同犯罪人在共同犯罪中所起作用的大小为转移。

第四，特殊身份说，认为应把无身份者教唆、帮助有身份者实施或与其共同实施真正身份犯的，均依有身份的实行犯的实行行为来定罪。

第五，职务利用说。认为应把无身份者是否利用有身份者的职务便利作为标准。

本案属于银行临时工与外部人员相互勾结、监守自盗的犯罪。根据《刑法》第 382 条的规定，受国家机关、国有公司、企业、事业单位、人民团体委托管理、经营国有财产的人员，利用职务的便利，侵吞、窃取、骗取或者以其他手段非法占有国有财物的，以贪污论。与前述所列人员勾结，伙同贪污的，以共犯论处。因此，根据《刑法》，对本案三被告人均应以贪污罪处罚。

⌐ 规范释义 ⌐

第一节 共同犯罪成立条件

一、共同犯罪的概念

共同犯罪是故意犯罪一种特殊形态，是相对于单独犯而言的，根据《刑法》第 25 条规定，共同犯罪是指二人以上共同故意犯罪。这一概念科学界定了共同犯罪的内在属性，体现了主客观相统一的原则。共同犯罪的特殊性在于，各个行为人的犯罪故意与犯罪行为是"共同"的，是二人以上共同故意实施同一犯罪，即共同犯罪应该以符合同一个犯罪构成为前提。在行为符合同一犯罪构成的前提下，即使各个行为人具有不同的加重情节与减轻情节，也不影响共同犯罪的成立。换句话说，只要二人以上的行为符合某一犯罪的构成要件，即使对各个人适应不同的法定刑，也不妨碍共同犯罪的成立。①

二、"共同"与"犯罪"的标准与学说争议

（一）行为共同说与犯罪共同说

关于犯罪的共同性，在刑法理论上存在犯罪共同说与行为共同说之争。

犯罪共同说认为，犯罪的本质在于法益侵害，共同犯罪是二人以上共同对同一法益实施犯罪的侵害。因此，共同犯罪的共同性是犯罪的共同性。共同犯罪关系是二人以上共犯一罪的关系。是否构成共同犯罪应以客观的犯罪事实为考察基础，在客观上预先确定构成要件上的特定犯罪，由行为人单独完成该犯罪事实的，是单独正犯；由数人协力加工完成该犯罪事实的，是共同犯罪。②

行为共同说认为，二人以上通过共同行为以实现各自企图的犯罪就是共同犯罪。共同犯罪的行为不能与法律规定构成要件混为一谈，二人以上行为是否构成共同犯罪，应以自然行为本身是否共同为准。共同犯罪关系是共同表现恶性的关系，而不是数人共犯一罪的关系。所以，共同犯罪不仅限于一个犯罪事实，凡在共同行为人之共同目的的范围内均可以成立。因此，不同的构成要件之间，亦可以成立共同犯罪。③

（二）共同故意犯罪与共同过失犯罪

从共同犯罪的逻辑上说，可以分为共同故意犯罪与共同过失犯罪。但大多数国家刑法都将共同犯罪界定为共同故意犯罪，我国刑法也是如此。《刑法》第25条第2款规定："二人以上共同过失犯罪，不以共同犯罪论处；应当负刑事责任的，按照他们所犯的罪分别处罚。"共同过失犯罪之所以不以共同犯罪论处，是因为在共同过失犯罪情况下，各主体之间没有犯意联络，虽然共同造成某一犯罪结果，仍应对行为人分别定罪。共同过失犯罪的例外是交通肇事后，单位主管人员、机动车辆所有人、承包人或者乘车人指使肇事人逃逸，致使被害人因得不到及时救助而死亡的，以交通肇事罪的共犯论处。其他可以认定为共同过失犯罪，但不以共犯论处。在共同故意犯罪的情况下，各共同犯罪人在共同犯罪故意的支配下，使各犯罪人之间的主观意志融为一体，并将各犯罪人的行为引向共同客体，合力通谋，相互作用，共同造成犯罪结果，因而在法律上发生了连带的刑事责任，应当实行共同定罪的原则。这就是部分行为，全体责任的原则。④

（三）共同犯罪中"共同"标准的学说介绍

共同犯罪中的"共同"一般有以下几种情况：第一，客观行为相同；第二，主观故意相同；第三，触犯罪名相同；第四，量刑情节相同。共同犯罪中的"共同"要求达到什么程度才属于共同犯罪？

首先明确的是成立共同犯罪，不要求犯罪的量刑情节也完全相同。例如甲教唆乙拦路抢劫，乙答应，但却入户抢劫。"入户抢劫"是抢劫罪的法定加重情节。虽然甲、乙在抢劫罪的加重情节上表现不同，但是在抢劫罪的成立条件上是相同的，二者构成抢劫罪的共同

---

① 袁登明，罗翔.刑法[M].北京：中国政法大学出版社，2011：92.

② 陈兴良.规范刑法学（教学版）[M].北京：中国人民大学出版社，2015：113.

③ 陈兴良.规范刑法学（教学版）[M].北京：中国人民大学出版社，2015：113.

④ 陈兴良.规范刑法学（教学版）[M].北京：中国人民大学出版社，2015：113.

犯罪，只是适用不同的量刑情节。

因此，需要讨论的问题是，二人成立共同犯罪，是否要求客观行为、主观故意、触犯罪名这三项指标都相同？换言之，二人成立共同犯罪，是否要求符合同一个犯罪构成？

> 案例1. 甲隐瞒自己杀人意图，对乙说："我们一起教训丙！"乙答应。二人在黑暗中共同对丙实施暴力后离开。丙身受重伤，抢救无效死亡。事后查明，甲起主要作用，乙起次要作用。甲、乙是否构成共同犯罪？
>
> 答：本案具体分析见下部分。

1. 完全犯罪共同说

完全犯罪共同说认为，成立共同犯罪，要求两人客观行为完全相同，主观故意完全相同，触犯罪名也是同一罪名。因此案例1，甲构成故意杀人罪，乙构成故意伤害罪，三项指标完全不同，所以不构成共同犯罪。

2. 行为共同说

行为共同说认为，成立共同犯罪，只要求客观行为相同，对主观方面、触犯罪名不做要求。共同过失犯罪也成立共同犯罪，一方是故意、另一方是过失也可能成立共同犯罪。成立共同犯罪后，再按照各自罪过形式承担刑事责任。在上述案例1中，因为甲、乙有共同行为，所以都构成共同犯罪，然后对甲以故意杀人罪论处，对乙以故意伤害罪论处。

3. 部分犯罪共同说

部分犯罪共同说认为，成立共同犯罪，不要求两人客观行为完全相同、主观故意完全相同，只要有部分相同或重合，那么在重合部分成立共同犯罪。在成立共同犯罪的前提下，又可以各自分别定罪。在上述案例1中，甲、乙在故意伤害的范围内存在重合（杀人的行为和故意包含了伤害的行为和故意），所以甲、乙在故意伤害罪的范围内成立共同犯罪；最后定罪时，甲定故意杀人罪，乙定故意伤害罪。

司法考试的官方立场是部分犯罪共同说。

> **注释1. 既然最终都是单独定罪，何必认定共同犯罪？**
>
> 认定为共同犯罪的作用是有利于实现罪刑相适应原则。如果没有共同犯罪这顶"帽子"，对参与人就无法公正量刑。例如，在上述案例1中，如果不认定甲、乙在故意伤害罪范围内成立共同犯罪而单独定罪，甲是单独的故意杀人罪，乙是单独的故意伤害罪。那么问题是，乙在犯罪中起次要作用，由于不存在共同犯罪，乙也不构成从犯，不能根据从犯规定从宽处罚。这样对乙便不公平。因此认定为共同犯罪，有利于分清每个人所起的作用大小，并根据不同作用承担不同的刑事责任。

部分犯罪共同说的具体内容是只要两个以上人实施犯罪之间具有重合性质就可以在重合限度内成立共同犯罪，换句话说共同犯罪不需要两人触犯罪名完全一致。

存在重合的常见情形：第一，两罪侵犯的法益具有相似性，重罪包含了轻罪的内容时，在轻罪范围内成立共同犯罪。例如，故意杀人罪和故意伤害罪，绑架罪与非法拘禁罪，强奸罪与强制猥亵、侮辱妇女罪，抢劫罪和抢夺罪，抢劫罪与盗窃罪，抢劫罪与敲诈勒索罪。第二，法条竞合。例如，盗窃罪与盗窃枪支罪，在盗窃罪范围内成立共同犯罪。

在转化犯中，部分人实施转化行为，如果转化前行为存在重合，则转化前的犯罪成立共同犯罪。

案例 2. 甲教唆乙入室实施盗窃，乙入室后被主人发现，然后拿把刀进行了抢劫，并取得财物。问：如何评价甲、乙的行为？

答：甲、乙在盗窃罪范围内成立共同犯罪。

三、共同犯罪的成立要件

(一)共同犯罪的主体条件

共同犯罪的主体条件是必须是二人以上，包括自然人或单位。两个自然人、两个单位或者自然人和单位的结合均可以成立共同犯罪。

1. 自然人共同犯罪

我国通说认为，作为共同犯罪人之一，必须具备责任能力、达到责任年龄的一般主体资格。未达到责任年龄人参与共同犯罪的，不认为是共同犯罪人。如果参与者因年幼对犯罪无知，则不能认定为共同犯罪，应当视同他人的工具，成立间接正犯。

间接正犯是指利用非正犯的人实施犯罪，将他人作为自己犯罪的工具。例如，甲利用 8 岁小孩去盗窃。间接正犯与教唆犯的区分，前者对实行者(被利用人)有支配力，后者对实行者没有支配力，只是引起了对方的犯意。间接正犯的内容包括以下几个方面：

(1)利用无刑事责任年龄或刑事责任能力的人。例如张三利用精神病人强奸妇女，张三是强奸罪的间接正犯。

(2)利用他人不具有行为性的动作。例如，利用他人的梦游动作。

(3)利用他人不知情的行为，即如果向他人隐瞒真相，他人不知情，便可以利用他人实现犯罪目的。具体内容如下：

①他人有过失。

案例3.甲欲非法拘禁乙，向警察报案，谎称乙是外逃杀人犯，警察不知情便逮捕了乙。问：如何评价甲的行为？

答：甲是非法拘禁罪的间接正犯（实际上也触犯了诬告陷害罪，属于想象竞合）。

案例4.医生甲和病人丙有仇，于是将毒针交给护士乙，吩咐其给病人丙注射，护士乙本应按规定检查针剂，但因为过于相信医生甲的权威而未检查并照办，结果导致病人丙死亡。问：医生甲贺护士乙能否成立共同犯罪？

答：医生甲是故意杀人罪的间接正犯，护士乙属于过失致人死亡（有可能构成医疗事故罪）。

②他人有其他犯罪故意。

案例5.甲拿面粉对乙谎称是毒品，让乙去销售，销售收入一起分。乙不知情便销售"毒品"，王某不知情使用两万元购买了"毒品"。问：如何评价甲、乙的行为？

答：甲利用乙犯贩卖毒品罪的故意，实现了诈骗王某财物的目的，构成诈骗罪的间接正犯。

(4)利用他人无目的、无身份的行为。具体情形如下：
①利用他人有故意但无目的的行为。

案例6.甲欲实施传播淫秽物品牟利罪，然后向乙隐瞒牟利目的，提供给乙大量的淫秽光盘，利用乙传播了淫秽物品。问：如何评价甲、乙的行为？

答：本案因为乙不具有牟利目的，所以只构成传播淫秽物品罪，而甲构成传播淫秽物品牟利罪间接正犯，二者在传播淫秽物品罪范围内成立共同犯罪。此处是间接正犯与被利用者构成共同犯罪的体现。

②利用他人有故意但无身份的行为。

案例7.甲（警察）指使乙（联防队员，非司法工作人员）刑讯逼供丙。问：如何评价甲、乙的行为？

答：甲构成刑讯逼供罪的间接正犯。乙有逼供的故意，但没有司法工作人员身份，不能构成刑讯逼供罪的直接正犯，只能构成该罪的帮助犯（如果乙致人轻伤，则会触犯故意伤害罪）。甲、乙构成该罪的共同犯罪。此处也是间接正犯与被利用者构成共同犯罪的体现。

（5）利用被害人的自身行为，这是指利用、控制、欺骗、强迫被害人的情形。

案例8.丈夫甲和妻子乙吵架后离家出走，有杀乙故意的邻居丙告诉乙："你假装上吊，我马上打电话叫甲回来看看，吓吓他，让他以后不敢再和你争吵。"乙听从丙的意见，将搭在房梁上的绳子套在脖子上，丙便离开，乙很快吊死。问：如何评价丙的行为？

答：本案丙属于利用被害人的行为达到杀人目的的间接正犯。①

2. 单位共同犯罪

单位犯罪是单位本身的犯罪，而不是各个成员的共同犯罪，也不是单位与其成员的共同犯罪。

（二）共同犯罪的主观条件

共同犯罪要求主观上具有犯罪的共同故意。犯罪的共同故意有两个内容：一是具有相同的犯罪故意。根据部分犯罪共同说，这里的相同故意可以是部分相同，但要求各共犯人明知共犯行为的内容、社会意义和危害结果，并希望和放任结果的发生。二是具有意思联络，即认识到"自己不是一个人在战斗"，没有意思联络则无法形成共同故意。

1. 共同故意表现形式

直接故意＋直接故意＝共同故意；直接故意＋间接故意＝共同故意；间接故意＋间接故意＝共同故意。

案例9. 李氏夫妇为了防止果园苹果被偷，在果园周围私拉电网，结果一个小偷被电死。问：如何评价李氏夫妇的行为？

答：李氏夫妇是间接故意的共同犯罪。

2. 共同犯罪的故意形成时间

共同犯罪的故意形成时间一般有两种情形：第一，在着手实行犯罪之前就已经形成了共同犯罪的故意，即"事先通谋的共犯"；第二，在着手实行犯罪的构成中临时形成共同犯罪的故意，即"事先无通谋的共犯"，包括"承继的共犯"（即在他人实行犯罪过程中，中途加入共同实行犯罪的情形）。

共同犯罪的故意一般应当在犯罪既遂之前形成；对于即成犯和状态犯，犯意联络须在既遂之前形成；但对于继续犯，则只要行为没有终了，都可以成立共犯。

3. 不存在共同故意的情形

（1）缺乏共同犯意或者共同过失犯罪。主要有以下情形：

①故意＋过失≠共同故意。

①　周光权.刑法总论(教学版)[M].北京：中国人民大学出版社，2011：217.

案例10.医生甲欲杀害病人，将有毒针剂交给护士乙，护士乙本应按其医院规定检查针剂，但护士乙由于疏忽，没有检查便给病人注射，结果病人中毒身亡。问：如何评价甲、乙行为？

答：医生甲属于故意杀人行为，护士乙是过失致人死亡的行为，二者不构成共同犯罪，医生是间接正犯。

②过失＋过失≠共同故意。

《刑法》第25条第2款规定："二人以上共同过失犯罪，不以共同犯罪论处；应当负刑事责任的，按照他们所犯的罪分别处罚。"

案例11.甲、乙二人共同操作机器作业，二人由于过失，导致机器砸死其他人。问：如何处理本案？

答：甲、乙属于共同过失犯罪，但不属于共同犯罪，各自定各自的过失犯罪。

（2）同时犯。同时犯是指两人缺乏意思联络，偶尔在同一场所、同一时间实施犯罪。同时犯因为缺乏意思联络，所以不构成共同犯罪，应独立定罪（独立行为，独立责任）。

案例12.甲、乙两人互不相识，不约而同到商场盗窃，甲偷走了手机，乙偷走了冰箱。问：甲、乙是否构成共同犯罪？

答：甲、乙是同时犯，不构成共同犯罪。

案例13.甲、乙互不相识，不约而同到商场盗窃，甲将看中的手机放进口袋，乙请求甲帮忙将冰箱抬到门外车上，甲答应，于是一起把冰箱抬到门外车上。问：如何评价甲、乙的行为？

答：本案甲对乙有帮助行为，表明二者有了意思联络，甲、乙是盗窃罪共同犯罪。

（3）片面共犯。片面共犯是指参与同一犯罪的人中，一方认识到故意在同他人共同犯罪，而另一方则没有认识到有他人和自己共同犯罪的情形，即单方面的具有共同犯罪的故意。主要包括以下三种情形：

①片面实行，是指甲暗中和乙共同实行犯罪，而乙实行犯罪时对此并不知情。

案例14.甲得知乙欲强奸妇女，便提前将妇女打晕然后退出，使乙顺利强奸了妇女，但不知是甲将妇女打晕。问：如何评价甲的行为？

答：强奸罪的实行行为包括暴力行为和奸淫行为，所以甲属于片面实行。

②片面教唆，是指甲暗中教唆乙犯罪，而乙没有认识到被教唆的情形。

③片面帮助，是指甲暗中帮助乙实行犯罪，而乙对此并不知情的情形。

案例 15. 甲欲杀丙，看到乙在追杀丙，便暗中设置绳索将丙绊倒，乙顺利杀了丙。问：如何评价甲的行为？

答：甲的行为属于片面帮助行为，甲的片面帮助行为和乙构成故意杀人罪的共同犯罪。

对于片面共犯，现阶段主流观点不承认片面实行、片面教唆成立共同犯罪，只承认片面帮助这种情形可以构成共同犯罪。这是因为甲为乙的故意杀人提供了片面帮助，与乙构成故意杀人罪的共同犯罪，对乙的危害结果承担既遂责任；但是因为乙不知情，与甲不构成共同犯罪，不适用共同犯罪的规定。由此可见，片面帮助犯构成的共同犯罪，是单向的，而不是双向的。

（4）实行行为过限。实行行为过限是指实行者的实行行为超出共同犯意的范围，超出部分不成立共犯。

案例 16. 甲男与乙男共谋入室抢劫某中学女教师丙财物。乙在外望风，甲翻院墙入内。甲持水果刀闯入房间后，发现房间内没有其他贵重财物，便以水果刀相威胁，喝令丙摘下手表给自己。丙一边摘手表一边说："我是老师，不能没有手表。你拿走其他东西都可以，只要不抢走我的手表就行。"甲立即将刀装入自己的口袋，然后对丙说："好吧，我不抢你的手表，也不拿走其他东西，让我看看你脱光衣服的样子我就走。"丙不同意，甲又以刀相威胁，逼迫丙脱光衣服，丙一边顺手将已摘下的手表放在桌子上，一边流着泪脱完衣服。甲不顾丙的反抗强行摸了丙的乳房后对丙说："好吧，你可以穿上衣服了。"在丙背对着甲穿衣服时，甲乘机将丙放在桌上的手表拿走。甲逃出校园后与乙碰头，乙问抢了什么东西，甲说就抢了一只手表。甲将手表交给乙，乙以 1000 元价格卖给他人后，甲与乙各分得 500 元。问题：请根据刑法规定与刑法原理，对本案进行分析。（2004 年司法考试真题）

答案：第一，关于甲和乙的行为：甲、乙构成抢劫罪共犯，但二人的犯罪形态不同：①甲的抢劫属于犯罪中止，应当免除处罚。②乙的抢劫属于犯罪未遂，甲的中止行为对于乙来说，属于意志以外的原因。第二，关于甲的行为：①甲逼迫丙脱光衣服并猥亵丙的行为，成立强制猥亵妇女罪。②甲乘机拿走丙手表的行为，成立盗窃罪。第三，关于乙的行为：①乙的行为不成立盗窃罪。乙并不与甲构成盗窃罪的共犯。②基于同样的理由，乙的行为也不成立强制猥亵妇女罪的共犯。③乙将手表卖与他人的行为不成立销售赃物罪。因为乙是误以为该手表为与甲共谋抢劫所得的财物，并不知道手表是甲单独犯罪所得的财物，所以，乙没有代为销售他人犯罪所得赃物的故意，不成立销售赃物罪。

（5）事先无通谋，事后窝藏、销赃等帮助行为。常见的"事后帮助行为"如窝藏、包庇行为；窝藏、转移、收购、销售赃物的行为；洗钱行为；帮助隐匿、毁灭、伪造证据的行为等。

（6）对合行为。对合行为即互为前提的行为，如行贿与受贿，拐卖儿童与收买被拐卖儿童等。

（三）共同犯罪的客观条件

共同犯罪要求客观上各犯罪主体参与实施了共同犯罪的行为，并且对犯罪结果的发生起了一定的作用。共同行为，既包括产生物理作用的行为，也包括产生心理作用的行为。

（1）从行为方式角度来看，共同犯罪的行为有三种形式：作为＋作为；作为＋不作为；不作为＋不作为。

> 案例17.丈夫欲杀死养子，向其投毒，妻子看到后默不作声，导致养子死亡。问：如何评价丈夫与妻子的行为？
> 答：丈夫的作为与妻子的不作为构成共同犯罪。

（2）从行为分工角度来看，共同行为包括实行行为、教唆行为、帮助行为、组织行为、共谋行为等。实行行为者称为实行犯（简称正犯）；教唆行为者称为教唆犯；帮助行为者称为帮助犯。教唆犯和帮助犯合称（狭义的）共犯，与正犯相对应。将教唆犯、帮助犯、实行犯合称（广义的）共犯，即共同犯罪人。

（3）从行为阶段来看，共同犯罪主要有三种情况：共同实行行为；共同预备行为；预备与实行行为结合。共同行为既可以同时实施，也可以先后实施，还可以中途参与。

> 案例18.甲、乙、丙共谋抢劫，甲事先准备刀，乙拿着刀实施抢劫，丙事后销赃。后三人顺利实施了抢劫。问：三人能否构成共同犯罪？
> 答：三人仍构成共同犯罪。注意，丙不构成掩饰、隐瞒犯罪所得罪。如果事前无通谋，事后帮助销赃，则构成掩饰、隐瞒犯罪所得罪。

四、共同犯罪的形式

（一）任意共犯与必要共犯

刑法分则规定任意共犯是指一个人能够单独实施的犯罪由二人以上共同故意实施，例如抢劫罪、盗窃罪；刑法分则明文规定，必要共犯指必须由二人以上共同故意实施的犯罪。必要共犯又分为三种情况：

（1）对向犯。对向犯分为三类：①罪名和法定刑一样，如重婚罪；②罪名和法定刑不一样，如行贿罪和受贿罪；③只处罚一方的行为，如销售盗版书籍的，卖方构成销售侵权复制品罪，购买方无罪。

（2）聚众性共犯。其特征是参与人具有复杂性并处于非固定状态；行为具有公然性和多样性。刑法规定有四种模式：①所有参与聚众活动的人均构成犯罪，即《刑法》第317条规定的组织越狱罪、暴动越狱罪、聚众持械劫狱罪；②聚众进行违法活动的首要分子与积极参加者构成犯罪，而一般参与者不构成犯罪。如《刑法》第268条规定的聚众哄抢罪；第290条聚众扰乱社会秩序罪、非法冲击国家机关罪，第292条聚众斗殴罪。③首要分子与多次参加者构成犯罪。《刑法》第301条规定的聚众淫乱罪。④只有首要分子才构成聚众犯罪，其他参加者不构成。如《刑法》第289条、第291条规定的聚众扰乱公共场所秩序、交通秩序罪。

（3）集团性共犯：集团性共犯可以是必要共犯，也可是任意共犯。特点有：第一，主体多数性；第二，目的明确性；第三，较强组织性；第四，相当的稳定性，例如组织、领导、参加黑社会性质组织罪。

（二）事先（事前）共犯与事中共犯

事先共犯是指各共犯在着手实施犯罪前，就实行犯罪进行策划和商议，形成共同犯罪故意的共犯。事中共犯是指各共犯在刚着手犯罪时或者在实行犯罪过程中形成共同犯罪故意的共同犯罪。

（三）简单共犯与复杂共犯

简单共犯是二人以上共同故意直接实行某一具体犯罪客观方面要件行为的共同犯罪（各共犯人都是实行犯）。表现为两种情况：一是共同实行同样的行为。例如甲、乙各捅丙一刀将丙捅死；二是实施不同的行为。例如甲、乙共谋实施抢劫，甲拿凶器对被害人进行威胁，乙搜身抢劫。

复杂共犯是指各共同犯罪之间存在分工的共犯。共犯人之间存在实行行为、教唆行为、帮助行为、组织行为。

第二节　共同犯罪的种类及处罚原则

一、共同犯罪理论分类

（一）共同正犯

共同正犯指两人以上共同实行犯罪，其特点是都实施了实行行为，所以也称为共同实行犯。

释义2. 如何理解共同正犯

甲、乙共同入室实施盗窃，甲、乙是共同正犯。

甲教唆乙、丙、丁盗窃，乙负责望风，丙、丁入室盗窃。丙、丁是共同正犯。

共同正犯责任实行"部分行为，全部责任"，是指若甲仅实施一部分实行行为，乙、丙实施了全部实行行为，但甲对三人实行行为的后果都要承担全部责任。

案例19.甲、乙两人共同杀害丙，二人同时开枪，结果只是甲的子弹造成丙死亡，乙的子弹打空。问：乙是否要承担本案的刑事责任？

答：甲和乙都要承担故意杀人罪（既遂）的责任。

（二）承继共犯

承继共犯是指事先没有通谋，在他人着手实行犯罪时偶遇参与犯罪的共犯，简言之，中途加入的共犯。如甲已经实施了部分犯罪行为，乙参与进来，或者共同实行，或者进行帮助。共同实行的就是承继的共同正犯，进行帮助的就是承继的帮助犯，但不存在承继的教唆犯。在此对承继的共同正犯和帮助犯一并阐述。

案例20.甲、乙事前商议实施抢劫，然后一起实施。这是事前有通谋的共同犯罪。

案例21.甲一人正在抢劫，丙看到后临时加入抢劫。这是事前没有通谋的共同犯罪。承继的共同犯罪就是一种事前没有通谋的犯罪。

承继共犯的成立有以下两个条件：第一，事先没有通谋，如果事先预谋中参与实行犯罪，则属于事先通谋的共犯，不是承继的共犯。第二，中途加入，即在他人已经着手实行犯罪以后、既遂以前的犯罪过程中加入。

承继共犯中有些存在加重结果的情形，对于承继共犯中的加重结果的责任如何承担，具体要根据承继的共犯的行为与加重的结果之间是否存在因果关系来确定，如果存在因果关系，则承继共犯需要为加重的结果承担责任；如果不存在因果关系，则加重的结果由承继之前的犯罪人承担。

案例22.甲抢劫丙，将丙打倒在地，乙此时参与进来，帮甲捡起了财物，丙经抢救无效死亡。事后查明，丙的死亡是甲的暴力造成的。问：甲、乙是否成立共同犯罪？

答：甲、乙构成抢劫罪承继的共同犯罪，甲构成抢劫罪致人死亡，乙只构成抢劫罪，对丙的死亡结果不承担刑事责任。因为二者没有因果关系，一个人无须对与自己行为没有因果关系的结果负责。

案例23.甲抢劫丙，将丙打倒在地，在甲知情下，乙参与进来，踢了丙心脏一脚，然后捡起财物。事后查明，丙的死亡是乙造成的。问：如何评价甲、乙的行为？

答：甲、乙构成抢劫罪承继的共同犯罪，乙构成抢劫罪致人死亡，甲也构成抢劫罪致人死亡，因为乙参与进来后，甲和乙已构成共同正犯。

（三）共谋共同正犯

共谋共同正犯是指甲、乙共同谋议实行犯罪，但后来只有甲去实施，乙没有去实施，二者仍构成共同正犯，乙被称为共谋共同正犯。

为何没有实行的人也成立共同正犯？这主要是因为：第一，共谋商议并占主导地位者对共同犯罪起到了实质的心理作用。第二，根据部分行为，全部责任的原则，未实行人要承担全部责任。

> 案例24.甲、乙共谋共同去杀丙，在共谋中甲占主导地位，设计了刺杀方案。在实施当天，甲在赶往现场的途中遇到车祸未能前往，乙一人杀死了丙。问：如何评价甲、乙的行为？
>
> 答：甲、乙成立故意杀人罪的共同正犯，甲是共谋共同正犯，要承担犯罪既遂责任。

共谋共同正犯与教唆犯的区分：共谋共同正犯中，两人是共同谋议，并决定共同实行犯罪行为；而教唆犯中，一方有犯意，另一方无犯意，一方教唆另一方产生了犯意，而且一方不去实行犯罪，只有另一方实行犯罪。

二、共同犯罪的法定分类及其处罚

我国刑法根据作用分类标准，将共犯人分为主犯、从犯、胁从犯。此外我国刑法也规定了教唆犯。从理论上讲，两种共犯分类的关系是实行犯、教唆犯、帮助犯是按分工分类；主犯、从犯、胁从犯是按作用分类。二者没有必然对应关系。第一，实行犯根据作用大小，可以是主犯、从犯或胁从犯。第二，教唆犯根据作用大小，可以成为主犯或从犯或胁从犯。第三，帮助犯可以是从犯或胁从犯，但不可能是主犯。

（一）主犯

1. 主犯的概念

根据《刑法》第26条第1款的规定，主犯是组织、领导犯罪集团进行犯罪活动或者在犯罪中起主要作用的。

2. 主犯的分类

（1）组织、领导犯罪集团进行犯罪活动的犯罪分子，也就是犯罪集团的首要分子。

（2）在其他共同犯罪中起主要作用的犯罪分子。

3. 主犯与首要分子的关系

《刑法》第97条规定："本法所称首要分子，是指在犯罪集团或者聚众犯罪中起组织、策划、指挥作用的犯罪分子。"

（1）首要分子分为：一是犯罪集团中的首要分子；二是聚众犯罪中的首要分子。

（2）犯罪集团的主犯包括首要分子和其他起主要作用的犯罪分子。因此，犯罪集团的首要分子一定是主犯，但犯罪集团的主犯不一定是首要分子。

（3）聚众犯罪有两种情形：一是只处罚首要分子的聚众犯罪，例如，《刑法》第291条第1款规定的聚众扰乱公共场所秩序、交通秩序罪。此时如果首要分子只有一人，则无共同犯罪而言。所以，聚众犯罪不一定都是共同犯罪。二是既处罚首要分子，也处罚积极参与者的聚众犯罪，例如，《刑法》第290条第1款规定的聚众扰乱社会秩序罪。此时，聚众犯罪属于共同犯罪。当聚众犯罪中的首要分子有多人时，那么起主要作用的是主犯，起次要作用的是从犯。因此,聚众犯罪中的首要分子不一定都是主犯。反过来,聚众犯罪中的主犯也不一定都是首要分子。因为聚众犯罪中其他参与者如果起主要作用,也可以是主犯。

【总结】

主犯 $\begin{cases} \text{犯罪集团首要分子} \\ \text{共同犯罪起主要作用者} \begin{cases} \text{犯罪集团中除首要分子外起主要作用者} \\ \text{一般共同犯罪中起主要作用者} \end{cases} \end{cases}$

首要分子 $\begin{cases} \text{犯罪集团首要分子} \\ \text{聚众犯罪首要分子} \begin{cases} \text{一个人,不存在主犯} \\ \text{多个人,存在主犯} \end{cases} \end{cases}$

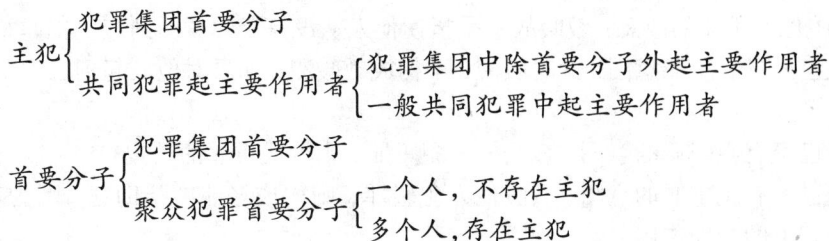

【注意】除了犯罪集团的首要分子一定是主犯外,其他情形下的首要分子和主犯都没有必然的一一对应关系。

4. 对主犯的处罚

(1)对犯罪集团中的首要分子的处罚。根据《刑法》第 26 条第 3 款规定:"对组织、领导犯罪集团的首要分子,按照集团所犯的全部罪行处罚。"

释义 3. 如何理解"按照集团所犯的全部罪行"

对犯罪集团中的首要分子的处罚是按照"集团"所犯的全部罪行处罚,而不是按照"全体成员"所犯的全部罪行处罚。这里要注意"集团"所犯的全部罪行不等于"全体成员"所犯的全部罪行。

(2)对其他主犯的处罚。根据《刑法》第 26 条第 4 款规定:"对于第三款以外的主犯,应当按照其所参与的或者组织、指挥的全部犯罪处罚。"

(二)从犯

根据《刑法》第 27 条第 1 款的规定:"在共同犯罪中起次要或者辅助作用的,是从犯。"对从犯的认定要注意以下几个方面:第一,共同犯罪中,可以只有主犯(须两个主犯),没有从犯;但不可能只有从犯,没有主犯。第二,刑法没有规定对从犯的处罚必须"比照"主犯,所以对从犯的处罚可以但不是应当轻于主犯。第三,对从犯也需要按照其所参与的全部犯罪处罚,这一点和主犯相同。

根据《刑法》第 27 条第 2 款:"对于从犯,应当从轻、减轻处罚或者免除处罚。"

(三)胁从犯

胁从犯是指被胁迫参加犯罪的人。胁从犯的认定要注意以下两点特殊情形:

第一,如果行为人一开始被胁迫参加犯罪,但在着手实行后变得积极主动,在共同犯罪中起主要作用的,应认定为主犯,而非胁从犯。

第二,如果行为人身体完全被强制、意志自由完全被剥夺,则不构成胁从犯。例如,歹徒用枪胁迫出租车司机将车开往银行,或用枪胁迫飞机驾驶员将飞机开往指定地点。在此场合,因为司机、驾驶员意志自由完全被剥夺,不构成胁从犯,符合紧急避险条件的,可以成立紧急避险。

根据《刑法》第 28 条规定:"对于被胁迫参加犯罪的,应当按照他的犯罪情节减轻处罚或者免除处罚。"

（四）教唆犯

教唆犯是指故意引起他人犯罪决意的人。成立教唆犯必须具备以下条件：

（1）具有教唆他人犯罪的故意：教唆故意是指使他人从没有犯罪意图到产生犯罪意图。

①如果他人已经具有犯罪意图，此时教唆，不构成教唆犯，如果对他人起到心理帮助，就构成帮助犯。

②如果他人已经有犯轻罪的意图，教唆他人犯重罪，则构成重罪的教唆犯。

③如果他人已经有犯重罪的意图，教唆他人犯轻罪，则构成轻罪的帮助犯，因为对轻罪的实施起了心理上的帮助作用。

> 案例25. 甲本想抢劫，乙教唆甲："抢劫要判死刑的，还是偷吧！"于是甲便实施了盗窃行为。如何认定乙的行为？
>
> 答：此时乙构成盗窃罪的帮助犯。

（2）具有教唆的行为。

①教唆对象必须合格和特定，第一是对象合格，被教唆人必须是事实上具有责任能力的人（如果是无责任能力人如精神病人则属于间接正犯）。第二是对象特定，如果教唆不特定的人就是"煽动"。

②教唆行为是引起他人犯罪故意的行为。如果只是将犯罪方法传授给他人，没有让他人产生实施犯罪的故意，只成立传授犯罪方法罪；如果以传授犯罪方法为手段，教唆他人犯罪，则既构成教唆犯，也构成传授犯罪方法罪，属于想象竞合犯，择一重罪论处。

③教唆行为必须是故意的，如果过失教唆，则不能构成教唆犯。

对教唆犯的定罪处罚如下：

（1）根据《刑法》第29条第1款规定："教唆他人犯罪的，应当按照他在共同犯罪中所起的作用处罚。教唆不满18周岁的人犯罪的，应当从重处罚。"据此：教唆犯起主要作用，定主犯；起次要作用，定从犯。教唆犯也有可能成为胁从犯。

> 案例26. 甲掌握了乙（妇女）的裸照，威胁乙去教唆丙（法官）徇私枉法。乙被迫答应。乙既属于胁从犯，又属于教唆犯。

（2）根据《刑法》第29条第2款规定："如果被教唆的人没有犯被教唆的罪，对于教唆犯，可以从轻或者减轻处罚。"

释义4. 对《刑法》第29条第2款的理解

旧理论认为：即使被教唆者没有犯罪，教唆者也构成犯罪，只是可以从轻或减轻处罚。这是共犯独立性的立场，是错误的。根据共犯从属性，该款是指被教唆的人（实行犯）已经着手实行了犯罪，但是没有达到既遂的程度，未遂或中止了，所以可以从宽处罚。

（3）教唆犯中的独立罪名问题。在刑法条文中，如果将教唆行为单独规定为犯罪的，就不再是教唆犯，而按独立罪名论处。

（五）帮助犯

1. 帮助犯的概念

帮助犯是指在共同犯罪中起帮助作用的行为人。具体内容有以下几点：

（1）帮助作用：①帮助行为对实行行为须起到实质的促进作用。例如，甲邀乙去五百米外抢劫，乙未答应，甲让乙帮自己拿着衣服和行李，自己前往抢劫，乙答应照办。乙不构成抢劫罪的帮助犯。②帮助作用只要求具有，但不要求实现。例如，乙向甲提供了一把钥匙，帮助甲入室盗窃。甲入室时并未使用该钥匙。乙仍构成盗窃罪的帮助犯。③如果明知自己的帮助行为不可能起到任何帮助作用，则不成立帮助犯。例如，故意绘制一张错误的路线图，故意配制一把打不开门的钥匙。

（2）帮助方式：①帮助行为包括物理性帮助和心理性帮助。前者如提供凶器、排除障碍；后者如改进作案方针、撑腰打气、呐喊助威。②帮助行为包括作为方式和不作为方式。例如，公司法务部经理甲与公司客户乙相勾结欲诈骗公司财物，乙提供有陷阱的合同，甲在审查时未作说明。甲便是不作为的帮助犯。③帮助行为包括事前帮助和事中帮助，不包括事后帮助。事中帮助就是承继的帮助犯；事后帮助，即既遂后的帮助，属于窝藏、包庇罪，掩饰、隐瞒犯罪所得、犯罪所得收益罪。

2. 如何认定中立的帮助行为

例如，出租车司机甲明确得知乘客乙要前往某地杀人，仍将其运往目的地。甲的行为属于民事义务行为，还是已经构成故意杀人罪的帮助犯？其区分标准：第一，主观上是否明知对方即将犯罪；第二，客观行为给对方犯罪是否起到了实质的促进作用。基于此，上述案例中甲构成杀人罪的帮助犯。

3. 帮助犯的定罪处罚

刑法中，如果将帮助行为单独规定为犯罪，其就不再是帮助犯，而按独立罪名论处。一般帮助犯按照从犯进行处罚。

能力应用

1. 甲、乙共谋杀害在博物馆工作的丙，两人潜入博物馆同时向丙各开一枪，甲击中丙身边的国家重点保护的珍贵文物，造成文物毁损的严重后果；乙未击中任何对象。关于甲、乙的行为，下列哪一选项是正确的？（　　　）

A. 甲成立故意毁损文物罪，因为毁损文物结果是甲故意开枪的行为造成的

B. 甲、乙成立故意杀人罪的共犯

C. 对甲应以故意杀人罪和过失损毁文物罪实行数罪并罚

D. 甲的行为属于一行为触犯数罪名，成立牵连犯

2. 甲、乙二人系某厂锅炉工。一天，甲的朋友多次打电话催其赴约，但离交班时间还有 15 分钟。甲心想，乙一直以来都是提前 15 分钟左右来接班，今天也快来了。于是，在乙到来之前，甲就离开了岗位。恰巧乙这天也有要事。乙心想，平时都是我去后甲才离开，今天迟去 15 分钟左右，甲不会有什么意见的。于是，乙过了正常交接班时间 15 分钟左右才赶到岗位。结果，由于无人看管，致使锅炉发生爆炸，损失惨重。甲、乙的行为：（   ）

A. 属共同犯罪   B. 属共同过失犯罪

C. 各自构成故意犯罪   D. 应按照甲、乙所犯的罪分别处罚

3. 根据《刑法》规定，下列关于首要分子的表述哪一项是正确的？（   ）

A. 首要分子只能是组织领导犯罪集团的人

B. 首要分子只能是在聚众犯罪中起组织、策划、指挥作用的犯罪分子

C. 首要分子都是主犯

D. 首要分子既可以是主犯，也可以不是主犯

4. 关于共犯，下列哪一选项是正确的？（   ）

A. 为他人组织卖淫提供帮助的，以组织卖淫罪的帮助犯论处

B. 以出卖为目的，为拐卖妇女的犯罪分子接送、中转被拐卖的妇女的，以拐卖妇女罪的帮助犯论处

C. 应走私罪犯的要求，为其提供资金、账号的，以走私罪的共犯论处

D. 为他人偷越国（边）境提供伪造护照的，以偷越国（边）境罪共犯论处

5. 周某为抢劫财物在某昏暗场所将王某打昏。周某的朋友高某正好经过此地，高某得知真相后，应周某的要求提供照明，使周某顺利地将王某钱包拿走。关于本案，下列哪些选项是正确的？（   ）

A. 高某与周某构成抢劫罪的共同犯罪

B. 周某构成抢劫罪，高某构成盗窃罪，属于共同犯罪

C. 周某是共同犯罪中的主犯

D. 高某是共同犯罪中的从犯

6. 丁某教唆 17 岁的肖某抢夺他人手机，肖某在抢夺得手后，为抗拒抓捕将追赶来的被害人打成重伤。关于本案，下列哪些选项是正确的？（   ）

A. 丁某构成抢夺罪的教唆既遂

B. 肖某构成转化型抢劫

C. 对丁某教唆肖某犯罪的行为应当从重处罚

D. 丁某与肖某之间不构成共同犯罪

7. 甲与乙共谋盗窃汽车，甲将盗车所需的钥匙交给乙。但甲后来向乙表明放弃犯罪之意，让乙还回钥匙。乙对甲说："你等几分钟，我用你的钥匙配制一把钥匙后再还给你"，甲要回了自己原来提供的钥匙。后乙利用自己配制的钥匙盗窃了汽车（价值 5 万元）。

关于本案,下列哪一选项是正确的?(　　)

A.甲的行为属于盗窃中止　　　　　　B.甲的行为属于盗窃预备

C.甲的行为属于盗窃未遂　　　　　　D.甲与乙构成盗窃罪(既遂)的共犯

8.四位学生在课堂上讨论共同犯罪时先后发表了以下观点,哪些选项是正确的?(　　)

A.甲:对于犯罪集团的首要分子,应当按照集团所犯的全部罪行处罚,即应当对集团成员所实施的全部犯罪承担刑事责任

B.乙:在共同犯罪中起主要作用的是主犯,对于犯罪集团首要分子以外的主犯,应当按照其所参与的或者组织、指挥的全部犯罪处罚;对从犯的处罚应当轻于主犯,所以,对于从犯不得按照其所参与的全部犯罪处罚

C.丙:犯罪集团的首要分子都是主犯,但聚众犯罪的首要分子不一定是主犯,因为聚众犯罪不一定成立共同犯罪

D.丁:一开始被犯罪集团胁迫参加犯罪,但在着手实行后,非常积极,成为主要的实行人之一,在共同犯罪中起主要作用的,应认定为主犯

9.甲、乙夫妇因8岁的儿子严重残疾,生活完全不能自理而非常痛苦。一天,甲往儿子要喝的牛奶里放入"毒鼠强"时被乙看到,乙说:"这是毒药吧,你给他喝呀?"见甲不说话,乙叹了口气后就走开了。毒死儿子后,甲、乙二人一起掩埋尸体并对外人说儿子因病而死。关于甲、乙行为的定性,下列哪一选项是正确的?(　　)

A.甲与乙构成故意杀人的共同犯罪　　B.甲构成故意杀人罪,乙构成包庇罪

C.甲构成故意杀人罪,乙构成遗弃罪　　D.甲构成故意杀人罪,乙无罪

10.关于教唆犯,下列哪一选项是正确的?(　　)

A.甲唆使不满16周岁的乙强奸妇女丙,但乙只是抢夺了丙的财物一万元后即离开现场,甲应成立强奸罪、抢夺罪的教唆犯

B.教唆犯不可能是实行犯,但可能是帮助犯

C.教唆他人吸食、注射毒品的,成立吸食、注射毒品罪的教唆犯

D.有的教唆犯是主犯,但所有的帮助犯都是从犯

11.甲、乙共谋行抢。甲在偏僻巷道的出口望风,乙将路人丙的书包(内有现金一万元)一把夺下转身奔逃,丙随后追赶,欲夺回书包。甲在丙跑过巷道口时突然伸腿将丙绊倒,丙倒地后摔成轻伤,甲、乙乘机逃脱。甲、乙的行为构成何罪?(　　)

A.甲、乙均构成抢夺罪　　　　　　　B.甲、乙均构成抢劫罪

C.甲构成抢劫罪,乙构成抢夺罪　　　D.甲构成故意伤害罪,乙构成抢夺罪

12.甲欲去乙的别墅盗窃,担心乙别墅结构复杂难以找到贵重财物,就请熟悉乙家的丙为其标图。甲入室后未使用丙提供的图纸就找到乙价值100万元的珠宝,即携珠宝逃离现场。关于本案,下列哪些说法是正确的?(　　)

A.甲构成盗窃罪,入户盗窃是法定的从重处罚情节

B.丙不构成犯罪,因为客观上没能为甲提供实质的帮助

C.即便甲未使用丙提供的图纸,丙也构成盗窃罪的共犯

D.甲、丙构成盗窃罪的共犯,甲是主犯,丙是帮助犯

13.刘某专营散酒收售,农村小卖部为其供应对象。刘某从他人处得知某村办酒厂生

产的散酒价格低廉，虽掺有少量有毒物质，但不会致命，遂大量购进并转销给多家小卖部出售，结果致许多饮者中毒甚至双眼失明。下列哪些选项是正确的？（　　）

A.造成饮用者中毒的直接责任人是某村办酒厂，应以生产和销售有毒、有害食品罪追究其刑事责任；刘某不清楚酒的有毒成分，可不负刑事责任

B.对刘某应当以生产和销售有毒、有害食品罪追究刑事责任

C.应当对构成犯罪者并处罚金或没收财产

D.村办酒厂和刘某构成共同犯罪

14.关于共同犯罪，下列哪一选项是正确的？（　　）

A.甲、乙应当预见但没有预见山下有人，共同推下山上一块石头砸死丙。只有认定甲、乙成立共同过失犯罪，才能对甲、乙以过失致人死亡罪论处

B.甲明知乙犯故意杀人罪而为乙提供隐藏处和财物。甲、乙构成共同犯罪

C.交警甲故意为乙实施保险诈骗提供虚假鉴定结论。甲、乙构成共同犯罪

D.公安人员甲向犯罪分子乙通风报信助其逃避处罚。甲、乙成立共同犯罪

【参考答案】1.B　2.BD　3.D　4.C　5.ACD　6.ABC　7.D　8.CD　9.A　10.D
11.C　12.CD　13.BC　14.C

第十二章　罪数形态

知识结构

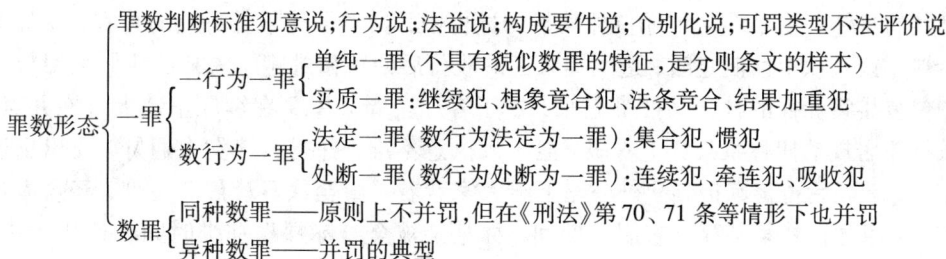

罪数形态
- 罪数判断标准　犯意说;行为说;法益说;构成要件说;个别化说;可罚类型不法评价说
- 一罪
  - 一行为一罪
    - 单纯一罪(不具有貌似数罪的特征,是分则条文的样本)
    - 实质一罪:继续犯、想象竞合犯、法条竞合、结果加重犯
  - 数行为一罪
    - 法定一罪(数行为法定为一罪):集合犯、惯犯
    - 处断一罪(数行为处断为一罪):连续犯、牵连犯、吸收犯
- 数罪
  - 同种数罪——原则上不并罚,但在《刑法》第70、71条等情形下也并罚
  - 异种数罪——并罚的典型

法条规范

　　第69条 [判决宣告前一人犯数罪的并罚] 判决宣告以前一人犯数罪的,除判处死刑和无期徒刑的以外,应当在总和刑期以下、数刑中最高刑期以上,酌情决定执行的刑期,但是管制最高不能超过三年,拘役最高不能超过一年,有期徒刑总和刑期不满三十五年的,最高不能超过二十年,总和刑期在三十五年以上的,最高不能超过二十五年。

　　数罪中有判处有期徒刑和拘役的,执行有期徒刑。数罪中有判处有期徒刑和管制,或者拘役和管制的,有期徒刑、拘役执行完毕后,管制仍须执行。

　　数罪中有判处附加刑的,附加刑仍须执行,其中附加刑种类相同的,合并执行,种类不同的,分别执行。

　　第70条 [判决宣告后发现漏罪的并罚] 判决宣告以后,刑罚执行完毕以前,发现被判刑的犯罪分子在判决宣告以前还有其他罪没有判决的,应当对新发现的罪作出判决,把前后两个判决所判处的刑罚,依照本法第69条的规定,决定执行的刑罚。已经执行的刑期,应当计算在新判决决定的刑期以内。

　　第71条 [判决宣告后又犯新罪的并罚] 判决宣告以后,刑罚执行完毕以前,被判刑的犯罪分子又犯罪的,应当对新犯的罪作出判决,把前罪没有执行的刑罚和后罪所判处的刑罚,依照本法第69条的规定,决定执行的刑罚。

典型案例

【基本案情】

周某甲等非法拘禁案①

被告人周某甲，女，1971 年 12 月 2 日出生，农民。

被告人倪某（系被告人周某甲之母），女，1945 年 3 月 13 日出生，农民。

被告人周某乙（系被告人周某甲之父），男，1943 年 5 月 13 日出生，农民。

2001 年 8 月 1 日晚 11 时许，被告人周某甲邀约其父母倪某、周某乙等人到某市某镇其家中，捉其丈夫钱某与别人通奸。周某甲等人冲进房后，见钱某与妇女林某某正睡在一起，即上前掀开被子，抓住林某某的头发往客厅拖，边拖边用手抽打林某某的脸部，用脚踢林某某的身体。倪某在帮忙拖拉林某某的过程中，剥光了林某某身上的睡衣，使林莫某全身赤裸。钱某欲上前制止时，遭到周某乙的殴打后便跳窗逃跑。周某乙让周某甲母女用绳子和包装袋将赤裸的林某某捆绑起来，置于客厅。周某甲又在客厅里装上灯泡并点亮。期间虽有邻居规劝让林某某穿上衣服，但 3 人执意不准，并扬言该女人通奸，要出出该女的洋相，待天亮后再将其扔到户外公路上给大家看看。直至次日凌晨 3 时许，经众人再三劝说，周某甲才让林某某穿上衣服。期间，林某某被全身赤裸裸捆绑时间长达 2 个小时，围观群众十余人，后经过他人干预，周某乙才将捆绑林某某的绳子解开。

检察机关以非法拘禁罪对被告人周某甲、倪某、周某乙提起公诉。经法院审理，根据《刑法》第 246 条第 1 款、第 25 条第 1 款、第 72 条第 1 款和第 73 条第 3 款规定，判决如下：被告人周某甲犯侮辱罪，判处拘役 6 个月；被告人倪某、周某乙犯侮辱罪，分别判处拘役 6 个月，缓刑 1 年。

【法律问题】本案涉及继续犯与状态犯的竞合问题。

【观点争议】本案审埋过程中，对 3 名被告人的定罪处罚形成二种意见：

第一种意见认为 3 名被告人以殴打、捆绑的方法，非法剥夺被害人林某某的人身自由，其行为已构成非法拘禁罪，且应当认定本案具有殴打、侮辱情节，应在《刑法》第 238 条第 1 款规定的法定刑幅度内从重处罚。

第二种意见认为，3 名被告人的行为在构成非法拘禁罪的同时构成侮辱罪，实行数罪并罚。

第三种意见认为，3 名被告人构成侮辱罪。主要理由是：①3 名被告人在捉奸中使用暴力殴打林某某，用熟料绳子和包装袋强行将全身赤裸的林某某捆绑于客厅里，点灯让 10 余名村民围观。该行为具有双重性质，以贬低、损害他人人格，破坏他人名誉为目的，侵犯了公民的人格和名誉权，情节严重，已经构成侮辱罪。同时又剥夺了被害人的人身自由。侮辱犯罪中实施捆绑行为，是为达到侮辱被害人的目的，是实现侮辱罪的暴力手段行为，属于使用方法牵连非法拘禁罪，属于牵连犯。②对于牵连犯，一般应择一重罪处罚。

① 案例来源：最高人民法院刑事审判庭. 刑事审判参考[M]. 北京法律出版社. 2004：85 − 87. 转引黄京平. 刑法案例分析[M]. 北京：中国人民大学出版社，2015：238.

但其手段行为和目的行为所触犯的罪名的法定刑相同，应该以目的行为侮辱罪定罪处罚。③侮辱罪一般是告诉才处理的案子，但严重危害社会秩序和国家利益的，也可以由检察官提起公诉。

本案第三种意见比较合理。

规范释义

第一节　罪数形态概述

罪数是指一人所犯之罪的数量；区分罪数也是区分一罪与数罪。被告人的行为究竟是一罪还是数罪，是司法实践中经常遇到的重要问题之一，也是犯罪论的基本理论问题之一。

一、罪数形态的概念

罪数，又称为一罪或数罪，是指犯罪的个数。罪数形态是指犯罪个数的外部形态与内部结构的类型化表现。正确区分一罪与数罪具有非常重要的意义。

正确区分罪数，有利于准确定罪。准确定罪的含义除了包括准确认定行为是否构成犯罪，是构成彼罪还是此罪以外，还包括准确认定行为构成的是一罪还是数罪。同时，正确区分罪数，还有利于合理量刑。根据罪刑关系的基本原理，对一罪只能一罚，对数罪虽然也可以只科处一个刑罚，但绝大多数都应该并罚。因此，一罪与数罪的混乱必然造成量刑上轻重不一的现象。只有正确区分罪数，才能为合理量刑提供前提条件。①

二、罪数判断标准

(一)犯意标准说

犯意标准说又称为意思说或者主观说，该学说认为犯罪是行为人意思的表达，因而应当根据行为人的犯意的个数来确定罪数。具有一个犯意的为一罪，具有数个犯意的为数罪。该学说主要以行为人犯罪意思的个数为判断标准。

(二)行为标准说

该学说认为犯罪必须出于行为，因而应当根据犯罪行为的个数来确定罪数，即主张以犯罪行为个数为标准区分一罪与数罪，实施一个行为的为一罪，实施数个行为的为数罪。至于行为的含义，又分为自然行为说和法律行为说两种观点。② 自然行为说认为，以自然意义的评价为基础，认定行为的单复；法律行为说则认为，以法律规定的评价为基础，认定行为的单复。其中法律行为说为通说。

① 张明楷.刑法学(第5版)[M].北京：法律出版社，2016：456.
② 顾肖荣.刑法中的一罪与数罪问题[M].上海：学林出版社.1986：5.

(三)法益标准说

法益标准说又称为结果标准说，主张犯罪的本质是对法益的侵害，因而，应当根据行为人侵害法益的个数来确定罪数。而法益个数的认定，又分为专属法益与非专属法益两种情况。专属法益强调法益为个人所专有，例如生命、身体等，专属法益的个数应该以法益所有者的个数来认定；非专属法益强调法益并非为个人所专有，例如财产等，非专属法益的个数应该以法益保管者的个数来认定。法益标准说认为有三种情况：①侵害个人专属法益的，以法益所有人计算单复；②侵害个人非专属法益的，法益单复不以该法益所有权个数为区别标准，而应以监督权的个数为标准；③侵害国家和社会法益的，只成立一罪。①

(四)构成要件标准说

构成要件标准说以构成要件为标准来决定犯罪罪数，即以行为符合构成要件的数量为标准区分一罪与数罪，行为符合一个犯罪的构成要件的为一罪，行为符合数个犯罪构成要件的为数罪，行为数次符合一个犯罪构成要件的也为数罪。此说为大陆法系的《刑法》所主张，大陆法系传统《刑法》理论将犯罪成立的要件分为构成要件的该当性(符合性)、违法性和有责性，即对犯罪成立的主、客观要素分别进行考察。根据这一理论，行为一次性满足犯罪构成该当性的为一罪，多次满足的为数罪。②

(五)因果关系标准说

因果关系标准说认为因果关系是最重要的构成要件，犯罪事实行为与结果之间，有一个因果关系为一罪，有数个因果关系为数罪，虽然存在数个行为与数个结果，但是如果只有一个因果关系，仍认定为一罪。该学说的缺点在于混淆了未遂与既遂的区别。

(六)个别化标准说

个别化标准说又称为折中说，这种学说力图克服主观主义标准说与客观主义标准说的缺陷，主张构成要件的标准说不具有统一的适应性，应根据罪数的不同种类采取不同的区分标准。在该学说看来，行为标准说、法益标准说、犯意标准说等都是基于"一个标准"区分罪数的。但是罪数也有不同种类，以一个标准对所有的种类的罪数进行区分，则相对困难。因此，主张区分一罪与数罪的标准要根据犯罪的具体情况和刑法的具体规定，③应该以构成要件标准为主，同时辅以其他标准。

(七)法规标准说

该说主张以犯罪行为触犯法条的个数，作为确定一罪还是数罪的标准。论者认为，犯罪由刑法规定，应以法条的单复决定犯罪的单复，一罪与数罪的区别不能简单地看行为人实施犯罪行为的次数，关键是以行为人实施犯罪行为触犯《刑法》所规定的罪名来确定。④

(八)犯罪构成说

该说主张以犯罪构成的个数区分一罪与数罪的标准，行为符合一种犯罪构成的为一罪，行为符合数个犯罪构成的为数罪。这是《刑法》的通说。

---

① 马克昌.犯罪通论[M].武汉：武汉大学出版社，1999：613.
② 王作富，黄京平.刑法(第6版)[M].北京：中国人民大学出版社，2016：144.
③ 马克昌.比较刑法学原理[M].武汉：武汉大学出版社，2002：754.
④ 马克昌.犯罪通论[M].武汉：武汉大学出版社，1999：614.

三、一罪还是数罪的判断标准

对于是一罪还是数罪的判断标准,原则上以犯罪构成为标准,同时考虑《刑法》的特殊规定。

(1)对几次相同犯罪行为能否进行一次评价? 如果得出肯定结论,原则上就以一罪论处。

(2)对一个犯罪行为的法律评价能否包含对另一犯罪行为的法律评价? 如果得出肯定结论,原则上就以一罪论处。如盗窃他人信用卡并使用的,存在两个犯罪行为,一是盗窃行为,二是信用卡诈骗行为。但对其中的盗窃行为的法律评价能够包含对信用卡诈骗行为的法律评价,因此仅以盗窃罪一罪论处。如果得出否定结论,则不能以一罪论处。例如,故意造成被保险人死亡、伤残,然后骗取保险金的行为,仅评价为故意杀人或者故意伤害罪,就不能包含对保险诈骗行为的法律评价,反之,仅评价为保险诈骗,就不能包含对杀人、伤害行为的评价,故应认定为数罪。

(3)是否只对一个法益造成侵害? 如果得出肯定结论,原则上就以一罪论处。例如,盗窃他人财物后又毁坏的,由于实质上只侵犯了一个财产权,故以一罪论处。再如,甲数日前盗窃钱包,今日盗窃枪支被抓获,分属两个不同的法益,应以盗窃和盗窃枪支罪并罚。

(4)行为是否具有持续性与连续性? 如果得出肯定结论,原则上应以一罪论处;如果得出否定结论,就可能成立数罪。

(5)是犯意转化还是另起犯意? 犯意转化是此罪转化为彼罪,因而是一罪;另起犯意是前一犯罪行为停止后(如既遂、中止、未遂),行为人又另起新的犯意,实施其他犯罪行为,故实为数罪。

注释1.犯意转化与另起犯意的区别

第一,前一犯罪行为是否停止下来。犯意转化是前一犯罪行为正在继续进行过程中的犯意变更;而另起犯意是前一行为由于某种原因已经停止后的临时起意。

第二,犯罪对象是否为同一对象。犯意转化是针对同一被害对象而存在;另起犯意既可以针对同一对象也可以针对不同对象。

第三,犯罪客体即所侵害法益是否为同一或同类法益。犯意转化所侵害法益是同一或同类法益;而另起犯意所侵害的法益多数是不同的(如盗窃后又放火焚烧现场,构成盗窃罪于放火罪)。

四、判断罪数的具体准则

(一)全面评价原则

全面评价原则是指在对既有犯罪事实的定性上必须适用法定的犯罪构成对其进行充分的评价,以避免评价不足。全面评价原则在罪数评价中的适用,主要是避免将数罪评价为一罪。例如想象竞合犯。

（二）禁止重复评价原则

一个危害行为只能在一个构成要件中评价或者说在《刑法》上只能评价一次，而禁止对其重复评价。如行为人甲以故意致人死亡的暴力手段当场劫取他人财物。因该故意致人死亡的暴力手段在抢劫罪构成要件中已经被评价，故不能在故意杀人罪的构成要件中再评价一次，只能作一罪即抢劫罪处罚。

> **释义2. 全面评价原则与禁止重复评价原则的关系**
>
> 全面评价原则相当于评价的下限；禁止重复评价原则相当于评价的上限。全面评价原则适用的目的是防止评价不足，以避免犯罪人的犯罪行为没有得到应有的惩罚；而禁止重复评价原则适用的目的是防止评价重复，以避免犯罪人受到其他不应有的惩罚。全面评价原则的精神在于保护人权，而禁止重复评价原则的精神在于保障人权。这两个原则在司法实践中的运用并没有必然的先后之分。

（三）先从评价意义上判断再进一步从科刑意义上判断的原则①

在认定罪数时，一般先从评价意义上判断，再进一步从科刑意义上判断。而且，在相同的情形下，科刑的一罪对法益的侵害必然重于单纯的一罪。所以，评价意义上的一罪与数罪是必须要考虑的。只有在评价意义上是数罪的（如侵害了数个法益，或者有数个行为），才需要进一步判断是科刑上的一罪还是需要并罚的数罪。

评价意义上的判断如何判断行为是符合一个犯罪构成还是符合数个犯罪构成，涉及对犯罪构成本身、构成事实以及二者之间的符合性的认识。首先，构成要件具有实质内容，其实质内容又决定了它有特定的外延，因此，如果现实发生的事实完全属于某一犯罪构成（如结果加重犯）所预定的内容，就应认定行为为符合一个犯罪构成。其次，在判断现实所发生的事实是否完全属于某一个犯罪构成所约定的内容时，必须从违法性到有责性进行判断。最后，犯罪构成符合性，是指现实发生的事实完全符合《刑法》规定的犯罪构成。

> 案例1：张某长期具有赌博恶习，某日，无钱赌博的张某抢劫韩某的钱财以后，为防止韩某日后报案，将其杀死。对张某如何处罚？
> 答：应该以赌博罪、抢劫罪、故意杀人罪数罪并罚。

---

① 张明楷. 刑法学(第4版)[M]. 北京：法律出版社，2011：412－413.

第二节 单纯的一罪

一、法条竞合

(一)法条竞合的概念

法条竞合也称法规竞合,是指数个刑法条文所规定的数个犯罪构成之间存在包容或者重合关系,当一个犯罪行为同时符合数个法条规定的犯罪构成时,只能选择适用其中一个刑法条文,而排斥其他刑法条文适用的情况。例如,诈骗罪与合同诈骗罪,盗窃罪与盗窃枪支罪。法条竞合具有以下特征:

(1)实施一个犯罪行为。一个犯罪行为是构成法条竞合的必要前提。所谓一个犯罪行为,是指行为人在一定犯意的支配下,一次实施该当某种犯罪构成要件的行为。

(2)符合数法条所规定的犯罪构成要件。在法条竞合的情况之下,行为人实施的一个犯罪行为符合数法条所规定的犯罪构成要件,因而形成竞合现象。法条竞合在法律上表现为重叠规定,因而是一种法律现象。

(3)在犯罪构成要件之间存在逻辑上的从属或者交叉关系。在法条竞合的情况下,在犯罪构成要件之间存在逻辑上的从属或者交叉关系,这是法条竞合的逻辑本质。法条竞合现象是法律规定错综复杂的结果,它与法律的规定具有密切的联系。

(二)法条竞合的适用原则

(1)独立竞合的适应原则:特别法优于一般法。独立竞合的两个法条之间存在特殊关系,即特别法优于一般法的竞合。在这种情况下应根据特别法优于一般法的原则适应特别法,排斥一般法。例如,合同诈骗罪优于诈骗罪,盗窃枪支罪优于盗窃罪。

(2)包容竞合的适应原则:整体法优于部分法。包容竞合的两个法条之间存在吸收关系,即整体法与部分法的竞合。在这种情况下,整体法是优位法,应根据整体法优于部分法的原则适用整体法,排斥部分法。例如,《刑法》第233条关于过失致人死亡罪的条文中,就有"本法另有规定的,依照规定"的内容,而在《刑法》第133条规定的交通肇事罪的构成要件中包括过失致人死亡的内容。在这种情况之下,交通肇事罪规定的是整体法,过死致人死亡罪规定的是部分法。

(3)交叉竞合的适应原则:重法优于轻法。交叉竞合的两个法条之间存在择一关系,重法优于轻法。例如,《刑法》第149条第2款规定,行为同时触犯第140条的生产、销售伪劣产品罪和第141至148条的具体罪名,适用法定刑重的罪名。

二、结果加重犯

(一)结果加重犯概念

结果加重犯又称"情形加重犯",是指以基本犯为基础,发生了基本犯罪构成要件以外的重结果,由于重结果而配置较重法定刑的犯罪。结果加重犯主要有结果加重犯、罪行加重犯、次数加重犯等。例如刑法规定的强奸致人死亡、故意伤害致人死亡都是结果加重犯。

（二）结果加重犯的特点

（1）结果加重犯的法定性。刑法对加重结果规定了加重刑。如果刑法没有规定加重刑，结果再严重也不是结果加重犯。注意：虐待罪（《刑法》第260条）规定了对致人重伤、死亡要加重处罚，而遗弃罪（《刑法》第261条）没有规定致人重伤、死亡要加重处罚，所以虐待罪是结果加重犯，而遗弃罪不是结果加重犯。同理，侮辱罪也不是结果加重犯。

（2）结果加重犯的因果关系性。基本犯罪与加重结果之间需具有直接的因果关系。所谓直接的因果关系，是指加重结果应是由基本犯罪行为直接导致的，二者的因果关系不能被介入因素切断。

（3）行为人实施了一种犯罪行为。这是结果加重犯成立一罪的基础。如果行为人实施了两种以上的犯罪行为，就不是结果加重犯。

（4）一种行为造成了两种犯罪结果，即基本结果与加重结果。结果加重犯的本质特征是一种行为、两种结果。

（5）法律规定加重其法定刑，而不是加重其罪。

（三）结果加重犯的结构

基本犯罪（一般为故意）+加重结果（至少有过失）=基本犯罪的结果加重犯（基本犯罪对加重结果具有直接作用）

（四）结果加重犯的罪过形式

行为人对两种犯罪结果出于不同的罪过。行为人对于两种结果是出于一种罪过心理还是两种罪过心理，关于这点理论有不同看法。对于基本结果，一种意见认为，行为人的罪过只能是故意①，另一种意见认为，过失也同样构成基本结果的罪过形式。② 第二种意见为通说。对于加重结果，存在过失说、故意说、基本过失例外故意说，一般认为加重结果存在故意也存在过失。

（五）认定结果加重犯应注意的问题

结果加重犯与结果犯的区别："结果犯"是指实施具体犯罪构成客观方面的行为且发生法定的犯罪结果才构成既遂的犯罪。二者区别在于：①结果犯是基本犯罪构成的完成形态，而结果加重犯是加重的犯罪构成的形态；②结果犯以发生法定结果为成立犯罪（既遂）的必要条件，而结果加重犯的基本犯罪构成既可以是结果犯，也可以是危险犯或行为犯。

结果加重犯与发生了重结果而转化为其他犯罪的转化犯的区别：结果加重犯按照本罪定罪，按照加重的法定刑量刑；而转化犯按照转化后的犯罪定罪量刑。

---

① 顾肖荣.试论结果加重犯[J].法学研究，1984（4）：21-24.
② 吴振兴.罪数形态论[M].北京：中国检察出版社，1996：87.

第三节 实质的一罪

实质的一罪是与单纯的一罪相对而言的①，其最根本点在于只有一个犯罪行为，故为"实质的一罪"。由于单纯一罪是以一个行为侵害一个法益的情形，也可谓本来的一罪，即这种犯罪仅有一个行为，侵害一个法益，本来就是一罪。

一、继续犯

(一)继续犯的概念

继续犯即持续犯，是出于一个罪过，犯罪行为与该行为引起的不法状态在一定时间内处于继续状态的犯罪。犯罪行为与不法状态同时继续，始终针对同一对象，侵犯同一法益。

继续犯主要的犯罪类型有：①持有型犯罪，如非法持有、私藏枪支、弹药罪；②不作为犯，如遗弃罪；③某些侵犯自由的犯罪，如非法拘禁罪、重婚罪等。

(二)继续犯的基本特征

(1)行为人着手实施了持续侵害同一客体的行为，即一行为侵犯了同一具体的法益。实行行为自始至终都针对同一对象，侵犯同一法益。继续犯的行为可以是一个单一的动作，也可以是数个动作组合起来的行为。继续犯的行为可以针对一个对象实施，也可以针对多个对象实施。

(2)行为人必须基于一个犯意，即必须实施特定继续犯罪的故意。认定继续犯，查明行为人主观方面的内容具有重要的意义。如果行为人实施犯罪虽然具有继续犯的客观特征，但若主观故意的内容不同，则分别构成不同的犯罪。

(3)犯罪行为对客体的侵害和不法状态必须是同时继续，这是继续犯的本质特征。如果一个行为结束以后，该行为对客体的侵害也随之结束，则该行为不是继续犯。

(4)继续犯的时间具有持续性。如果行为只有瞬间，不构成继续犯。继续犯的行为必须持续地侵害某一直接客体，必须是没有间歇的持续。

(三)继续犯的司法应用

(1)继续犯的追诉时效，继续犯的追诉时效从犯罪行为终了之日起计算。

第一，继续犯既遂时间点：行为只要在持续期间侵害了法益就构成既遂。例如，窝藏罪，行为人将犯罪分子窝藏至隐匿地点就构成既遂。第二，行为终了的时间点：行为最终结束，不再持续，不法状态也便解除。第三，如果继续犯的持续时间跨越新旧刑法，则适用新刑法，依然成立一罪。例如，甲在1997年9月1日窝藏了杀人犯乙，在1997年11月1日被发现。对甲应适用新刑法，只定一罪。

(2)继续犯中的正当防卫问题。犯罪既遂后，侵害持续期间，仍然可以进行正当防卫。

---

① 张明楷在《刑法学》(2016年版)上分类为：单纯一罪，包括继续犯、法条竞合；包括的一罪，包括连续犯、集合犯、吸收一罪(包括附随犯、发展犯、共罚的事后行为、共犯竞合)；科刑的一罪，包括想象竞合犯、结合犯、牵连犯。

（3）继续犯成立共犯问题。犯罪持续期间，其他人加入可以成立共犯，这叫承继的共犯。

（4）继续犯与状态犯区别。状态犯是指一旦发生危害结果，犯罪便同时终了，但是不法状态仍然持续。例如，盗窃罪，窃取了财物后，犯罪便终了，但财物一直被行为人不法占有着。而非法拘禁罪，拘禁行为与不法状态同时持续，拘禁行为一结束，不法状态便结束。

案例2.甲窝藏杀人犯乙，已经窝藏了10天，此时甲构成窝藏罪既遂；丙此时参与进来帮助甲继续窝藏乙。丙与甲构成窝藏罪的共同犯罪。

案例3.甲绑架了丙的小孩，欲向丙勒索财物。此时乙参与进来，帮助看管小孩并向丙勒索财物。因为绑架罪的实行行为是实际控制人质，因此是继续犯，只要实际控制了人质就是既遂。既遂后，乙参与进来，构成绑架罪的承继的共犯，而不是单独定敲诈勒索罪。

（四）继续犯的处罚原则

对于继续犯，无论其持续时间长短，均应按一罪定罪处罚。

二、想象竞合犯

（一）想象竞合犯的概念

想象竞合犯，也称想象的数罪，是指行为人实施了一个行为，触犯了数个罪名的犯罪形态。《刑法》没有规定想象竞合犯的概念，但是在刑法分则具体条文中，有关想象竞合的规定，如《刑法》第329条第3款的规定"有前两款行为，同时又构成本法规定的其他犯罪的，依照处罚较重的规定定罪处罚。"前两款规定的犯罪，一是抢夺、窃取国有档案罪；另一个是擅自出卖、转让国有档案罪。这两个罪最高刑分别是5年以下和3年以下有期徒刑。而如果行为人抢夺、窃取或者擅自出卖、转让涉及国家重大军事秘密的档案，那么就触犯了更加严重的罪名，应该按照较重的罪名处罚。

（二）想象竞合犯的基本特征

（1）行为人只实施了一个行为，即基于自然的观察，在社会的一般观念中被认为是一个行为。

（2）一个行为必须触犯数个罪名，即在犯罪构成的评价上，该行为符合数个犯罪构成。

（三）想象竞合犯的处罚原则

想象竞合犯的处罚原则是从一重罪论处，即按行为所触犯的罪名中的一个重罪定罪处罚，不认定为数罪。这是因为只有一个行为，如果定数罪，就等于对一个行为进行了重复评价。例外：根据《刑法》第204条第2款，纳税人缴纳一般税款后，采用假报出口等手段骗取所缴税款，貌似骗取出口退税，实为逃税，定逃税罪。如果骗取的税款超过所缴纳税款，超过部分构成骗取出口退税罪，与逃税罪实行数罪并罚。这实际上是一个行为触犯两个罪名，属于想象竞合犯，但却数罪并罚。

(四)想象竞合与法条竞合的区别

(1)同时触犯两个法条的必然性不同。法条竞合,一个行为触犯一个法条时就必然会触犯另一个法条。例如,触犯合同诈骗罪就必然触犯诈骗罪。想象竞合,一个行为触犯一个法条时并不必然触犯另一个法条。例如,甲开枪杀乙,并不必然触犯过失致人死亡罪,只是由于偶然原因,过失致第三人死亡,才触犯过失致人死亡罪。[①]

(2)竞合原因不同。法条竞合是由于法条规定的错综复杂所导致,是一种静态竞合;同时,是否具有法条竞合关系,并不取决于案件事实,而是取决于法条之间是否存在包容与交叉关系。想象竞合是由于具体犯罪行为的多样性,让两个原本没有关系的法条产生了竞合,是一种动态竞合。想象竞合取决于案件事实,即现实行为触犯了两个不同的法条,不同法条之间不一定具有包容和交叉关系。例如,盗窃罪和破坏电力设备罪原本没有关系,只是由于某个犯罪人实施了盗窃电力设备的行为,才让这两个罪名产生竞合。

(3)处理原则不同。想象竞合的处断原则是择一重罪论处;法条竞合的适用原则是特别法优于一般法,特殊情况是重法优于轻法。

第四节　法定的一罪

一、结合犯

(一)结合犯的概念

结合犯指数个原本独立的犯罪,根据刑法分则的明文规定,结合成为另一独立的新罪的形态。典型的结合犯,如《日本刑法》第241条规定了强盗罪强奸罪[②],如果实施了强盗罪和强奸罪不构成数罪,而规定成立强盗强奸罪一罪。我国刑法没有结合犯的规定。

(二)结合犯的特征

(1)基础罪的数个独立。结合犯所结合的数罪,原本为刑法上数个独立的犯罪(特指异种数罪),即构成结合犯的前提是两个以上的、相对独立的、法定的具体犯罪。具体包括三层含义:①数个犯罪:结合犯是数个犯罪的结合。单一犯罪(A罪+A罪)不能形成结合犯;一个犯罪与其他事实特征(A罪+事实特征)也不能形成结合犯。[③] ②独立犯罪:构成结合犯的数个犯罪之间具有相对独立性,其核心是数罪各自具有不同的罪名(A罪+B罪)。③法定犯罪:结合犯所成立的合成罪,由刑法明确规定。刑法为之设立了专门的罪状和法定刑。

(2)合成罪的单一独立。结合犯是将数个原本独立的犯罪,结合成为另一个独立的新罪,数个原本独立的犯罪被结合为另一新罪后,失去原有的独立犯罪的意义,成为新罪的一部分。

---

① 张明楷.刑法分则的解释原理[M].北京:中国人民大学出版社,2004:285.
② 张明楷.日本刑法典[M].北京:法律出版社,2006:208.
③ "A罪+事实特征"可能构成转化犯、结果加重犯或其他犯罪形态。

（3）合成罪的明文规定性。数个原本独立的犯罪结合为另一个新罪，是基于刑法分则的明文规定。

（三）结合犯的处罚原则

结合犯是两个独立的犯罪结合为一个新罪，这种新罪当然重于其中任何一个原罪，所以，对于结合犯的处罚要重于其中任何一个原罪，以所结合的新罪定罪处罚，不实行数罪并罚。

二、集合犯

（一）集合犯的概念

集合犯指行为人以实施不定次数的同种犯罪行为为目的，虽然实施了数个同种犯罪行为，但刑法规定还是作为一罪论处的犯罪形态。这与我国传统刑法中的惯犯相似，例如《刑法》第 303 条规定的"以赌博为业"以及《刑法》第 336 条规定的"非法行医罪"。集合犯具有以下特征：

（1）同一犯罪意图。同一犯罪意图，是指行为人具有反复实施某一相同性质的具体犯罪的意思图谋，并且在行为时持有该具体犯罪的故意心态。具体包括：①反复的意图，行为在实施具体犯罪时，并非以完成一次犯罪行为为目的，而是预计此后继续多次重复相同的行为。②同一的意图，行为人每次重复实施犯罪行为时，均持有相同具体犯罪的故意。

（2）同一性质犯罪行为。同一性质犯罪行为是指构成要件预设了可以轮番同种反复的实行行为，由此表现为行为人反复实施性质相同的犯罪行为。

（3）预设同一犯罪构成。它是指可以轮番重复的实行行为形态，或者反复实施性质相同自然行为，只是一次符合实行行为，这一构成要件的符合性由刑法规范预先规定。从这个意义上说，集合犯是对于数个同质（种）行为的法定一罪。

（二）集合犯的分类

集合犯以是否需营利为目的可分为营业犯与职业犯。

（1）职业犯。职业犯是指将犯罪作为职业或业务反复实施，并被刑法规定为   罪。职业犯具有行为的违法性、犯罪的职业性、性质的相同性和构成的法定性等特点，例如，《刑法》第 336 条规定的非法行医罪。

（2）营业犯。营业犯是指以营利为目的反复实施，并被刑法规定为一罪。营业犯具有行为的经营性、经营的非法性、性质的同一性和构成的法定性等特点，例如，《刑法》第 303 条规定的"以赌博为业"的赌博罪。

三、包容犯

（一）包容犯的概念

包容犯指行为人在实施某一犯罪行为过程之中，又实施了与本罪具有并发关系的另一不同质的罪行，但后者被前者包容、刑法明文规定不并罚而仅将后者作为前者的加重处罚情形。

（二）包容犯的特征

（1）行为人实施两个独立的犯罪行为。包容犯要求行为人实施两个独立的犯罪行为，即根据犯罪构成，两个行为都能被评价为构成独立的犯罪。如绑架罪包容故意杀人罪就是两个独立的犯罪行为。

（2）行为人所实施的两个行为分别触犯不同罪名。

（3）两个行为具有并发性。

（4）刑事立法明确规定为一罪。

（三）包容犯的立法例

刑法涉及到包容犯的主要有：①《刑法》第239条规定的绑架罪包容故意杀人罪；②《刑法》第240条规定的拐卖妇女罪包容强奸罪；③《刑法》第263条规定的抢劫罪包容故意伤害和故意杀人罪；④《刑法》第318条规定的偷越国（边）境罪包容妨害公务罪、非法拘禁罪；⑤《刑法》第321条规定的运送他人偷越国（边）境罪包容妨害公务罪；⑥《刑法》第347条规定的走私、贩卖、运输、制造毒品罪包容妨害公务罪；⑦《刑法》第358条规定的组织卖淫罪、强迫卖淫罪包容强奸罪。

第五节　处断的一罪

处断的一罪，即本来是数个犯罪行为，符合数罪特征，但鉴于其数个行为之间存在的密切关联，刑法理论上和司法实践中将其作为一罪来处理。

一、连续犯

（一）连续犯的概念

连续犯指基于同一的或者概括的犯罪故意，连续实施数个独立的、性质相同的行为，触犯同一罪名的犯罪形态。连续犯具有以下特征：

（1）连续犯实施了数个独立的性质相同的行为。所谓性质相同的行为，是指数个行为的性质都是刑法中规定的某一种犯罪，而不是某几种犯罪，这是构成连续犯的客观基础。所谓数个犯罪行为，是指犯罪行为至少要有两个以上。

（2）连续犯必须是行为人基于同一的或者概括的犯罪故意。连续犯是连续意图支配下的数个同一的犯罪故意，这是成立连续犯的主观基础。在这里，必须注意三点：一是数个犯罪故意必须是同一的。连续犯的犯意必须前后是同质的。二是必须基于连续意图。当然这种意图可以是明确的，也可以是概括性的。三是连续意图必须在连续性状态的犯罪行为开始实行前形成。

（3）连续犯是数次行为之间具有连续性。连续犯其行为要有一定的连续性。一般是在一定的时间内连续实施某种犯罪行为，而且这些连续实施的行为未经处罚。

（4）连续犯是数次行为触犯同一罪名。这是连续犯处理的法律依据。

（二）连续犯的司法认定

（1）连续犯的追诉时效：从行为终了之日起计算。

（2）连续犯的处罚原则："以一罪从重或加重处罚"，即在按一罪论、不实行数罪并罚的前提下，按照其数行为所触犯的同一罪名从重处罚，或者在符合该罪的加重构成的条件时，按照刑法明文规定加重构成的法定刑处罚。特殊情况下必须并罚，否则会导致罪刑不相适应：如连续对多人故意轻伤害的行为。

（3）连续犯与继续犯的区别：①相同之处：连续犯是行为人连续数次实施具体犯罪的构成要件的行为；而继续犯是行为人持续地实施一个实行行为。两者在犯罪的时间上，均呈现出一定的延续性。②主要区别：第一，行为的个数不同。连续犯表现为连续数个性质相同的行为，这意味着行为人连续数次实施具体犯罪的构成要件的行为，并且行为性质相同，继续犯则表现为一个实行行为，是行为人一次实施具体犯罪的实行行为。第二，行为表现不同。连续犯表现为数个行为之间的连续；而继续犯是一个行为本身的延续。第三，行为与状态关系的要求不同。连续犯并不强调构成要件行为与不法状态之间的同时继续；继续犯的本质特征就是实行行为与不法状态同时继续，即实行行为与不法状态同时延续。第四，行为对象的要求不同。连续犯并不强调数个连续行为所侵害的对象必须同一；而继续犯的一个重要特征是一个实行行为针对同一行为对象，即行为人的一个行为，始终侵害着一个概括的行为对象。第五，主观特征不同。连续犯主观特征表现为同一总体犯罪意图；而继续犯表现为一个犯罪故意。

（4）连续犯与徐行犯的区别：连续犯和徐行犯都是多次实施犯罪，连续犯是每次犯罪都追求一个犯罪结果；而徐行犯是多次犯罪只追求一个犯罪结果。如果连续实施同一种行为，但每次都不能独立构成犯罪，只是这些行为的总和才构成犯罪，为徐行犯，典型例子是虐待罪。

二、牵连犯

（一）牵连犯的概念

牵连犯是指出于一个犯罪目的，实施数个犯罪行为，数个行为之间存在手段行为与目的行为或者原因行为与结果行为的牵连关系，分别触犯数个罪名的犯罪。[1] 例如伪造公文证件（手段行为）组织他人出国（目的行为），分别触犯了伪造国家机关公文、证件、印章罪和组织他人偷越国（边）境罪。牵连犯是我国司法实践中常见的一种犯罪类型，具有以下基本特征：

（1）行为人出于一个犯罪目的。行为人实施的数个行为，不论其手段行为还是结果行为，最终都附属于或服务于目的行为，为彻底实现犯罪目的而服务。

（2）行为人实施了数个独立的犯罪行为，单独看，数个行为都是独立的行为，即除了目的行为独立符合犯罪构成外，手段行为或结果行为也独立符合刑法所规定的犯罪构成。

（3）数个行为之间存在必然的牵连关系。所谓牵连关系，是指相互依存、不可分割的关系。

（4）犯罪的手段行为或者结果行为分别触犯了不同的罪名，即与目的行为或原因行为有不相同的罪名。

---

[1] 陈兴良.刑法适应总论（上卷）[M].北京：法律出版社.1999：696.

释义3.如何判断牵连犯中的牵连关系

　　牵连犯中的牵连关系标准，在主观上，其数个行为须具有犯罪目的的同一性；在客观上，存在目的行为与方法或手段行为的牵连（即主从关系）或者原因行为与结果行为的牵连；其中一个罪的社会危害性体现在另一个罪上。

　　（二）司法认定

　　（1）牵连犯与想象竞合犯的区别：①两者的相同之处，都是出于一个犯罪目的，结果触犯了数个罪名。②两者的不同点在于：第一，行为特征不同。牵连犯强调数个性质相异的犯罪行为，具体是指牵连犯中存在牵连关系的数个行为，表现为性质相异的、各自成立的犯罪；想象竞合犯强调一个事实行为，是指行为人实施一个具体事实的若干自然行为，并且这个行为的事实状态作为整体在重复评价的情况下，同时符合不同的具体犯罪构成要件。第二，行为的联系不同。牵连犯强调数个犯罪行为之间的牵连关系；想象竞合犯强调一个事实行为的观念竞合。第三，罪数的本质不同。想象竞合犯是一个行为，因而是实质的一罪；而牵连犯是数个行为，是实质的数罪，处断的一罪。第四，处罚不同。对想象竞合犯从一重罪处罚；而对牵连犯若法律没有特别规定的例外，则择一重罪处罚。

　　（2）牵连犯与吸收犯的区别：①两者的相同之处，都是数个行为，都构成异种数罪，理论上都不数罪并罚，都是从一重处断。②两者的区别在于：数个行为之间的关系不同。牵连犯的数个行为存在目的行为与手段行为、原因行为与结果行为的关系；而吸收犯则是一行为是另一行为的必经阶段或者当然结果。

　　（三）处罚原则

　　（1）一般情况下处罚原则为"从（择）一重罪处断"。

　　（2）特殊情形下处罚原则为数罪并罚.

　　【总结】特殊情形下"数罪并罚"常见的有下列十余种：

　　基于刑事政策从重打击而并罚的有：①有组织犯罪：组织、领导、参加恐怖组织，并利用该组织实施杀人、爆炸、绑架等犯罪的，以组织、领导、参加恐怖组织罪与该具体的故意杀人、爆炸、绑架等罪实行并罚；组织、领导、参加黑社会性质组织或者入境发展黑社会组织，并利用该组织而犯其他罪行的，实行并罚。②公职（官员）犯罪：挪用公款进行非法活动构成其他犯罪的，或者因挪用公款而索取、收受贿赂构成犯罪的，实行并罚；海关人收受贿赂放纵走私的，以受贿罪和放纵走私罪实行并罚；税务人员收受贿赂不征、少征税款的，数罪并罚。但是，司法人员受贿枉法从一重处罚，而不是并罚。③偷越国边境的犯罪：组织他人偷越国边境，并对被组织人有杀害、伤害、强奸、拐卖等犯罪行为的，或对检查人员有杀害、伤害等罪行的，实行并罚。运送他人偷越国边境，并对被运送人有杀害、伤害、强奸、拐卖等犯罪行为的，或对检查人员有杀害、伤害等罪行，实行并罚。

　　基于罪刑相适应而并罚：①实施《刑法》第140至148条的生产、销售伪劣商品以及假药等特定的伪劣产品犯罪行为，同时又以暴力、威胁方法抗拒查处的，实行数罪并罚。②走私犯罪并以暴力、威胁的方法抗拒缉私的，以具体的走私犯罪，如走私普通货物、物品罪、走私珍贵文物罪与妨害公务罪实行并罚，但要注意《刑法》第157条第2款所规定的走私犯罪是不包括走私毒品罪在内的,因为根据《刑法》第347条规定,在走私毒品的犯罪过程中以暴力抗拒检查、拘留、逮捕,情节严重的,直接以走私毒品罪的加重情形对待,即属于包容犯问题,而不实行并罚。③保险诈骗行为与故意造成财产损毁、被保险人死亡、残疾或疾病等保险事故的行为,采取故意制造保险事故的方法,如故意造成财产损毁、被保险人死亡、残疾或疾病等行为(方法行为),而该故意制造保险事故的行为本身又触犯其他罪名,如放火罪、故意伤害罪、故意杀人罪等的情形下,应以保险诈骗罪与该具体之罪实行并罚。

基于刑罚预防目的而特殊规定:收买被拐买的妇女儿童之后又非法剥夺限制人身自由、伤害、强奸、侮辱行为的,适用数罪并罚。

三、吸收犯

(一)吸收犯的概念

吸收犯是指行为人的数个犯罪行为因为一个被另一个所吸收,而失去独立存在的意义,仅以吸收之罪处断的犯罪形态。其核心问题是数个行为之间存在吸收关系,这种吸收关系因为数个行为之间存在着密切联系,常常处于同一犯罪过程:前行为可能是后行为发展的必经阶段,后行为可能是前行为发展的自然结果。

吸收犯的吸收关系包括:重行为吸收轻行为、主行为吸收从行为、实行行为吸收预备行为(后面两种不属于吸收犯的典型形态)。例如,行为人盗窃枪支后又私藏的;伪造货币后又出售或运输的。

(二)吸收犯的基本特征

(1)行为人具有数个独立的犯罪行为,数个独立的犯罪行为是指行为人在一个犯罪过程中所实施的事实行为,分别符合犯罪的数个构成要件的行为。

(2)行为人具有一个主导或单一犯罪意图,这是指数个行为受到一个核心的或者同一主观心态的支配。

(3)数行为之间具有吸收关系,包括三种情形:第一,重行为吸收轻行为,例如,伪造货币后又出售的,出售行为被伪造行为吸收,只定伪造货币罪。第二,实行行为吸收预备行为,例如,准备入户抢劫,进入后屋内无人,便实施了盗窃,盗窃罪的实行行为吸收了抢劫罪的预备行为,只定盗窃罪。第三,主行为吸收从行为。

(三)吸收犯的处罚原则

我国刑法理论对于吸收犯的处罚,通常只强调"依照吸收行为所构成的犯罪处罚",即以吸收一罪定罪。

四、不可罚的事后行为

(一)不可罚的事后行为的概念

不可罚的事后行为是指某个犯罪已经既遂,又实施了另一个犯罪行为,但是不处罚事后行为。不处罚的根据是,第二个行为没有侵犯新的法益或者不具有期待可能性。

(二)不可罚的事后行为的具体内容

(1)没有侵犯新的法益。

案例4.甲盗窃到一幅名画后，误以为是赝品便毁坏。因为只侵犯了一个法益（文物的财产所有权），所以不再定故意毁坏财物罪，只定盗窃罪。

案例5.甲盗窃到一幅名画后，发现是赝品，便冒充真迹欺骗他人，骗取一万元。因为又侵犯了另一人的财产权，所以定盗窃罪和诈骗罪，并罚。

案例6.王某委托甲保管自己的一幅名画，甲保管后想据为己有，便欺骗王某，谎称名画被盗。王某信以为真便不予追究。甲的欺骗行为只是实现据为己有的一种手段，没有侵犯新的法益，只定侵占罪。

（2）不具有期待可能性。

案例7.盗窃后销售赃物或窝藏赃物，由于无法期待小偷偷到财物后不去销赃，所以对销赃、窝赃行为不处罚。

案例8.杀人后为了毁灭证据而秘密碎尸，不再成立侮辱尸体罪。这是因为无法期待犯罪人犯罪后不毁灭证据。

第六节　数罪

一、同种数罪

同种数罪是指行为人触犯同种罪名的数个罪，不需要数罪并罚，只需要作一罪处理，但要加重处罚。在我国，同种数罪主要指连续犯，例如，多次抢劫、多次走私、多次偷税、多次贪污。

二、异种数罪

异种数罪是指行为人实施了数个完全不同的犯罪，需要数罪并罚。异种数罪的特征主要有：第一，犯罪故意不同，对于异种数罪的成立在主观上要求行为人具有不同的主观故意，不同的主观故意是指罪名中所要求的具体的主观故意。第二，异种数罪所侵害法益不同，异种数罪是需要数罪并罚的，其进行数罪并罚主要是因为侵害了不同的法益。第三，异种数罪所触犯的罪名不同。

能力应用

1. 甲盗割正在使用中的铁路专用电话线，在构成犯罪的情况下，对甲应按照下列哪一选项处理？（   ）

A. 破坏公用电信设施罪

B. 破坏交通设施罪

C. 盗窃罪与破坏交通设施罪中处罚较重的犯罪

D. 盗窃罪与破坏公用电信设施罪中处罚较重的犯罪

2. 无业人员甲通过伪造国家机关公文，骗取某县工商局副局长的职位。在该局股级干部竞争上岗时，甲向干部乙声称："如果不给我 2 万元，你这次绝对没有机会。"乙为获得岗位，只好送甲 2 万元。关于对甲的行为的处理意见，下列哪一选项是正确的？（   ）

A. 甲触犯的伪造国家机关公文罪与招摇撞骗罪之间具有牵连关系，应从一重罪论处

B. 对甲的行为以伪造国家机关公文罪与敲诈勒索罪实行并罚

C. 对甲的行为以伪造国家机关公文罪与受贿罪实行并罚

D. 甲触犯的伪造国家机关公文罪与受贿罪之间具有牵连关系，应从一重罪论处

3. 关于罪数的认定，下列哪些选项是正确的？（   ）

A. 甲使用暴力强迫赵某与自己进行商品交易，造成赵某重伤。对甲的行为应以故意伤害罪与强迫交易罪实行并罚

B. 乙借用李某的摩托车后藏匿不想归还。李某要求归还时，乙谎称摩托车被盗。乙欺骗李某的行为不单独构成诈骗罪

C. 丙为杀人而盗窃枪支，未及实施杀人行为而被抓获，丙的行为构成故意杀人（预备）罪与盗窃枪支罪的想象竞合犯

D. 丁盗窃信用卡并使用的行为，属于盗窃罪与信用卡诈骗罪的吸收犯

4. 关于罪数的说法，下列哪一选项是错误的？（   ）

A. 甲在车站行窃时盗得一提包，回家一看才发现提包内仅有一支手枪。因为担心被人发现，甲便将手枪藏在浴缸下。甲非法持有枪支的行为，不属于不可罚的事后行为

B. 乙抢夺他人手机，并将该手机变卖，乙的行为构成抢夺罪和掩饰、隐瞒犯罪所得罪，应当数罪并罚

C. 丙非法行医 3 年多，导致 1 人死亡、1 人身体残疾。丙的行为既是职业犯，也是结果加重犯

D. 丁在绑架过程中，因被害人反抗而将其杀死，对丁不应当以绑架罪和故意杀人罪实行并罚

5. 甲曾向乙借款 9000 元，后不想归还借款，便预谋毒死乙。甲将注射了"毒鼠强"的白条鸡挂在乙家门上，乙怀疑白条鸡有毒未食用。随后，甲又趁去乙家串门之机，将"毒鼠强"投放到乙家米袋内。后乙和其妻子、女儿喝过米汤中毒，乙死亡，其他人经抢救脱险。关于甲的行为，下列哪些选项是错误的？（   ）

A. 构成投放危险物质罪

B. 构成投放危险物质罪与抢劫罪的想象竞合犯

C. 构成投放危险物质罪与故意杀人罪的想象竞合犯

D. 构成抢劫罪与故意杀人罪的吸收犯

6. 甲长期以赌博所得为主要生活来源。某日，甲在抢劫赌徒乙的赌资得逞后，为防止乙日后报案，将其杀死。对甲的处理，下列哪一选项是正确的？（　　　）

A. 应以故意杀人罪、抢劫罪并罚　　　　B. 应以抢劫罪从重处罚

C. 应以赌博罪、抢劫罪并罚　　　　　　D. 应以赌博罪、抢劫罪、故意杀人罪并罚

7. 赵某多次临摹某著名国画大师的一幅名画，然后署上该国画大师姓名并加盖伪造印鉴，谎称真迹售得收入六万元。对赵某的行为如何定罪处罚？（　　　）

A. 按诈骗罪和侵犯著作权罪，数罪并罚 B. 按侵犯著作权罪处罚

C. 按生产、销售伪劣产品罪处罚　　　　D. 按非法经营罪处罚

8. 某国间谍戴某，结识了我某国家机关机要员黄某。戴某谎称来华投资建厂需了解政策动向，让黄某借工作之便为其搞到密级为"机密"的《内参报告》四份。戴某拿到文件后送给黄某一部手机，并为其子前往某国留学提供了六万元资金。对黄某的行为如何定罪处罚？（　　　）

A. 资助危害国家安全犯罪活动罪、非法获取国家秘密罪，数罪并罚

B. 为境外窃取、刺探、收买、非法提供国家秘密、情报罪与受贿罪，数罪并罚

C. 非法获取国家秘密罪、受贿罪，数罪并罚

D. 故意泄露国家秘密罪、受贿罪，从一重罪处断

9. 下列哪些情形属于吸收犯？（　　　）

A. 制造枪支、弹药后又持有、私藏所制造的枪支、弹药的

B. 盗窃他人汽车后，谎称所盗汽车为自己的汽车出卖他人的

C. 套取金融机构信贷资金后又高利转贷他人的

D. 制造毒品后又持有该毒品的

【参考答案】1. C　2. C　3. BC　4. B　5. ABCD　6. D　7. B　　8. B　9. AD

第十三章　犯罪法律后果论——刑事责任与刑罚概说

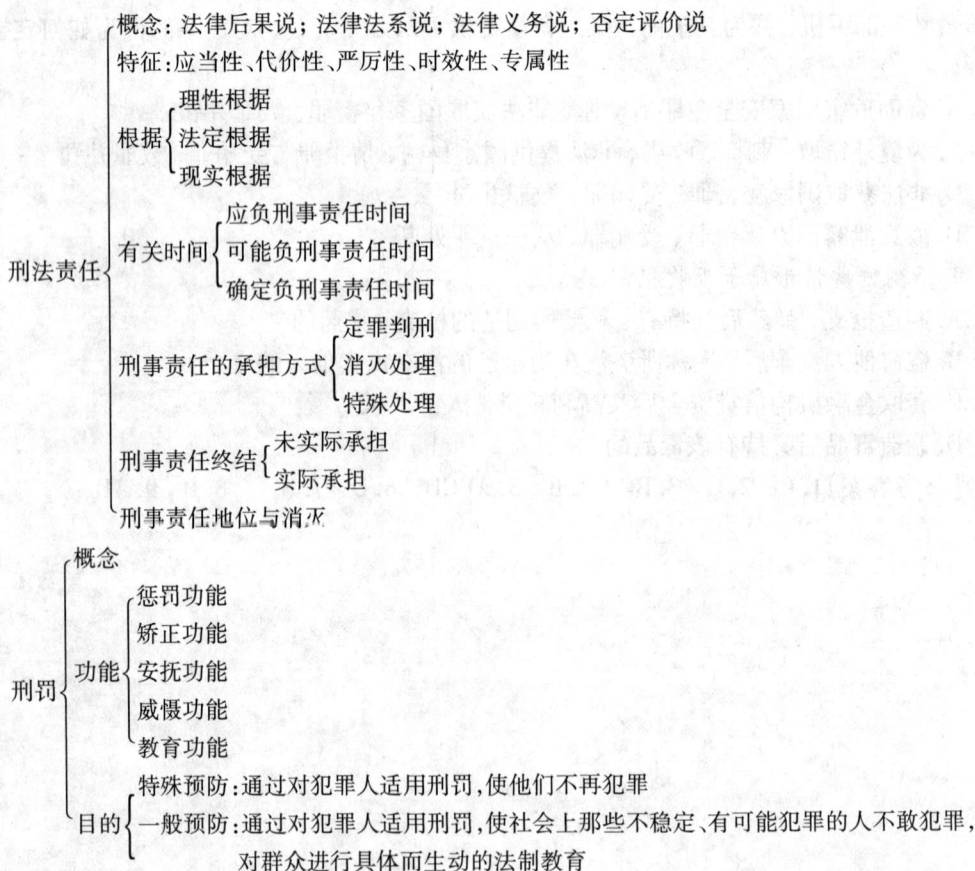

知识结构

概念:法律后果说;法律法系说;法律义务说;否定评价说

特征:应当性、代价性、严厉性、时效性、专属性

根据 ┤ 理性根据／法定根据／现实根据

有关时间 ┤ 应负刑事责任时间／可能负刑事责任时间／确定负刑事责任时间

刑事责任的承担方式 ┤ 定罪判刑／消灭处理／特殊处理

刑事责任终结 ┤ 未实际承担／实际承担

刑事责任地位与消灭

刑罚
- 概念
- 功能 ┤ 惩罚功能／矫正功能／安抚功能／威慑功能／教育功能
- 目的 ┤ 特殊预防:通过对犯罪人适用刑罚,使他们不再犯罪／一般预防:通过对犯罪人适用刑罚,使社会上那些不稳定、有可能犯罪的人不敢犯罪,对群众进行具体而生动的法制教育

法条规范

第2条 [任务]中华人民共和国《刑法》的任务,是用刑罚同一切犯罪行为作斗争,以保卫国家安全,保卫人民民主专政的政权和社会主义制度,保护国有财产和劳动群众集体所有的财产,保护公民私人所有的财产,保护公民的人身权利、民主权利和其他权利,维

护社会秩序、经济秩序，保障社会主义建设事业的顺利进行。

第 5 条 [罪责刑相适应] 刑罚的轻重，应当与犯罪分子所犯罪行和承担的刑事责任相适应。

典型案例

【基本案情】

许某恶意取款案

许某恶意取款案，是于 2007 年、2008 年判决的一桩刑事案件。山西人许某利用银行的 ATM 取款机发生故障，恶意取款 17.5 万元人民币，广州市中级法院以盗窃罪判处其无期徒刑，经上诉后改判为有期徒刑五年。

2006 年 4 月 21 日晚 10 时，被告人许某来到天河区黄埔大道某银行的 ATM 取款机取款。

结果取出 1000 元后，他惊讶地发现银行卡账户里只被扣了 1 元，狂喜之下，许某连续取款 5.4 万元。当晚，许某回到住处，将此事告诉了同伴郭某。两人随即再次前往提款，之后反复操作多次。后经警方查实，许某先后取款 171 笔，合计 17.5 万元；郭某则取款 1.8 万元。事后，二人各携赃款潜逃。同年 11 月 7 日，郭某向公安机关投案自首，并全额退还赃款 1.8 万元。经天河区法院审理后，法院认定其构成盗窃罪，但考虑到其自首并主动退赃，故对其判处有期徒刑一年，并处罚金 1000 元。而潜逃一年的许某，17.5 万元赃款因投资失败而挥霍一空，2007 年 5 月在陕西宝鸡火车站被警方抓获。

广州市中级人民法院（以下简称广州中院）审理后认为，被告许某以非法侵占为目的，伙同同案人采用秘密手段，盗窃金融机构，数额特别巨大，行为已构成盗窃罪，遂判处无期徒刑，剥夺政治权利终身，并处没收个人全部财产。许某随后提出上诉，2008 年 3 月，广州中院认定许某犯盗窃罪，判处有期徒刑 5 年。许某再度上诉，2008 年 5 月，广东省高级人民法院二审驳回上诉，维持原判。

【法律问题】许某案在原一审判决以后，引起广泛关注，对以盗窃金融机构判处无期徒刑的判决结果，质疑之声鹊起。主要原因还是在于量刑过重，本案涉及的问题是如何恰当地实现许某的刑事责任。

【观点争议】第一种意见：许某不构成犯罪，属不当得利行为。这种意见集中体现于本案辩护人的意见中。第二种意见认为：许某不构成盗窃罪，而是侵占罪。第三种意见认为：许某不构成盗窃罪，构成合同诈骗罪。第四种意见认为：许某构成盗窃罪，许某以非法侵占为目的，采取秘密手段盗窃，明知其银行卡内只有 170 多元，但在发现银行系统出错时即产生恶意占有的故意，并分 171 次恶意取款 175000 元并非法占有，得手后潜逃并将赃款挥霍花光，其行为符合盗窃罪的法定构成要件。第五种意见认为：许某持有的银行卡本为借记卡，无透支功能，但 ATM 机的故障导致该卡客观上有了透支功能，可以视为银行方面的新的要约邀请，透支额度、担保和违约责任由交易时的情况决定。只要相对人愿意透支，即为提出透支的要约，ATM 机如数吐钱付款即为承诺。许某按正常操作程序多次取款的行为是一种无限额的透支要约，ATM 机如果拒付，则是不予承诺，新的补充条款不生效罢了；如付款，则该补充条款生效，双方完全是一种合同行为。但许某透支后潜逃，银行无法催收，可视为经催收仍不归还的行为，具有非法占有的目的，构成信用卡诈骗罪。

【学术观点】清华大学法学院张明楷教授认为：从立法论上来说，量刑畸重缘于过重的法定刑。但是，一方面，不能因为判处无期徒刑过重，就否认许某的行为属于盗窃金融机构；另一方面，既然判处无期徒刑过重，就必须合理地运用刑法的相关规定，对许某判处低于无期徒刑的刑罚。对此，有两个可供选择的途径：第一，适用《刑法》第63条第2款减轻处罚。在适用该款时，应依法定程序先作出减轻处罚的判决，然后逐级上报至最高人民法院核准。第二，认定许某的行为属于盗窃金融机构，但不认为其盗窃数额特别巨大。

〔规范释义〕

第一节　法律后果与刑事责任

法律后果是指法律对具有法律意义的行为所赋予的结果，可以分为肯定性法律后果与否定性的法律后果。刑法是规定犯罪及其法律后果的规范，犯罪的法律后果属于否定性的法律后果，表现在对犯罪人的惩罚，即对犯罪人的生命、自由、财产、政治权利的剥夺与限制，以及生活上、名誉上的不利反应。[1] 一般而言，犯罪的法律后果是刑罚或者非刑罚处罚，刑罚或者非刑罚处罚又是实现刑事责任的方式。

一、刑事责任的概念

在我国刑法中，刑事责任是一个具有明确规定的法律术语，刑法总则第二章第一节的标题就是"犯罪和刑事责任"，可见刑事责任是一个法律概念。关于刑事责任的概念有各种观点：

（1）刑罚说：该说认为刑事责任就是国家依据刑事法律对实施犯罪的人判处的刑罚。

（2）责任说：该说认为刑事责任是犯罪人应当承担的刑事法律上所规定的责任。

（3）后果说：该说认为刑事责任是依照刑事法律规定，行为人实施刑事法律禁止的行为后必须承担的法律后果。[2]

（4）刑事法律关系说：该说认为刑事责任是犯罪人与国家之间刑事法律关系的总和。也有学者提出，刑事责任是刑事的、刑事诉讼的以及劳动改造的法律关系的总和。[3]

（5）义务说：该说认为刑事责任是犯罪人因其犯罪行为而必须承担国家依法给予刑事处罚的刑事法律义务。[4]

---

① 张明楷.刑法学(第4版)[M].北京：法律出版社，2011：445.

② 张令杰.论刑事责任[J].法学研究，1986(5)：14-19.

③ [苏]巴格里—沙赫马托夫.刑事责任与刑罚[M].韦政强，等译.北京：法律出版社，1984：18.

④ 张京婴.也论刑事责任[J].法学研究，1987(2)：52-57.

（6）谴责说（责难说）：该说认为刑事责任是国家根据刑事法律对犯罪人进行的一种严厉的谴责或者否定的道德、法律和政治的评价。或者说，刑事责任是指犯罪人因实施犯罪行为而应当承担的，由代表国家的司法机关按照刑事法律对其犯罪行为所作的否定性评价以及对其本人的谴责。①

（7）心理状态及法律地位说：该说认为刑事责任是犯罪人在犯罪后应受社会谴责的一种心理状态以及与这种心理状态相适应的法律地位。

现在的通说观点是：刑事责任是刑事法律规定的，因实施犯罪行为而产生的，由司法机关强制犯罪者承受的刑事惩罚或否定性法律评价的负担。

释义 1. 确立刑事责任概念应当注意的问题

把刑事责任与刑事责任的实现、刑罚、其他法律责任区别开来。在犯罪、刑事责任、刑罚三者的关系上，应当是：无犯罪即无刑事责任，无刑事责任即无刑罚。刑罚的轻重主要取决于刑事责任的轻重并应受到刑事责任的限制和制约。

二、刑事责任的根据

（一）刑事古典学派的观点

刑事古典学派主张道义责任论，认为人的意志是自由的，因为人是基于其自由意志而实施的客观违法行为，所以能对其进行非难，进行道义上的责任。其代表人物主要有：贝卡利亚、费尔巴哈、康德、黑格尔。

（二）刑事近代学派的观点

刑事近代学派分为刑事人类学派和刑事社会学派。其主张社会责任论，为了防卫社会的需要，防止犯罪，要消除犯罪人的危险性格，对于具有危险性格的人不管其有无道义上的责任，基于防卫社会的需要必须令其承担责任，这就是社会责任。其代表人物主要有龙勃罗梭、菲利、李斯特等。

（三）我国刑事责任的根据

我国刑事责任的根据是运用马克思主义物质与意识的关系的哲学原理阐述。其认为国家追求犯罪人刑事责任的根据在于犯罪人是基于自己的主观能动性实施犯罪行为的，而犯罪行为侵害了某种法益，国家是法益的保护者，因此，国家对基于主观能动性实施侵害法益行为的人，应当追究刑事责任。

三、刑事责任的特征

（1）刑事责任是一种最严厉的法律责任，主要体现在其实现形式上，以区别于民事责任和行政责任及经济责任。

（2）刑事责任是因犯罪行为存在而产生的，是因犯罪行为而引起的应受刑罚制裁的可

---

① 曲新久. 刑法学（第 2 版）[M]. 北京：中国政法大学出版社，2009：178.

能性。

（3）刑事责任的内容是犯罪人和单位接受国家的否定性评价和谴责，并承担刑事法律后果。

（4）刑事责任是一种严格的法定责任。

（5）刑事责任是回顾责任和展望责任有机统一的法律责任。回顾责任就是对已然犯罪所应负的责任；展望责任是指对未来可能发生之罪的责任，即其不得再次实施犯罪行为而危害社会。刑事责任是两者的统一。它不仅要对已经发生的犯罪行为作出否定性评价或者谴责，而且还要对犯罪人作出否定性评价和谴责。

四、关于刑事责任的各种学说

（一）刑事责任的本质

关于刑事责任的本质，存在着道义责任论、社会责任论与法的责任论几种分歧。

1. 道义责任论

道义责任论是古典学派（旧派）刑法理论的主张。该学说认为犯罪是基于人的自由意志实施的行为。具有责任能力的人，是具有自由意志的；故意、过失实际上是对基于自己的意志活动所实施的犯罪的认识要件；基于这种自由意志活动而实施犯罪行为时，才能受到伦理上的非难，对行为人处以作为报应的刑罚是正当的，是道义上的需要，即人都是有理性的，既然行为人以自己的意志去实施犯罪，自己就应当承担责任，这是人类的当然的伦理要求。精神病人、未成年人由于不具有自由意志，因此，没有责任。该学说的主要代表人物有德国学者的康德、日本学者小野清一郎。

2. 社会责任论

社会责任论是近代学派（新派）刑法理论的主张。该学说的基本观点是犯罪是：人的素质与环境结合的必然产物；犯罪人并不具有选择犯罪行为与适法行为的能力，即不具有自由意志，因此就犯罪行为对行为人加以非难是不可能的。刑事责任的本质是防卫社会，其根据是犯罪人的人身危险性。因此，精神病人、未成年人也是有责任的。该学说的主要代表人物有意大利学者菲利、德国学者李斯特、日本学者牧野英一。

3. 法的责任论

法的责任论认为刑法中的责任非难，是从作为社会统治手段的法的立场所进行的非难。法的责任论前提是认为刑法任务在于保护法益，因而法的责任就是对违反法律规范的行为所进行的非难。由于刑法上的责任是从法的立场所进行的非难，所以与社会伦理上的道义非难并不完全一致。

（二）关于责任非难的对象问题

关于责任非难的对象问题，主要存在着行为责任论、性格责任论与人格责任论几种分歧。

1. 行为责任论

行为责任论认为责任非难的对象是各个犯罪行为，其也称个别行为责任论或意思责任论。目前，该学说是大陆法系刑法中的通说。

2. 性格责任论

性格责任论认为责任非难的对象不是犯罪行为，而是行为人（对社会）的危险性格。犯罪行为只具有体现行为人危险性格的作用,即行为是行为人危险性格的"征表"。也称社会责任论。目前,该学说已经被抛弃。

3.人格责任论

二十世纪三四十年代,德国学者梅茨格尔、博克尔曼等人倡导人格责任论。该学说认为责任非难的对象是行为人的人格。人格包括受素质和环境决定的宿命的部分以及行为人有责形成的部分,可以对后一部分人格进行非难。日本学者团藤重光进一步发展人格责任论,认为犯罪行为是行为人人格的主体的实现。其把责任分为人格责任和行为责任,行为责任是第一位的责任,人格责任是第二位的责任,在实践中两者不可分离,将两者合起来理解就是人格责任论。

(三)关于责任内容的要素的问题

关于责任内容的要素的问题,主要存在着心理责任论与规范责任论两种学术争议。

1.心理责任论

心理责任论认为,责任的实体存在于行为人对自己行为的心理关系之中,基于心理关系不同,将责任分为故意与过失,刑事责任的实质就在于行为人自己的故意或过失的心理状态。该学说的主要代表人物是德国学者格罗巴赫·罗森。

2.规范责任论

规范责任论认为责任的本质不是对结果的认识或认识的可能性这种心理事实本身,而是对行为的规范评价。法律对符合规范的行为予以肯定和赞扬,对违反规范的行为予以否定和谴责。责任的结构除了心理状态(故意、过失)外,还包括规范评价和期待可能性两方面的内容。规范评价是指对法律规范有遵守的义务,行为人违反遵守义务而实施了违法行为,是应受非难的客观基础;期待可能性是指行为人实施行为时,期待其实施合法行为的可能性,这是应受非难的主观基础。如果行为人有罪过(故意或过失),但不具有期待可能性,同样不存在责任,不成立犯罪。期待可能性是规范责任论的核心。

五、刑事责任的阶段划分

(一)产生阶段

刑事责任从什么时候开始? 一种观点认为,刑事责任从实施犯罪行为时开始;另一种观点认为刑事责任从法院作出有罪判决时开始。通说是第一种观点,认为刑事责任的产生阶段从行为人实施犯罪时起,到公安司法机关立案时止。

(二)确认阶段

刑事责任的确认阶段从公安司法机关立案时起,到人民法院作出有罪判决生效时止,即确认犯罪嫌疑人是否构成犯罪,是否应负刑事责任,以及应如何承担刑事责任。

(三)实现阶段

刑事责任的实现阶段从人民法院作出有罪判决生效时起,到所决定的刑事制裁措施执行完毕或赦免时止,这是一个核心阶段。刑事责任作为一种法律责任,其内容是犯罪人因其实施犯罪行为而产生的依法承担的刑事法律后果的义务及其应当受到否定的道德和法律的评价和谴责。这仅仅是一种现实可能性,具有应然的性质,而刑事责任的实现就是使这种可能性变为现实,使应然变为实然。

六、刑事责任与刑罚的关系

刑事责任与刑罚的关系主要有以下几点：第一，刑事责任的存在决定刑罚的存在，没有刑事责任就没有刑罚。刑事责任是刑罚的前提，刑罚是刑事责任的结果。第二，刑事责任的轻重是量刑的基本依据和标准，刑罚的轻重必须与刑事责任的轻重相适应，这也是罪责刑相适应原则之所在。第三，刑罚是实现刑事责任的基本方法。

七、刑事责任的实现方式

刑事责任的实现主要有两种方式，最基本的方式是通过刑罚的方法实现。但是在具体的司法实践之中，不是每一个案件都是定罪判刑，也有其他实现刑事责任的方式，诸如定罪免刑、消灭处理和转移处理。除了通过刑罚的方法实现刑事责任以外，刑法还规定了非刑罚方法这种实现刑事责任的方式，根据《刑法》第37条规定：犯罪情节轻微，不需要判处刑罚的，可以免予刑事处罚，但根据案件的不同情况，予以训诫或责令具结悔过、赔礼道歉、赔偿损失，或由主管部门予以行政处罚或者行政处分。该规定表明了我国刑法的非刑罚处罚方法。常见的非刑罚处罚方法诸如训诫、责令具结悔过、赔礼道歉、赔偿损失以及行政处罚等。

释义 2. 从历史上看刑事责任内容的变迁

从历史上看刑事责任内容的变迁，主要有以下几个方面：①刑事责任由随意性发展为法定性。②刑事责任由客观责任发展为主客观统一的责任。③刑事责任由团体责任发展为个人责任。④刑事责任由人、物承担发展为由人承担。⑤刑事责任的承担由不平等发展为平等。⑥刑事责任的实现方式由残酷发展为人道。⑦刑事责任的实现方法由单一化发展为多元化。⑧刑事责任的追究由简单发展为复杂。

第二节　　法律后果与刑罚

一、刑罚的概念与特征

刑罚是刑法规定的由国家审判机关依法对犯罪人适用的限制或剥夺其某种权益的强制性制裁方法。刑罚具有以下几个方面的特征：

（1）刑罚手段的严厉性。刑罚作为国家对犯罪行为的否定评价与对犯罪人的谴责的一种最严厉的形式，当然对犯罪人具有身体的、精神的、财产的剥夺性、限制性痛苦，相对于其他强制措施，刑罚具有手段的严厉性，也最具有强烈的痛苦。刑罚的严厉性表现在刑罚可以通过死刑来消除一个人的社会角色以完成刑罚的目的。

（2）刑罚根据的法定刑。罪刑法定要求刑罚必须根据刑法明文规定；刑罚罚则只能由最高立法机关制定。所以，刑罚的根据必须具有法定刑，不能超越刑法的规定肆意动用刑罚。

（3）刑罚适用对象的特定性。刑罚是犯罪的后果，犯罪是刑罚的前提。对于刑罚适用的对象一定是具有犯罪行为并被依法认定为犯罪的犯罪分子。

（4）刑罚适用主体唯一性。刑罚的适用是通过人民法院的刑事审判活动完成，没有经过司法判决，任何人都是无罪的，所以刑罚适用主体只能是人民法院。

（5）刑罚适用程序的专门性。刑罚适用程序只能根据刑事诉讼法的程序进行。

（6）刑罚执行主体特定性。根据法律的规定，刑罚执行机关是监狱、法院和公安。

二、刑罚权的基本内容

刑罚权是国家基于独立主权，对犯罪人实行刑事制裁的权力。其内容表现为国家对犯罪人实行刑罚惩罚。刑罚权分为一般刑罚权与个别刑罚权。只要发生犯罪，国家就可以对犯罪人实行刑罚惩罚，这种刑罚惩罚是一般、抽象意义上的刑罚权，就是一般刑罚权，发生具体的犯罪时，国家可以对具体犯罪人实行刑罚惩罚，这种个别、具体意义上的刑罚权，就是个别刑罚权。

刑罚权的内容包括：①制刑权，是指国家立法机关在刑事立法中创制刑罚的权力，是一种立法权，表现在对刑罚的废、改、立。②求刑权，是指对犯罪嫌疑人、被告人提起诉讼，请求审判机关对其依法适用刑罚的权力。③量刑权，是由审判机关根据求刑权而决定对刑事被告人是否适用刑罚以及适用何种刑罚的权力。④行刑权，是指刑罚执行机关对犯罪人依法执行刑罚的权力。

三、刑罚的目的

"任何法律都必须有其根据，即根据某种明确的观点或信念，否则便无法解释和毫无意义。"[①]刑罚的存在必须具有充足的合理根据，所以，刑罚的目的问题其实就是刑罚的正当化根据问题，刑罚的目的是指适用刑罚所预期达到的效果。

（一）刑罚的报应目的

绝对主义，又称"报应主义"。绝对主义是前期旧派的主张，以绝对的报应刑论为内容，将刑罚理解为对犯罪的报应，即刑罚是针对恶性的恶报。恶有恶报、善有善报是人理常情，犯罪是一种恶，对于犯罪之恶，应以刑罚应之。刑罚是犯罪之报应，着眼于已然之罪，犯罪事实不仅为刑罚之条件，而且为刑罚之唯一原因。根据时代的变迁以及报应根据（为何报应）之本源的不同，报应主义经历了三种理论形态：神意报应、道义报应、法律报应，其经典表述为"因为有犯罪而科处刑罚"。

1. 神意报应

神意报应在万事皆求诸神的古代社会中存在，是生产力低下、认识上愚昧无知的必然产物。在这种情况下，人们将法律规范与自然规律相等同，并对之作出一种超自然的解释，在因果条件的基础上形成了神意报应的观念。神意报应的特点是以神意作为刑罚权的根据，由此论证刑法的正当性。在中国古代社会，存在天罚之说。在西方中世纪，神意报

---

① [英]鲍桑葵.关于国家的哲学理论[M].汪淑钧，译.北京：商务印书馆，1995：78.

应的思想在救赎理论中发挥得淋漓尽致。在现代社会，已经不存在这种神意报应论。

2. 道义报应

道义报应为德国著名哲学家康德所主张。道义报应之报应，是一种基于道德义务而产生的报应。换言之，道德义务是报应的根据，也是刑法正当性的根据。现在的道义报应是指根据犯罪人的主观恶性程度实行报应。根据道义报应的观点，对犯罪人发动刑罚应以其道德罪过为基础，使刑罚与道德充分保持一致。道义报应的本质是将刑罚奠基于犯罪人的主观恶性的基础之上，并对其予以否定的伦理评价。

3. 法律报应

法律报应为德国著名哲学家黑格尔所主张。法律报应是指根据犯罪的客观危害程度进行报应。根据法律报应的观点，对犯罪人发动刑罚，应以其客观上对社会造成的危害为基础。法律报应将刑法与道德区分，认为犯罪的本质并不是一种恶，尤其不能把罪过视为犯罪本质而满足于对犯罪的否定的道德评价，而是强调犯罪是客观上对法秩序的破坏，刑罚是对犯罪的否定。

4. 道义报应与法律报应的关系

道义报应以道德罪过作为报应的根据，而法律报应是以法律规定的社会客观危害作为报应的基础。但两者都是对已然之罪的一种报应，是对已然的犯罪人予以否定的伦理与法律评价。报应由道义报应发展为法律报应；道义报应是根据犯罪人主观恶性程度进行报应，对犯罪人发动报应应以其道德罪过为基础，本质是将刑罚奠基于"主观恶性"的基础之上，并对其予以否定的伦理评价；法律报应是根据犯罪的客观危害程度实行报应。

（二）刑罚的预防目的

相对主义，又称"预防主义""目的主义""功利主义"，属于新派的理论，以目的刑为内容。目的刑论认为，刑罚本身没有什么意义，只有在为了实现一定目的即预防犯罪的意义上才具有价值。预防分为一般预防与个别预防。其经典表述为"为了没有犯罪而科处刑罚"。

1. 个别预防

个别预防又称特殊预防，是指通过对犯罪人适用一定的刑罚，使之永久或者在一定期间内丧失再犯能力。现在主要是以矫正为主要内容的个别预防论，其注重消除犯罪人的人身危险性，通过生理与心理的矫治方法，使犯罪人复归社会。个别预防主要通过两个途径实现：一是对罪行极其严重的犯罪人适用死刑，永远剥夺其重新犯罪的能力；二是对犯罪人适用刑罚，使犯罪人不能犯罪、不敢犯罪乃至不愿犯罪。

2. 一般预防

一般预防是指通过对犯罪人适用一定的刑罚，使社会上的其他人，主要是指那些潜在的犯罪人，产生的阻止其犯罪的作用。一般预防的核心是威吓，它是借助于刑罚性对社会成员产生的一种威慑、阻吓效应。一般预防有两个途径：一是通过对犯罪人适用刑罚，向社会成员宣告，任何人犯罪都将受到刑罚处罚，将受到剥夺性的痛苦，于是对社会成员起到警戒与抑制作用，使社会成员增强规范意识；二是通过对犯罪人适用刑罚，向社会成员宣告，犯罪都是刑罚所禁止的侵犯法益的行为，为了保护法益，就必须与犯罪作斗争，号召社会成员防止和抵制犯罪的发生，以利于更好的预防犯罪。因此，一般预防的实现，有赖于刑罚的公正性、公开性和及时性。①

3.个别预防与一般预防的关系

首先，两者在预防的对象上不同，个别预防是以已然之罪的犯罪人为作用对象的，目的在于阻止社会上的其他成员犯罪，尽管在预防对象上存在差别，但无论个别预防还是一般预防，其共同目的都是预防犯罪。其次，两者在功能上具有互补性，如在刑法的威慑功能上，个别威慑与一般威慑是辩证统一的。

（三）刑罚目的二元论

刑罚目的的报应主义和预防主义均具有合理性，又都具有片面性。将两者统一思考就产生了一体论，一体论的基本立论在于：报应与功利都是刑罚赖以存在的根据，因此，刑罚既回顾已然之罪，也要前瞻未然之罪。对于已然之罪，刑罚以报应为目的；而对于未然之罪，刑罚以预防为目的。其经典表述为"因为有犯罪并为了没有犯罪而科处刑罚"。

（1）报应与预防在定义上不同，但根本上存在相通之处。报应主义强调刑罚的正当性，反对为追究刑罚功利目的而违反刑罚正义性，在不违反刑罚正义性的情况下，可以兼容预防的思想。同样，预防主义强调刑罚的功利性，反对为追究刑罚报应目的而不顾刑罚功利性，这种刑罚的预防目的在不违反刑罚功利性前提下，可以兼容报应的思想。没有脱离预防思想的绝对报应，也没有脱离报应思想的绝对预防。

（2）报应与预防是统一的，但是以报应为主还是以预防为主？一般认为，报应与预防在刑罚目的体系中并非并列关系，报应是对刑罚前提性的限制，而预防是对刑罚的价值追究。前者可以表述为"因为"，后者可以表述为"为了"。一般来讲，应该以报应为主，预防为辅，但在不同的阶段两者有所侧重：第一，刑罚创制阶段，即刑事立法过程，一般预防的目的处于主导地位；但对一般预防的追求不能超过报应的限度；第二，刑罚裁量阶段，司法者应根据行为人罪行的大小决定刑罚的轻重，因而是以报应为主。在法定幅度内，可以兼顾一般预防与个别预防，使两者得以统一。第三，刑罚执行阶段，行刑者应根据犯罪人的人身危险性以及犯罪情节，采取有效的改造措施，侧重于个别预防。

四、刑罚的功能

（一）刑罚功能的概念

刑罚的功能是指国家创制、适用和执行刑罚所可能产生的积极的社会作用或社会效应。这意味着刑罚不仅对犯罪人产生直接影响，而且对社会其他成员也产生直接或间接影响。

（二）刑罚功能的表现

1.刑罚对犯罪人的功能

刑罚对犯罪人的功能主要表现在以下几个方面：①惩罚功能，惩罚是犯罪的必然结果，因此，刑罚对犯罪人的惩罚功能是其自身固有的功能。任何人只要犯了罪就要受到刑罚的惩罚。②剥夺功能，即限制犯罪人再犯的功能。③教育改造功能，主要表现在两个方面：一方面通过刑罚的惩罚，教育和改造犯罪人，使其重新做人；另一方面是通过刑罚的惩罚，教育广大人民群众，使其知道什么是犯罪，什么是刑罚。

---

① 张明楷.刑法学(第4版)[M].北京：法律出版社，2011：461.

2. 刑罚对被害人及其家属的功能

刑罚对被害人及其家属的功能主要为两个方面：①安抚功能，它是针对犯罪行为的被害人及其亲属而言的，犯罪行为的被害人及其亲属对犯罪人的这种痛恨只有在犯罪人身上得到应有的刑罚惩罚之后才能平息。②补偿功能，刑罚对被害人及其家属而言还具有补偿功能。

3. 对其他社会成员的功能

对其他社会成员的功能主要表现在威慑功能上，它是针对社会上有可能犯罪的不稳定分子而言的。司法机关对已然之罪的惩罚，表明国家对犯罪人及其犯罪行为的谴责和否定评价，而通过对犯罪人适用刑罚，会使社会上那些有可能犯罪的不稳定分子或者未然犯罪人感受到思想上、心理上的影响和震撼，出于对刑罚的敬畏而不敢犯罪。这就更好地实现了鼓励功能和教育功能等。

能力应用

韩某于 2016 年 10 月 18 日 10 时许，骗开司法局家属区 301 室的门后，用美工刀对女主人李某进行威胁，同时对李某进行殴打，致使其昏迷。韩某见李某昏迷后当场劫得钱包 1 只，内有现金人民币 62 元。韩某之后逃离现场。李某经过医院抢救脱险。经鉴定，李某的损伤程度为重伤。一审法院判决韩某赔偿被害人医药费 2 万元，后省高级人民法院最终判决李某死刑，缓期 2 年执行，并处没收个人全部财产。问：以本案分析刑罚具有哪些功能。

答：刑罚功能是指国家正确制定、裁量和执行刑罚对人们可能产生的积极作用。第一，对犯罪人的功能：①剥夺功能，即限制再犯功能；②惩罚功能；③教育改造功能。第二，对被害人及其家属的功能：①安抚功能；②补偿功能。第三，对其他社会成员的功能：①一般威慑功能；②鼓励功能强化公民的守法意识；③教育功能。

第十四章　刑罚的体系

知识结构

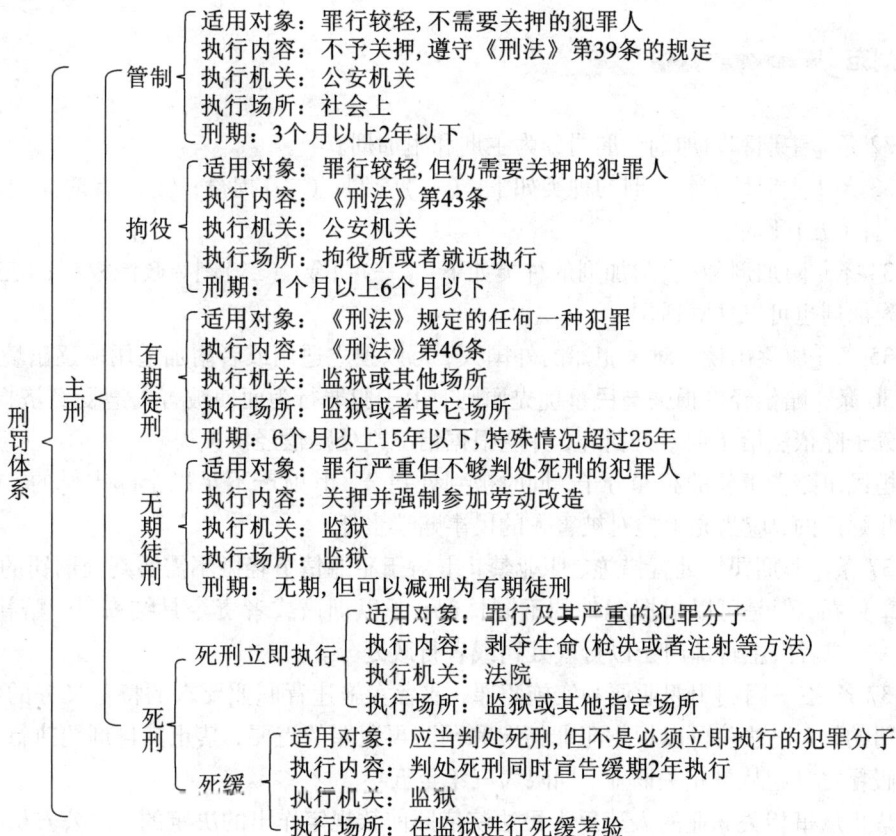

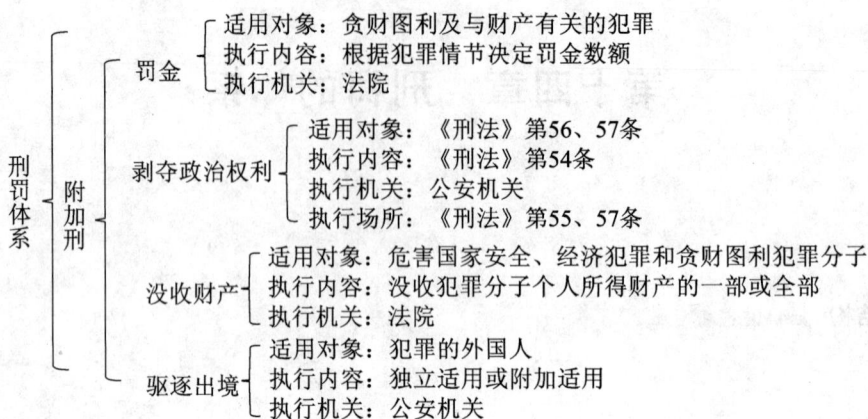

```
                        ┌ 适用对象：贪财图利及与财产有关的犯罪
                  ┌ 罚金 ┤ 执行内容：根据犯罪情节决定罚金数额
                  │      └ 执行机关：法院
                  │            ┌ 适用对象：《刑法》第56、57条
                  │            │ 执行内容：《刑法》第54条
            ┌ 附  ┤ 剥夺政治权利┤ 执行机关：公安机关
            │ 加  │            └ 执行场所：《刑法》第55、57条
 刑罚体系 ──┤ 刑  │        ┌ 适用对象：危害国家安全、经济犯罪和贪财图利犯罪分子
            │     ┤ 没收财产┤ 执行内容：没收犯罪分子个人所得财产的一部或全部
            │     │        └ 执行机关：法院
            │     │        ┌ 适用对象：犯罪的外国人
            └     └ 驱逐出境┤ 执行内容：独立适用或附加适用
                           └ 执行机关：公安机关
```

法条规范 ◢◣

第 32 条［主刑和附加刑］刑罚分为主刑和附加刑。

第 33 条［主刑种类］主刑的种类如下：（一）管制；（二）拘役；（三）有期徒刑；（四）无期徒刑；（五）死刑。

第 34 条［附加刑种类］附加刑的种类如下：（一）罚金；（二）剥夺政治权利；（三）没收财产。附加刑也可以独立适用。

第 35 条［驱逐出境］对于犯罪的外国人，可以独立适用或者附加适用驱逐出境。

第 36 条［赔偿经济损失与民事优先原则］由于犯罪行为而使被害人遭受经济损失的，对犯罪分子除依法给予刑事处罚外，并应根据情况判处赔偿经济损失。

承担民事赔偿责任的犯罪分子，同时被判处罚金，其财产不足以全部支付的，或者被判处没收财产的，应当先承担对被害人的民事赔偿责任。

第 37 条［非刑罚性处置措施、职业禁止］对于犯罪情节轻微不需要判处刑罚的，可以免予刑事处罚，但是可以根据案件的不同情况，予以训诫或者责令具结悔过、赔礼道歉、赔偿损失，或者由主管部门予以行政处罚或者行政处分。

第 37 条之一 因利用职业便利实施犯罪，或者实施违背职业要求的特定义务的犯罪被判处刑罚的，人民法院可以根据犯罪情况和预防再犯罪的需要，禁止其自刑罚执行完毕之日或者假释之日起从事相关职业，期限为三年至五年。

被禁止从事相关职业的人违反人民法院依照前款规定作出的决定的，由公安机关依法给予处罚；情节严重的，依照本法第三百一十三条的规定定罪处罚。

其他法律、行政法规对其从事相关职业另有禁止或者限制性规定的，从其规定。

第 38 条［管制的期限与执行机关］管制的期限，为三个月以上二年以下。

判处管制，可以根据犯罪情况，同时禁止犯罪分子在执行期间从事特定活动，进入特定区域、场所，接触特定的人。

对判处管制的犯罪分子，依法实行社区矫正。

违反第二款规定的禁止令的，由公安机关依照《中华人民共和国治安管理处罚法》的规定处罚。

［被管制犯罪的义务与权利］被判处管制的犯罪分子，在执行期间，应当遵守下列规定：

（一）遵守法律、行政法规，服从监督；

（二）未经执行机关批准，不得行使言论、出版、集会、结社、游行、示威自由的权利；

（三）按照执行机关规定报告自己的活动情况；

（四）遵守执行机关关于会客的规定；

（五）离开所居住的市、县或者迁居，应当报经执行机关批准。

对于被判处管制的犯罪分子，在劳动中应当同工同酬。

第40条［管制期满解除］被判处管制的犯罪分子，管制期满，执行机关应即向本人和其所在单位或者居住地的群众宣布解除管制。

第41条［管制刑期的计算和折抵］管制的刑期，从判决执行之日起计算；判决执行以前先行羁押的，羁押一日折抵刑期二日。

第42条［拘役的期限］拘役的期限，为一个月以上六个月以下。

第43条［拘役的执行］被判处拘役的犯罪分子，由公安机关就近执行。

在执行期间，被判处拘役的犯罪分子每月可以回家一天至两天；参加劳动的，可以酌量发给报酬。

第44条［拘役刑期的计算和折抵］拘役的刑期，从判决执行之日起计算；判决执行以前先行羁押的，羁押一日折抵刑期一日。

第45条［有期徒刑的期限］有期徒刑的期限，除本法第五十条、第六十九条规定外，为六个月以上十五年以下。

第46条［有期徒刑与无期徒刑的执行］被判处有期徒刑、无期徒刑的犯罪分子，在监狱或者其他执行场所执行；凡有劳动能力的，都应当参加劳动，接受教育和改造。

第47条［有期徒刑刑期的计算与折抵］有期徒刑的刑期，从判决执行之日起计算；判决执行以前先行羁押的，羁押一日折抵刑期一日。

第48条［死刑、死缓的适用对象及核准程序］死刑只适用于罪行极其严重的犯罪分子。对于应当判处死刑的犯罪分子，如果不是必须立即执行的，可以判处死刑同时宣告缓期二年执行。

死刑除依法由最高人民法院判决的以外，都应当报请最高人民法院核准。死刑缓期执行的，可以由高级人民法院判决或者核准。

第49条［死刑适用对象的限制］犯罪的时候不满十八周岁的人和审判的时候怀孕的妇女，不适用死刑。

审判的时候已满七十五周岁的人，不适用死刑，但以特别残忍手段致人死亡的除外。

第50条［死缓变更］判处死刑缓期执行的，在死刑缓期执行期间，如果没有故意犯罪，二年期满以后，减为无期徒刑；如果确有重大立功表现，二年期满以后，减为二十五年有期徒刑；如果故意犯罪，情节恶劣的，报请最高人民法院核准后执行死刑；对于故意犯罪未执行死刑的，死刑缓期执行的期间重新计算，并报最高人民法院备案。

对被判处死刑缓期执行的累犯以及因故意杀人、强奸、抢劫、绑架、放火、爆炸、投放危险物质或者有组织的暴力性犯罪被判处死刑缓期执行的犯罪分子，人民法院根据犯罪情节等情况可以同时决定对其限制减刑。

第51条［死缓期间及减为有期徒刑的刑期计算］死刑缓期执行的期间，从判决确定之日起计算。死刑缓期执行减为有期徒刑的刑期，从死刑缓期执行期满之日起计算。

第52条［罚金数额的裁量］判处罚金，应当根据犯罪情节决定罚金数额。

第53条［罚金的缴纳、减免］罚金在判决指定的期限内一次或者分期缴纳。期满不缴纳的，强制缴纳。对于不能全部缴纳罚金的，人民法院在任何时候发现被执行人有可以执行的财产，应当随时追缴。

由于遭遇不能抗拒的灾祸等原因缴纳确实有困难的，经人民法院裁定，可以延期缴纳、酌情减少或者免除。

第54条［剥夺政治权利的含义］剥夺政治权利是剥夺下列权利：（一）选举权和被选举权；（二）言论、出版、集会、结社、游行、示威自由的权利；（三）担任国家机关职务的权利；（四）担任国有公司、企业、事业单位和人民团体领导职务的权利。

第55条［剥夺政治权利的期限］剥夺政治权利的期限，除本法第五十七条规定外，为一年以上五年以下。

判处管制附加剥夺政治权利的，剥夺政治权利的期限与管制的期限相等，同时执行。

第56条［剥夺政治权利的附加、独立适用］对于危害国家安全的犯罪分子应当附加剥夺政治权利；对于故意杀人、强奸、放火、爆炸、投毒、抢劫等严重破坏社会秩序的犯罪分子，可以附加剥夺政治权利。

独立适用剥夺政治权利的，依照本法分则的规定。

第57条［对死刑、无期徒刑罪犯剥夺政治权利的适应］对于被判处死刑、无期徒刑的犯罪分子，应当剥夺政治权利终身。

在死刑缓期执行减为有期徒刑或者无期徒刑减为有期徒刑的时候，应当把附加剥夺政治权利的期限改为三年以上十年以下。

第58条［剥夺政治权利的刑期计算、效力与执行］附加剥夺政治权利的刑期，从徒刑、拘役执行完毕之日或者从假释之日起计算；剥夺政治权利的效力当然施用于主刑执行期间。

被剥夺政治权利的犯罪分子，在执行期间，应当遵守法律、行政法规和国务院公安部门有关监督管理的规定，服从监督；不得行使本法第五十四条规定的各项权利。

第59条［没收财产的范围］没收财产是没收犯罪分子个人所有财产的一部或者全部。没收全部财产的，应当对犯罪分子个人及其扶养的家属保留必需的生活费用。

在判处没收财产的时候，不得没收属于犯罪分子家属所有或者应有的财产。

第60条［以没收的财产偿还债务］没收财产以前犯罪分子所负的正当债务，需要以没收的财产偿还的，经债权人请求，应当偿还。

典型案例

【基本案情】

焦某盗窃案①

被告人焦某，男，1975 年 1 月 16 日出生，无业。1994 年 5 月 11 日，因犯流氓罪被判处有期徒刑 2 年，1995 年 12 月刑满释放；1998 年 3 月 12 日，因犯盗窃罪被判处有期徒刑 10 年，剥夺政治权利 2 年，2005 年 9 月 1 日刑满释放。

焦某于 2005 年 10 月 8 日 15 时许，在北京市顺义区某饭店经理室内，窃走王某的小灵通电话一部，后以人民币 100 元的价格销售；于 2005 年 11 月份的一天，到北京市顺义区某小区 45 - 5 - 402 室刘某某家，撬锁窃得摩托罗拉 V290 型移动电话机一部及项链、戒指等物，物品价值人民币 789 元；于 2005 年 11 月份的一天 9 时许，进入北京市顺义区医院 305 宿舍内，窃得刘某三星牌 X458 型移动电话机一部，价值人民币 1238 元；于 2006 年 2 月 2 日 9 时许，撬门进入北京市朝阳区某小区 19 - 7 - 201 室，窃得黄某某工商银行卡、存折、居民身份证及人民币 100 元；于 2006 年 3 月份的一天，伙同学某、小某（均另案处理）到北京市顺义区某小区 27 - 2 - 502 室，盗走周某某家人民币 1500 元、银行储蓄卡 3 张等物品，后 3 人从邮政储蓄卡内提取人民币 1100 元；于 2006 年 4 月 21 日 14 时许，伙同学某、小某到北京市顺义区某小区，进入 10 - 5 - 67 室，窃得曾某某人民币 3900 元及惠普牌笔记本电脑 1 台、移动电话机 1 部等物，赃款及赃物共计价值人民币 12230 元。其还坦白交代，于 2006 年 1 月、5 月，先后到北京市朝阳区某小区 4 - 3 - 312 室，顺义区某小区 28 - 1 - 302 室，分别窃走赵某某房产本 1 本、身份证等物，荆某某联想计算机 1 台、三星 X199 型移动电话机 1 部（价值人民币 240 元）。上述赃款均被挥霍，赃物亦未追回。

检察机关以被告人焦某犯盗窃罪向法院提起公诉。法院经审理后认为：被告人焦某以非法占有为目的，单独或伙同他人，秘密窃取公民财物，数额巨大，其行为已构成盗窃罪，依法应予惩处，应与其原犯盗窃罪未执行完毕的剥夺政治权利并罚。被告人焦某曾因犯罪被判处刑罚，在刑满释放后 5 年内，又犯应当判处有期徒刑以上刑罚之罪，系累犯，应从重处罚。鉴于其在被抓获后能主动供述公安机关尚未掌握的部分盗窃事实，系坦白，酌情从轻处罚。依据《刑法》第 264 条、第 65 条、69 条等判决如下：（1）被告人焦某犯盗窃罪，判处有期徒刑 4 年 6 个月，并处罚金人民币 5000 元，与原犯盗窃罪未执行完毕的剥夺政治权利 1 年 3 个月 19 天，决定执行有期徒刑 4 年 6 个月，并处罚金人民币 5000 元，剥夺政治权利 1 年 3 个月 19 天。（2）对被告人焦某非法所得 17297 元继续予以追缴。（3）赵某某户口簿发还被告人赵某某。（4）作案工具改锥一把、铁钩一个、其他工具十件予以没收。

【法律问题】本案是剥夺政治权利执行期间重新犯罪如何计算剩余刑期的问题。

【观点争议】在本案审理时，最高人民法院《关于在执行附加刑剥夺政治权利期间犯新罪应如何处理的批复》尚未出台。本案审理存在较大分歧，具体来说，争议焦点有两个：

（1）在被告人因重新犯罪羁押后，前罪尚未执行完毕的剥夺政治权利的执行是否停止？

---

① 最高人民法院刑事审判庭. 中国刑事审判指导案例［M］. 北京：法律出版社，2013：78.

第一种意见认为，剥夺政治权利的执行不能停止。理由是：刑罚的执行能否停止应该根据法律的规定进行，只有在法律有明确规定的情况之下才能依法停止执行，而且剥夺政治权利的执行在一定期限内具有持续性的特点，不同于其他附加刑，如罚金、没收财产，如果停止剥夺政治权利的执行，会导致被告人一段时间内能行使政治权利，一段时间不能行使，不利于执行机关的执行。

第二种意见认为，剥夺政治权利的执行可以停止，这既符合剥夺政治权利的执行特点，也不违背相关法律的规定，可以避免产生法律适应上的冲突。

（2）如何计算前罪尚未执行完毕的剥夺政治权利的刑期？

第一种意见认为，前罪附加剥夺政治权利，应从新罪的主刑有期徒刑执行之日起停止计算，如判决前先行羁押的，应从涉嫌犯罪被羁押之日起停止计算。

第二种意见认为，应从新罪一审判决之日起停止计算。

第三种意见认为，应从新罪判决生效之日起停止计算，因为犯罪在新罪判决生效之前，其剥夺政治权利的根据只能是前罪正执行的附加刑。

第一种意见比较符合刑法的规定。

规范释义

第一节　刑罚体系概述

从各国刑法的规定来看，刑罚方法主要有三种分类方法：一是将刑罚分为主刑与附加刑（从刑），如日本刑法、意大利刑法、巴西刑法等；二是将刑罚分为重刑、轻刑与附属刑，如西班牙刑法等；二是将刑罚分为重罪之刑与轻罪之刑，如法国旧刑法、土耳其刑法等。还有的国家刑法在一个条文中规定出所有的刑罚方法，而没有进行分类，如泰国刑法。我国采取第一种。

一、刑罚体系的概念

刑罚体系是指按照一定的标准对各种刑罚进行排列而形成的刑罚序列。在我国刑法中，刑罚可以分为主刑和附加刑。五种主刑和四种附加刑，按照轻重程度依次排列，形成我国刑法中的刑罚体系。我国刑罚种类有主有从，有轻有重，宽严相济、相互配合、相互衔接，构成一个完整的、科学的刑罚体系。

二、刑罚体系的构成要素

(一)我国刑法中的刑种①

刑罚体系构成要素是各种刑罚方法。刑法种类简称刑种。我国刑法规定的刑种共有九种,分别为:管制、拘役、有期徒刑、无期徒刑、死刑;罚金、剥夺政治权利、没收财产、驱逐出境。

(二)刑罚体系的组合结构

刑罚可以分为主刑和附加刑。主刑是对犯罪适用的主要刑罚方法,它只能独立适应,不能附加适应。因此,一个犯罪只能有一个主刑。附加刑,又称为从刑,是补充主刑适用的刑罚方法。附加刑既可以附加适应,又可以独立适应,在附加适应时,一个犯罪可以同时适用两个以上的附加刑。

第二节　主刑

一、管制

(一)管制的概念与特征

管制是指对罪犯不予关押,但限制其一定自由,并采取社区矫正的执行方式。管制具有以下特征:

(1)不予关押。对犯罪分子不予关押,不剥夺其人身自由。

(2)限制自由。被判处管制刑的罪犯必须在公安机关的管束下和群众监督下进行劳动改造,其自由受到一定的限制,使管制有别于免于刑罚处罚。限制的内容是《刑法》第39条的规定。

(3)自主劳动。被判处管制的罪犯可以自谋生计,在劳动中与普通公民同工同酬。

(二)管制的期限

(1)管制的期限为3个月以上2年以下,数罪并罚时不得超过3年。

(2)起算:刑期从判决执行之日起计算;判决执行前先行羁押的,羁押1日折抵刑期2日。注意:对于经过批准离开居住地的罪犯,经许可外出的期间,应计入执行期。

(三)管制的执行

1.对管制刑实行社区矫正

根据《中华人民共和国刑法修正案(八)》第3款的规定:"对判处管制的犯罪分子,依法实行社区矫正。"

(1)社区矫正的概念:社区矫正是非监禁刑罚执行方式,是指将符合法定条件的罪犯置于社区内,由专门的国家机关(主要是指司法行政机关,即司法局等)在相关社会团体、

---

① 刑罚在学理上分为生命刑、身体刑、自由刑、财产刑、资格刑。目前,中国无身体刑与羞辱刑,资格刑仅限于剥夺政治权利,刑罚结构基本以自由刑为主。

民间组织和社会志愿者的协助下，在判决、裁定或决定确定的期限内，矫正其犯罪心理和行为恶习，促进其顺利回归社会的非监禁刑罚执行活动。

（2）社区矫正是西方国家首推的一种刑事执法模式，理念正始于19世纪末近代学派的行刑社会化思想。20世纪50年代，西方兴起了罪犯再社会化思潮，以安塞尔为代表的新社会防卫学派提出对罪犯实行人道化和再社会化，这使社区矫正思想由孕育走向成熟。

释义1. 社区矫正是一种刑罚执行方式

社区矫正是一种刑罚执行方式，而不是一种新的刑种。在管制、缓刑、假释中都可采用社区矫正。

（3）目前我国尚未制定专门的社区矫正法，其执行依据是：2004年5月司法部出台的《司法行政机关社区矫正暂行办法》和2009年9月2日最高人民法院、最高人民检察院、公安部、司法部联合签发的《关于在全国试行社区矫正工作的意见》以及2011年4月28日颁布的《最高人民法院、最高人民检察院、公安部、司法部关于对判处管制、宣告缓刑的犯罪分子适用禁止令有关问题的规定（试行）》。

2. 对管制刑可以同时适用禁止令

对管制刑可以同时适用禁止令。禁止犯罪分子在执行期间从事特定活动，进入特定区域、场所，接触特定的人。

释义2. 禁止令的具体内容

第一，禁止令并不是管制本身的内容，也不是执行管制的方法，而是一种保安触犯措施；第二，并不是对任何判处管制的罪犯都必须作出禁止令；第三，禁止令的具体内容，以特殊预防为根据。

二、拘役

（一）拘役的概念与特征

拘役是短期剥夺罪犯人身自由，就近实行劳动改造的刑罚方法。它具有以下特征：

（1）剥夺自由。拘役是短期剥夺人身自由，是一种短期自由刑。

（2）刑期较短。拘役是一种短期自由刑，其刑期最短不超过1个月，最长不超过6个月。

（3）短期关押。拘役适应于罪行较轻，必须予以短期关押改造的犯罪分子。

（4）就近执行。拘役由公安机关就近执行。

（二）拘役的期限

（1）拘役的期限为1个月以上6个月以下，数罪并罚时不得超过1年。

（2）拘役期限起算：刑期从判决执行之日起算，判决执行以前先行羁押，羁押1日折抵刑期 1 日。

（三）拘役的执行

（1）由公安机关在就近的拘役所、看守所或者其他监管场所执行。在执行期间，罪犯每月可以回家一天至两天。

（2）劳动问题：实行强迫劳动改造，可以酌量发给报酬。

三、有期徒刑

（一）有期徒刑的概念与特征

有期徒刑指剥夺犯罪分子一定期限的人身自由，强制其劳动改造的刑罚方法。所有犯罪的法定刑中都有有期徒刑。有期徒刑具有以下特征：

（1）剥夺自由。有期徒刑在一定期限内对犯罪实行关押，剥夺其人身自由。

（2）适应广泛。有期徒刑的刑期从 6 个月到 15 年，其跨度很大，具有较大的可分性。

（3）强制劳动。即强制接受教育和劳动改造。

（二）有期徒刑的期限

有期徒刑的期限为 6 个月至 15 年，即最低为 6 个月，最高为 15 年。但两种情况例外：第一，根据《刑法》第 50 条规定，判处死刑缓期执行的，在死缓执行期间，如果确有重大立功表现的，2 年期满后，减为 25 年有期徒刑。第二，根据《刑法》第 69 条规定，数罪并罚，有期徒刑总和刑期不满 35 年的，最高可达 20 年；总和刑期在 35 年以上的，最高可达 25 年。

（三）有期徒刑的计算

刑期从判决执行之日起开始计算，判决执行以前先行羁押的，羁押 1 日折抵刑期 1 日。

（1）"判决执行之日"，是指法院签发执行通知书之日，既不同于判决宣告之日，也不同于判决实际执行之日（例如送监日）。

（2）如果被告人只是被取保候审，并未被剥夺人身自由，不能算作羁押，不能折抵。

（四）有期徒刑的执行机关

由监狱或其他执行场所执行。

（五）有期徒刑的待遇

判处拘役的罪犯劳动可获得酌量报酬，判处有期徒刑的罪犯没有这项待遇。

四、无期徒刑

（一）无期徒刑的概念

无期徒刑指剥夺犯罪分子终身自由，并强制其劳动改造的刑罚方法。

（二）无期徒刑的规定方式

对于规定了死刑的犯罪，一般同时规定将无期徒刑作为选择刑（个别条文例外）；若将无期徒刑规定为法定刑中的最高刑，在这种情况下同时规定较长的有期徒刑的选择刑。

（三）无期徒刑的内容

（1）在监狱或者其他执行场所执行。

（2）有劳动能力的，应当参加劳动。

（3）被判处无期徒刑的，应当附加剥夺政治权利终身。

（4）与假释、减刑、赦免的联系：实际服刑 10 年以上的，有机会被假释出狱。

五、死刑

（一）死刑的概念

死刑又称"生命刑"，指剥夺犯罪分子生命的刑罚方法，包括死刑立即执行与死刑缓期两年执行。

（二）死刑的沿革与现状

1. 死刑的沿革

死刑起源于血亲复仇。"我们今日的死刑，只是这种复仇的文明形式。"17、18 世纪的资产阶级启蒙思想家提出了刑罚人道主义的思想。贝卡利亚于 1764 年发表了《论犯罪与刑罚》，首次从理论上系统论证了所谓死刑的残酷性、不人道性与不必要性，明确提出废除死刑。从此，死刑的存废便成了长期争论的问题。在废除死刑理论的影响下，突斯展尼（今意大利西部）于 1786 年首先废除了死刑，奥地利于 1787 年废除了死刑。虽然时隔不久又恢复了死刑，但其产生的影响是不可忽视的。19 世纪末 20 世纪初，国际上出现了第一次废除死刑的高潮。圣马力诺、葡萄牙、瑞士、意大利、巴西、挪威、瑞典、冰岛、西班牙、丹麦等国先后从法律上废除了死刑。第二次世界大战以后，国际上出现了第二次废除死刑的高潮，有 20 多个国家废除了死刑。这些国家可分为三类：第一类，完全废除死刑的国家，即通过宪法或法律宣告废除死刑，或者在所有刑法规范中没有规定死刑的国家，如葡萄牙、法国、瑞士等国家；第二类，部分废除死刑的国家，即对普通刑事犯罪废除死刑，对某些犯罪仍保留死刑的国家；第三类，事实上废除死刑的国家，即在法律上规定有死刑，但在过去十年内或更长的时间内没有执行过死刑，甚至没有判处死刑的国家。

从刑法理论上看，持古典学派的报应刑论的人往往主张保留死刑；持实证学派的教育刑论的人常常主张废除死刑。但也有例外，例如，日本古典学派的代表人物之一泷川幸辰就主张废除死刑。

2. 国外的立法与司法现状

如今世界上 2/3 以上的国家都废除了死刑。废除死刑或者限制死刑已成为国际性趋势，并且载入《联合国人权公约》，死刑的废除为大势所趋。

（三）中国死刑的立法与司法现状

1. 我国死刑的立法现状是保留死刑。

在《中华人民共和国刑法修正案（八）》之前有 68 个死刑罪名，《中华人民共和国刑法修正案（八）》废除了 13 个死刑罪名。《中华人民共和国刑法修正案（九）》废除了 9 个死刑罪名。因此，目前保留着 46 个死刑罪名。死刑罪名的进一步取消，体现了国家少杀、慎杀的司法政策。

【总结】我国刑法中现有的死刑的具体罪名：

第一章危害国家安全罪 7 个：背叛国家罪；分裂国家罪；武装叛乱、暴乱罪；投敌叛变罪；间谍罪；为境外窃取、刺探、收买、非法提供国家秘密、情报罪；资敌罪。第二章危害公共安全罪 14 个：放火罪；决水罪；爆炸罪；投放危险物质罪；以危险方法危害公共安全罪；破坏交通工具罪；破坏交通设施罪；破坏电力设备罪；破坏易燃易爆设备罪；劫持航空器罪；非法制造、买卖、运输、邮寄、储存枪支、弹药、爆炸物罪；非法制造、买卖、运输、储存危险物质罪；盗窃、抢夺枪支、弹药、爆炸物、危险物质罪；抢劫枪支、弹药、爆炸物、危险物质罪。第三章破坏社会主义市场经济秩序罪2个：生产、销售假药罪；生产、销售有毒、有害食品罪。第四章侵犯公民人身权利、民主权利罪5个：故意杀人罪；故意伤害罪；强奸罪；绑架罪；拐卖妇女、儿童罪。第五章侵犯财产罪1个：抢劫罪。第六章妨害社会管理秩序罪3个：暴动越狱罪；聚众持械劫狱罪；走私、贩卖、运输、制造毒品罪。第七章危害国防利益罪2个：破坏武器装备、军事设施、军事通信罪；故意提供不合格武器装备、军事设施罪。第八章贪污贿赂罪2个：贪污罪；受贿罪。第十章军人违反职责罪10个：战时违抗命令罪；隐瞒、谎报军情罪；拒传、假传军令罪；投降罪；战时临阵脱逃罪；军人叛逃罪；为境外窃取、刺探、收买、非法提供军事秘密罪；盗窃、抢夺武器装备、军用物资罪；非法出卖、转让武器装备罪；战时残害居民、掠夺居民财物罪。

2. 我国死刑的司法现状是严格控制死刑、限制死刑的适用

我国死刑的司法现状为严格控制死刑即限制死刑的适用，<u>采取的是"不可不杀，不可多杀"</u>的死刑政策。"不可不杀"表明我国现阶段保留死刑的基本立场；而"不可多杀"则表明我国对死刑的一种慎重态度。我国司法上限制死刑的适用具体表现在：

（1）死刑的适应条件限制。

死刑只适用于罪行极其严重的犯罪分子。这里的"罪行极其严重"是指犯罪的客观危害性极其严重和犯罪的主观恶性极其严重，即所谓的罪大恶极。应当指出的是罪行极其严重是刑法总则的一般规定，在刑法分则中往往对适用死刑的条件进行具体规定，例如，情节特别严重、情节特别恶劣、危害特别严重等。

（2）死刑适用的对象限制。

对下列三类人不适用死刑，即既不适用死刑立即执行，也不能适用死缓，具体包括以下三类人：

①犯罪的时候不满18周岁的人。这是指犯罪的时候，不是指审判的时候。如果犯罪时不满18周岁，审判时已满18周岁，也不能适用死刑。

②审判的时候怀孕的妇女。对"审判的时候"应扩大解释，包括整个羁押期间：审前羁押期间，审判期间，判决后执行期间，即从羁押到执行的整个诉讼过程。"怀孕的妇女"，是指在整个羁押期间曾经怀孕过。只要在羁押期间处于怀孕状态，即便之后流产，不管是自然流产还是人工流产，都仍视为"怀孕的妇女"。如果在羁押前怀孕并在羁押前流产，不属于这里"怀孕的妇女"。

③审判的时候已满75周岁的人。《刑法》第49条第2款："审判的时候已满七十五周岁的人，不适用死刑，但以特别残忍手段致人死亡的除外。"

对"审判的时候"应扩大解释，包括整个羁押期间：审前羁押期间、审判期间，判决后执行期间。但例外是以特别残忍手段致人死亡的，也可以适用死刑。

（3）通过死缓制度的适用，减少死刑立即执行的适用。

①死缓的概念：根据《刑法》第48条的规定：死刑只适用于罪行极其严重的犯罪分子。对于应当判处死刑的犯罪分子，如果不是必须立即执行的，可以判处死刑同时宣告缓期二年执行。

②死缓的适应条件：第一，罪该处死，这是适应死缓的前提条件；第二，不是必须立即执行。

③死缓的处理：没有故意犯罪，二年期满后，减为无期徒刑；没有故意犯罪，并且有重大立功，二年期满后，减为 25 年有期徒刑；故意犯罪且情节恶劣的，由最高人民法院核准，执行死刑。

④死缓的期限问题：根据《刑法》第 51 条的规定，"死刑缓期执行的期间，从判决确定之日起计算。死刑缓期执行减为有期徒刑的刑期，从死刑缓期执行期满之日起计算"。

【注意】在判决之前的羁押时间不计算在二年死缓期间内。

（4）死刑的程序方面的限制。

死刑除依法由最高人民法院判决的以外，都应当报最高人民法院核准。死刑缓期执行的，可以由高级人民法院判决或者核准。

（四）死刑的执行

中国死刑的执行方式有三种，分别是枪决、注射和其他方式。

第三节　附加刑

一、罚金刑

（一）罚金刑的概念

罚金刑是指由人民法院判决犯罪分子向国家缴纳一定数额金钱的刑罚方法。

（二）罚金刑的立法模式

（1）限额罚金制：它规定了相对确定的数额，如《刑法》第 192 条，对集资诈骗数额巨大的，并处 5 万元以上 50 万元以下罚金。

（2）倍比罚金制：即以违法所得或犯罪涉及的数额为基准，处以一定比例或者倍数的罚金，也称之为浮动刑。如《刑法》第 225 条规定，对非法经营罪处违法所得 1 倍以上 5 倍以下的罚金；

（3）无限额罚金制：即没有规定具体的数额。根据司法解释，刑法没有明确规定罚金数额标准的，罚金的最低数额不能少于 1000 元。对于未成年人犯罪应当从轻或者减轻判处罚金，但罚金的最低数额不能少于 500 元。

（三）罚金制的科刑模式

（1）单科式罚金：单科式罚金只单独适用罚金。这主要针对单位犯罪。例如，《刑法》第 387 条规定的单位受贿罪和《刑法》第 393 条规定的单位行贿罪。

（2）选科式罚金：选科式罚金要么不适用，要么单独适用。例如，《刑法》第 275 条规定，犯故意毁坏财物罪的，"处 3 年以下有期徒刑、拘役或者罚金"。在此，要么不适用罚金，要用就只能单独适用。

（3）并科式罚金：并科式罚金判处主刑的同时并处罚金。例如，《刑法》第 326 条规定，犯倒卖文物罪的，"处 5 年以下有期徒刑或者拘役，并处罚金"。在此，必须附加适用罚金，不能不处罚金，也不能单独适用罚金。

（4）并科或单科式罚金：并科或单科式罚金要么附加适用，要么单独适用。例如，《刑法》第 216 条规定，犯假冒专利罪的，"处 3 年以下有期徒刑或者拘役，并处或者单处罚金"。在此，要么并处罚金，要么单处罚金，但不可不处罚金。①

（四）罚金刑的执行

罚金刑的缴纳方式主要有以下几种：限期一次缴纳、限期分期缴纳、强制缴纳、随时追缴和酌情减免。同时，民事赔偿责任优先执行。

释义 3. 中国罚金刑的现状、争论与改革

（1）中国罚金刑的现状：并科罚金适用率高；单科罚金适用率低；执行难。

（2）中国罚金刑的存废之争：

主存论认为，第一，罚金刑是惩治经济犯罪的有效方法；第二，罚金刑是惩治法人犯罪的最佳手段；第三，罚金刑具有经济性；第四，罚金刑具有可分性；第五，罚金刑具有可附加性；第六，罚金刑可避免犯罪人在监狱中恶性感染；第七，罚金刑可防止犯罪人对社会生活的不适应性；第八，罚金刑误判易纠。

主废论认为：第一，罚金刑可能难以执行；第二，罚金刑可能同罪异罚；第三，罚金刑可能株连无辜；第四，罚金刑可能罚不当罪；第五，罚金刑具有不平等性；第六，罚金刑易导致逃避制裁；第七，罚金刑易导致重新犯罪；第八，罚金刑易导致以钱赎罪。

二、没收财产

（一）没收财产的概念

没收财产是指将犯罪分子个人所有财产的一部或全部强制无偿地收归国有的刑罚方法。

（二）没收财产刑的规定

1. 适用模式

（1）选科式：选科式是在罚金和没收财产中选择其一。例如，《刑法》第 267 条规定，犯抢夺罪的，"数额特别巨大或者有其他特别严重情节的，处 10 年以上有期徒刑或者无期徒刑，并处罚金或者没收财产"。

（2）并科式：一是必须并科，在判处主刑的同时必须同时附加没收财产。例如，《刑法》第 383 条规定，犯贪污罪的，"个人贪污数额在 10 万元以上、情节特别严重的，处死刑，并处没收财产"。在此必须附加适用没收财产。二是可以并科，在判处主刑同时可以附加没收财产。例如，《刑法》第 271 条规定，犯职务侵占罪的，"犯罪数额巨大的，处 5 年以上有期徒刑，可以并处没收财产。"在此可以并处，也可以不并处没收财产。

2. 适用对象

没收财产适用对象主要为危害国家安全罪、严重的经济犯罪和贪利性犯罪。

3. 没收范围

根据《刑法》第 59 条的规定，没收财产没收的是犯罪分子个人所有的合法财产的一部

或者全部，所谓犯罪分子个人所有的财产，是指属于犯罪分子本人实际所有的财产及与其他人共有财产中依法应得的份额。

4. 正当债务清偿

"没收财产以前犯罪分子所负的正当债务，需要以没收的财产偿还的，经债权人请求，应当偿还。"

5. 没收财产的执行

（1）一人犯数罪依法同时并处罚金和没收财产刑的，应当合并执行；但并处没收全部财产的，只执行没收财产。

（2）原则由一审法院执行。

（3）没收全部财产的，应当对犯罪分子个人及其扶养的家属保留必需的生活费用。

释义4：关于财产刑并罚问题

在我国，罚金、没收财产统称为"财产刑"，学界争议较大的是财产刑并科制的问题。①罚金的并罚：采取并科的原则，对数罪判处的罚金数额累计相加，执行总和数额。②没收财产的"并罚"：如果数个犯罪都被判处没收部分财产，采取并科原则，对每个没收部分财产的判决都执行；如果数个犯罪有一个被判处没收全部财产，采取吸收原则，只需要执行一个没收全部财产。③罚金与没收财产的并罚：如果一个罪被判处罚金，另一个罪被判处没收部分财产或没收全部财产，都采取并科原则，分别执行。对此需要做以下说明：2000年12月19日施行的《最高人民法院关于适用财产刑若干问题的规定》第3条规定："一人犯数罪依法同时并处罚金和没收财产的，应当合并执行；但并处没收全部财产的，只执行没收财产刑"。但是，根据《中华人民共和国刑法修正案（八）》，附加刑如果种类不同的，应分别执行。这就要考查，罚金和没收财产在性质上同属于财产刑，但是在执行方式上有无区别？没收财产只能没收犯罪人已经具有的、现实存在的财产，而不可能没收犯罪人将来可能具有的财产。因此，没收财产只能一次性执行。但是，《刑法》第53条："罚金在判决指定的期限内一次或者分期缴纳。期满不缴纳的，强制缴纳。对于不能全部缴纳罚金的，人民法院在任何时候发现被执行人有可以执行的财产，应当随时追缴。如果由于遭遇不能抗拒的灾祸等原因缴纳确实有困难的，经人民法院裁定，可以酌情减少或者免除。"据此，罚金的对象不仅包括犯罪人当前现有的财产，而且包括犯罪人将来可能具有的财产。由于在执行方式上，罚金和没收财产存在如此明显差异，所以不能用没收全部财产来吸收罚金，而应分别执行。换言之，法院判决犯罪人罚金，即使犯罪人当前无力缴纳，等到将来有了财产后，法院可以随时追缴。如果用没收全部财产将罚金吸收，意味着将未来执行罚金的可能性就取消了，不符合附加刑必须执行的要求，也会带来刑罚不公的问题。

　　案例1.甲犯A罪和B罪，对A罪判处罚金100万，对B罪没有判处罚金或没收财产。甲当前只有能力缴纳10万元，那么在将来甲拥有了可以执行的财产后，法院还可以随时追缴剩余的90万元。而乙犯A罪和B罪，对A罪判处罚金100万元，对B罪判处没收全部财产。乙的当前财产只有10万元。如果对乙只执行没收全部财产，意味着只没收10万元就到此为止了，乙将来有了财产，也不用缴纳100万元罚金了。比较发现，从判决上貌似对乙判决很重，实际上却避免了缴纳罚金。这显然是不妥当的。由此可见，前述司法解释遇到《中华人民共和国刑法修正案（八）》时应当做相应修订。

　　注意1：对同一个罪，刑法一般不会规定既判罚金又判没收财产，往往是"处罚金或没收财产"。

　　注意2：罚金可以分期缴纳，可以减免。但没收财产只能一次性执行，而且不能减免。

　　注意3：凡刑法规定必须并处罚金或并处没收财产的，均应依法并处，被告人的执行能力不能作为是否判处财产刑的依据。即使被告人没有可供执行的财产，也应并处。

三、剥夺政治权利

（一）剥夺政治权利的概念

剥夺政治权利指剥夺犯罪人参加国家管理和政治活动的权利的刑罚方法。

（二）剥夺政治权利的规定

剥夺政治权利是剥夺以下权利：①选举权与被选举权；②言论、出版、集会、结社、游行、示威自由的权利；③担任国家机关职务的权利；④担任国有公司、企业、事业单位和人民团体领导职务的权利。

（三）剥夺政治权利的适用对象

（1）应当附加剥夺政治权利的情形：①对于危害国家安全的犯罪分子应当附加剥夺政治权利；②对于被判处死刑、无期徒刑的犯罪分子，应当附加剥夺政治权利终身。

（2）可以附加剥夺政治权利的情形：对于故意杀人、强奸、放火、爆炸、投毒、抢劫等严重破坏社会秩序的犯罪分子，可以附加剥夺政治权利。

（3）剥夺政治权利独立适用于罪质较轻的犯罪或罪质严重但情节较轻的犯罪的，由刑法分则规定。

（四）剥夺政治权利的起算期限

（1）独立适用时，其刑期从判决确定之日起计算并执行。

（2）附加于管制时，其刑期与管制刑期相同，同时起算（从判决执行之日起计算），同时执行。管制期满解除管制，政治权利也同时恢复。

（3）附加于拘役、有期徒刑（包括从死缓、无期徒刑改判的有期徒刑）时，其刑期从拘役、有期徒刑执行完毕之日起计算，或者从有期徒刑被假释之日起计算。

【注意】①因为拘役没有假释，所以不存在从假释之日起计算的问题。②在拘役、有期徒刑执行期间,政治权利依然被剥夺,但不计算在剥夺政治权利刑期内。

(4)附加于死刑、无期徒刑时,其刑期是终身,从判决生效之日起计算。

> **释义5.剥夺政治权利附加于拘役和管制是不同的,要注意区分**
>
> 第一,在刑期上,附加于拘役时,剥夺政治权利的期限是1年以上5年以下;附加于管制时,其期限与管制刑期相同,即3个月以上2年以下,最长3年。第二,在起算方式上,附加于拘役时,从拘役执行完毕之日起计算;附加于管制时,从判决执行之日起计算。

四、驱逐出境

(1)驱逐出境的概念:指将犯罪的外国公民或者无国籍人逐出国(边)境的刑罚方法。

(2)驱逐出境的适用对象:犯罪的外国人。

(3)驱逐出境的执行时间:①独立适用时,自判决确定之后执行;②作为附加刑适用时,应在主刑执行完毕之后执行。

五、禁止令

(一)禁止令的渊源

禁止令是一种配合刑罚起辅助预防作用的强制性约束措施,在一定程度上反映了刑法功能的扩张性倾向。根据《中华人民共和国刑法修正案(八)》中的规定,对判处管制、宣告缓刑的犯罪分子,法院可根据情况,同时禁止犯罪分子在缓刑考验期限内"从事特定活动,进入特定区域、场所,接触特定的人"。《中华人民共和国刑法修正案(九)》中增加了第37条之一因利用职业便利实施犯罪,或者实施违背职业要求的特定义务的犯罪被判处刑罚的,人民法院可以根据犯罪情况和预防再犯罪的需要,禁止其自刑罚执行完毕之日或者假释之日起从事相关职业,期限为三年至五年。被禁止从事相关职业的人违反人民法院依照前款规定作出的决定的,由公安机关依法给予处罚;情节严重的,依照本法第313的规定定罪处罚。其他法律、行政法规对其从事相关职业另有禁止或者限制性规定的,从其规定。

(二)禁止令的概念

禁止令是对于判处管制、宣告缓刑的犯罪分子,法院可根据犯罪的情况,同时禁止犯罪分子在管制执行期间或者缓刑考验期限内从事特定活动,进入特定区域、场所,接触特定的人或者禁止从事相关职业。

禁止令是一种资格刑,其内容是剥夺犯罪分子在一定期限内从事特定活动,进入特定区域、场所、接触特定的人的权利,是依附于管制和缓刑的一种附属性的刑罚方法。

(三)禁止令的裁量原则

根据2011年4月28日最高人民法院、最高人民检察院、公安部、司法部颁布的《关于对判处判处管制、宣告缓刑的犯罪分子适用禁止令有关问题的规定(试行)》(简称《规定》)第2条对禁止令的裁量原则作出以下规定:"人民法院宣告禁止令,应当根据犯罪分子的犯罪原因、犯罪性质、犯罪手段、犯罪后的悔罪表现、个人一贯表现等情况，充分考虑与犯罪分子所犯罪行的关联程度，有针对性地决定禁止其在管制执行期间、缓刑考验期限内"从事特定活动，进入特定区域、场所，接触特定的人"的一项或者几项内容"。

（四）禁止令的内容

根据我国刑法的规定，禁止令包括以下内容：

（1）禁止从事特定的活动。根据《规定》第3条，禁止从事特定的活动主要是以下活动：①个人为进行违法犯罪活动而设立公司、企业、事业单位或者在设立公司、企业、事业单位后以实施犯罪为主要活动的，禁止设立公司、企业、事业单位；②实施证券犯罪、贷款犯罪、票据犯罪、信用卡犯罪等金融犯罪的，禁止从事证券交易、申领贷款、使用票据或者申领、使用信用卡等金融活动；③利用从事特定生产经营活动实施犯罪的，禁止从事相关生产经营活动；④附带民事赔偿义务未履行完毕，违法所得未追缴、退赔到位，或者罚金尚未足额缴纳的，禁止从事高消费活动；⑤其他确有必要禁止从事的活动。

（2）禁止进入特定的区域、场所。根据《规定》的第4条，人民法院可以根据犯罪情况，禁止判处管制、宣告缓刑的犯罪分子在管制执行期间、缓刑考验期限内进入以下一类或者几类区域、场所：①禁止进入夜总会、酒吧、迪厅、网吧等娱乐场所；②未经执行机关批准，禁止进入举办大型群众性活动的场所；③禁止进入中小学校区、幼儿园园区及周边地区，确因本人就学、居住等原因，经执行机关批准的除外；④其他确有必要禁止进入的区域、场所。

（3）禁止接触特定的人。根据《规定》的第5条，人民法院可以根据犯罪情况，禁止判处管制、宣告缓刑的犯罪分子在管制执行期间、缓刑考验期限内接触以下一类或者几类人员：①未经对方同意，禁止接触被害人及其法定代理人、近亲属；②未经对方同意，禁止接触证人及其法定代理人、近亲属；③未经对方同意，禁止接触控告人、批评人、举报人及其法定代理人、近亲属；④禁止接触同案犯；⑤禁止接触其他可能遭受其侵害、滋扰的人或者可能诱发其再次危害社会的人。

（4）禁止从事相关的职业。禁止从事相关的职业是因利用职业实施犯罪，或者实施违背职业要求的特定义务的犯罪而被判处刑罚的，人民法院根据犯罪情况和预防再犯罪的需要，禁止其在一定期限内从事相关职业的刑罚方法。

（五）禁止令的期限

我国刑法对禁止令未作规定。根据《规定》的第6条，禁止令的期限，既可以与管制执行、缓刑考验的期限相同，也可以短于管制执行、缓刑考验的期限，但判处管制的，禁止令的期限不得少于3个月，宣告缓刑的，禁止令的期限不得少于2个月。判处管制的犯罪分子在判决执行以前先行羁押以致管制执行的期限少于3个月的，禁止令的期限不受前款规定的最短期限的限制。禁止令的执行期限，从管制、缓刑执行之日起计算。禁止从事相关职业的期限为3年至5年。

（六）禁止令的执行

根据《规定》的第9条，禁止令由司法行政机关指导管理的社区矫正机构负责执行。第10条规定人民检察院对社区矫正机构执行禁止令的活动实行监督。发现有违反法律规定的情况，应当通知社区矫正机构纠正。第13条规定被宣告禁止令的犯罪分子被依法减刑时，禁止令的期限可以相应缩短，由人民法院在减刑裁定中确定新的禁止令期限。

(七)违反禁止令的处理

根据《规定》第11条，判处管制的犯罪分子违反禁止令，或者被宣告缓刑的犯罪分子违反禁止令尚不属情节严重的，由负责执行禁止令的社区矫正机构所在地的公安机关依照《中华人民共和国治安管理处罚法》第60条的规定处罚。《规定》第12条指出：被宣告缓刑的犯罪分子违反禁止令，情节严重的，应当撤销缓刑，执行原判刑罚。原作出缓刑裁判的人民法院应当自收到当地社区矫正机构提出的撤销缓刑建议书之日起一个月内依法作出裁定。人民法院撤销缓刑的裁定一经作出，立即生效。违反禁止令，具有下列情形之一的，应当认定为"情节严重"：①三次以上违反禁止令的；②因违反禁止令被治安管理处罚后，再次违反禁止令的；③违反禁止令，发生较为严重危害后果的；④其他情节严重的情形。

第四节　非刑罚处罚方法

一、非刑罚处罚方法的概念

非刑罚处理方法指人民法院对犯罪分子适用的刑罚以外的处理方法。

二、非刑罚处罚方法的执行

非刑罚处理方法有时与刑罚同时适用，如判处赔偿经济损失，有时独立适用，如训诫、责令具结悔过、责令赔礼道歉、责令赔偿损失、由主管单位予以行政处罚或行政处分。

能力应用

1. 刑法分则某条文规定：犯 A 罪的，"处 3 年以下有期徒刑，并处或者单处罚金"。被告人犯 A 罪，但情节较轻，且其身无分文。对此，下列哪一判决符合该条规定？（　　）

A. 甲法官以被告人身无分文为由，判处有期徒刑 6 个月

B. 乙法官以被告人身无分文且犯罪情节较轻为由，判处有期徒刑 1 年，缓期 2 年执行

C. 丙法官以被告人的犯罪情节较轻为由，判处拘役 3 个月

D. 丁法官以被告人的犯罪情节较轻为由，判处罚金 1000 元

2. 依据法律规定，下列关于死刑的说法哪些是不正确的？（　　）

A. 对不属于罪行极其严重的犯罪分子，既不能判处死刑立即执行，也不能判处死刑缓期执行

B. 死刑缓期执行的判决，可以由高级人民法院核准

C. 对犯罪时不满 18 周岁的人，不能判处死刑立即执行，但可以判处死刑同时宣告缓期二年执行

D. 对审判时怀孕的妇女，可以判处死刑，但必须在其生育或者流产后才能执行死刑判决

3. 孙某因犯抢劫罪被判处死刑，缓期 2 年执行。在死刑缓期执行期间，孙某在劳动时由于不服管理，违反规章制度，造成重大伤亡事故。对孙某应当如何处理？（　　）

A.其所犯之罪查证属实的，由最高人民法院核准，立即执行死刑

B.其所犯之罪查证属实的，由最高人民法院核准，2 年期满后执行死刑

C.2 年期满后减为无期徒刑

D.2 年期满后减为 15 年以上 20 年以下有期徒刑

4.甲在一刑事附带民事诉讼中，被法院依法判处罚金并赔偿被害人损失，但甲的财产不足以全部支付罚金和承担民事赔偿。下列关于如何执行本案判决的表述哪一项是正确的？（　　）

A.刑事优先，应当先执行罚金　　　　　　B.应当先承担民事赔偿责任

C.按比例执行罚金和承担民事赔偿责任　D.承担民事赔偿责任后减免罚金

5.下列关于剥夺政治权利附加刑如何执行问题的说法哪些是正确的？（　　）

A.被判处无期徒刑的罪犯，一般要剥夺政治权利，其刑期与主刑一样，同时执行

B.被判处有期徒刑的罪犯，被剥夺政治权利的，从有期徒刑执行完毕或假释之日起，执行剥夺政治权利附加刑

C.被判处拘役的罪犯，被剥夺政治权利的，从拘役执行完毕或假释之日起，执行剥夺政治权利附加刑

D.被判处管制的罪犯，被剥夺政治权利的，附加刑与主刑刑期相等，同时执行

6.下列关于刑期起算的哪些选项是正确的？（　　）

A.管制、拘役的刑期，从判决执行之日起计算

B.有期徒刑的刑期，从判决确定之日起计算

C.死刑缓期执行减为有期徒刑的刑期，从死刑缓期执行期满之日起计算

D.附加剥夺政治权利的刑期，从徒刑、拘役执行完毕之日或者从假释期满之日起计算

7.审判的时候怀孕的妇女依法不适用死刑。对这一规定的理解，下列哪一选项是错误的？（　　）

A.关押期间人工流产的，属于审判的时候怀孕的妇女

B.关押期间自然流产的，属于审判的时候怀孕的妇女

C.不适用死刑，是指不适用死刑立即执行但可适用死缓

D.不适用死刑，既包括不适用死刑立即执行，也包括不适用死缓

8.关于没收财产，下列哪一选项是正确的？（　　）

A.甲抢劫数额巨大，对其可以判处罚金 1 万元并处没收财产

B.乙犯诈骗罪被判处没收全部财产时，法院对乙未满 18 周岁的子女应当保留必需的生活费用，对乙的成年家属不必考虑

C.丙盗窃珍贵文物情节严重，即便没有可供执行的财产，亦应判处没收财产

D.丁为治病向李某借款 5 万元，一年后丁因犯罪被判处没收财产。无论李某是否提出请求，一旦法院发现该债务存在，就应当判决以没收的财产偿还

9.甲因抢劫杀人被逮捕，羁押期间不慎摔伤流产。一个月后，甲被提起公诉。对甲的处理，下列哪一选项是正确的？（　　）

A.应当视为"审判时怀孕的妇女"，不适用死刑

B.应当视为"审判时怀孕的妇女"，可适用死刑缓期 2 年执行

C.不应当视为"审判时怀孕的妇女"，因甲并非被强制流产

D. 不应当视为"审判时怀孕的妇女"，因甲并非在审判时摔伤流产

10. 关于没收财产，下列哪些选项是错误的？（　　　）

A. 甲受贿 100 万元，巨额财产来源不明 200 万元，甲被判处死刑并处没收财产。甲被没收财产的总额至少应为 300 万元

B. 甲抢劫他人汽车被判处死刑并处没收财产。该汽车应上缴国库

C. 甲因走私罪被判处无期徒刑并处没收财产。此前所负赌债，经债权人请求应予偿还

D. 甲因受贿罪被判有期徒刑十年并处没收财产 30 万元，因妨害清算罪被判有期徒刑 3 年并处罚金 2 万元。没收财产和罚金应当合并执行

【参考答案】1. D　2. CD　3. C　4. B　5. BCD　6. AC　7. C　8. C　9. A　10. ABC

第十五章 量刑制度

知识结构

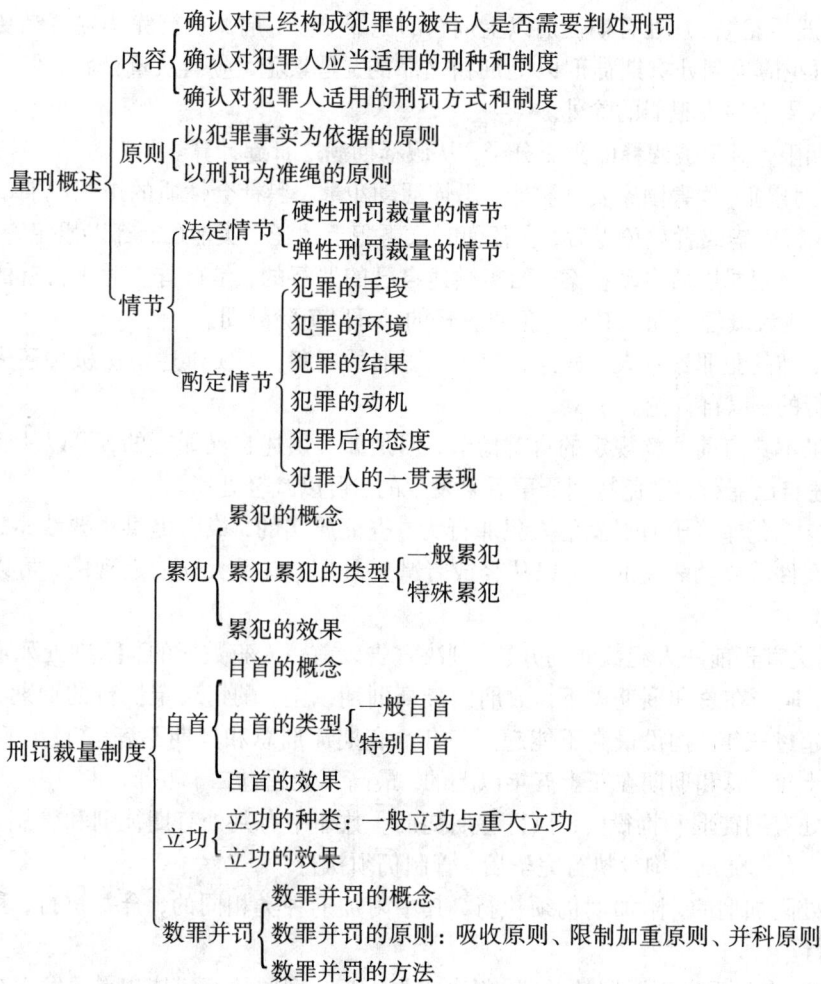

量刑概述
- 内容
  - 确认对已经构成犯罪的被告人是否需要判处刑罚
  - 确认对犯罪人应当适用的刑种和制度
  - 确认对犯罪人适用的刑罚方式和制度
- 原则
  - 以犯罪事实为依据的原则
  - 以刑罚为准绳的原则
- 情节
  - 法定情节
    - 硬性刑罚裁量的情节
    - 弹性刑罚裁量的情节
  - 酌定情节
    - 犯罪的手段
    - 犯罪的环境
    - 犯罪的结果
    - 犯罪的动机
    - 犯罪后的态度
    - 犯罪人的一贯表现

刑罚裁量制度
- 累犯
  - 累犯的概念
  - 累犯累犯的类型
    - 一般累犯
    - 特殊累犯
  - 累犯的效果
- 自首
  - 自首的概念
  - 自首的类型
    - 一般自首
    - 特别自首
  - 自首的效果
- 立功
  - 立功的种类:一般立功与重大立功
  - 立功的效果
- 数罪并罚
  - 数罪并罚的概念
  - 数罪并罚的原则:吸收原则、限制加重原则、并科原则
  - 数罪并罚的方法

法条规范

第61条[量刑的事实根据与法律依据] 对于犯罪分子决定刑罚的时候,应当根据犯罪

的事实、犯罪的性质、情节和对于社会的危害程度，依照本法的有关规定判处。

第62条［从重处罚与从轻处罚］犯罪分子具有本法规定的从重处罚、从轻处罚情节的，应当在法定刑的限度以内判处刑罚。

第63条［减轻处罚］犯罪分子具有本法规定的减轻处罚情节的，应当在法定刑以下判处刑罚；本法规定有数个量刑幅度的，应当在法定量刑幅度的下一个量刑幅度内判处刑罚。

犯罪分子虽然不具有本法规定的减轻处罚情节，但是根据案件的特殊情况，经最高人民法院核准，也可以在法定刑以下判处刑罚。

第64条［犯罪物品的处理］犯罪分子违法所得的一切财物，应当予以追缴或者责令退赔；对被害人的合法财产，应当及时返还；违禁品和供犯罪所用的本人财物，应当予以没收。没收的财物和罚金，一律上缴国库，不得挪用和自行处理。

第65条［一般累犯］被判处有期徒刑以上刑罚的犯罪分子，刑罚执行完毕或者赦免以后，在五年以内再犯应当判处有期徒刑以上刑罚之罪的，是累犯，应当从重处罚，但是过失犯罪和不满十八周岁的人犯罪的除外。

前款规定的期限，对于被假释的犯罪分子，从假释期满之日起计算。

第66条［特别累犯］危害国家安全犯罪、恐怖活动犯罪、黑社会性质的组织犯罪的犯罪分子，在刑罚执行完毕或者赦免以后，在任何时候再犯上述任一类罪的，都以累犯论处。

第67条［自首］犯罪以后自动投案，如实供述自己的罪行的，是自首。对于自首的犯罪分子，可以从轻或者减轻处罚。其中，犯罪较轻的，可以免除处罚。

被采取强制措施的犯罪嫌疑人、被告人和正在服刑的罪犯，如实供述司法机关还未掌握的本人其他罪行的，以自首论。

犯罪嫌疑人虽不具有前两款规定的自首情节，但是如实供述自己罪行的，可以从轻处罚；因其如实供述自己罪行，避免特别严重后果发生的，可以减轻处罚。

第68条［立功］犯罪分子有揭发他人犯罪行为，查证属实的，或者提供重要线索，从而得以侦破其他案件等立功表现的，可以从轻或者减轻处罚；有重大立功表现的，可以减轻或者免除处罚。

第69条［判决宣告前一人犯数罪的并罚］判决宣告以前一人犯数罪的，除判处死刑和无期徒刑的以外，应当在总和刑期以下、数刑中最高刑期以上，酌情决定执行的刑期，但是管制最高不能超过三年，拘役最高不能超过一年，有期徒刑总和刑期不满三十五年的，最高不能超过二十年，总和刑期在三十五年以上的，最高不能超过二十五年。

数罪中有判处有期徒刑和拘役的，执行有期徒刑。数罪中有判处有期徒刑和管制，或者拘役和管制的，有期徒刑、拘役执行完毕后，管制仍须执行。

数罪中有判处附加刑的，附加刑仍须执行，其中附加刑种类相同的，合并执行，种类不同的，分别执行。

第70条［判决宣告后发现漏罪的并罚］判决宣告以后，刑罚执行完毕以前，发现被判刑的犯罪分子在判决宣告以前还有其他罪没有判决的，应当对新发现的罪作出判决，把前后两个判决所判处的刑罚，依照本法第69条的规定，决定执行的刑罚。已经执行的刑期，应当计算在新判决决定的刑期以内。

第71条［判决宣告后又犯新罪的并罚］判决宣告以后，刑罚执行完毕以前，被判刑的犯罪分子又犯罪的，应当对新犯的罪作出判决，把前罪没有执行的刑罚和后罪所判处的刑罚，依照本法第 69 条的规定，决定执行的刑罚。

典型案例

【基本案情】

魏某等人抢劫案

2016 年 3 月 19 日，魏某、岳某、岳某某 3 人预谋对位于某市的芳芳商店进行抢劫，并为此准备了仿真玩具手枪、封箱胶带、尼龙绳和三棱刮刀等犯罪工具。当晚 11 时 30 分，魏某等 3 人趁店内无顾客之机，携带犯罪工具进入商店后，用仿真玩具手枪、三棱刮刀顶住店主陈某头部及胸部，对其进行威胁，并强行将商店卷帘门关上，用透明的封箱胶带捆住陈某，封住嘴巴和眼睛。随即魏某从该商店营业箱内劫得现金 1500 元。岳某某持三棱刮刀冲入商店的内侧卧室，对睡在床上的陈某妻子黄某进行威胁，逼迫其交出钱款，并在陈某的衣服口袋及衣橱劫得现金人民币 5000 余元。这时，民警接到报警后赶到，当场将魏某、岳某某 2 人抓住。岳某逃离现场后于次日凌晨被抓获归案。

【法律问题】本案魏某等人是否属于"入户抢劫"。

【案例分析】在本案审理过程中主要涉及抢劫罪中是否存在"入户抢劫"的法定量刑情节。根据《刑法》第 263 条规定，入户抢劫处 10 年以上有期徒刑、无期徒刑或者死刑，并处罚金或者没收财产。第一种意见认为，魏某等人的行为属于"入户抢劫"。另一种意见认为，魏某等人的行为不属于"入户抢劫"。刑法中的"入户抢劫"中的"户"是指公民的私人住宅，即公民以居住、生活为目的，与外界相对隔离的场所。最高人民法院颁布的《关于审理抢劫罪案件具体运用法律若干问题的解释》规定：入户抢劫是指为实施抢劫行为而进入他人生活的与外界相对隔离的住所，包括封闭的院落、牧民的帐篷、渔民作为家庭生活场所的渔船、为生活租用的房屋等进行抢劫的行为。对于入户盗窃，因被发现而当场使用暴力或者以暴力相威胁的行为，应当认定为入户抢劫。刑法意义上的户应该以生活为目的，或主要以生活为目的设立的场所，其他为生产、经营、学习设立的场所不宜认定为"户"。本案芳芳商店是以商业为目的开设的公开营业场所，不具有私人住宅相对封闭的性质。故本案不能以魏某等人实施抢劫就认定构成入户抢劫。

规范释义

第一节　量刑概述

一、量刑的概念

量刑是人民法院对于犯罪分子依法裁量决定刑罚的活动。具体讲是指审判机关在查明犯罪事实，认定犯罪性质的基础上，依法对犯罪人裁量刑罚的审判活动。量刑具有以下特征：

(1)量刑的主体是人民法院。量刑是人民法院刑事审判活动中必不可少的重要环节，人民法院属于审判机关，因此，定罪量刑的主体只能是法院。

(2)量刑的客体是犯罪人。量刑解决的是犯罪人的刑事责任问题，因此，量刑针对的是犯罪人。

(3)量刑性质是刑事司法活动。

二、量刑与刑罚的目的

刑罚的目的决定量刑的标准。按照报应主义，量刑倾向于"对事不对人"，量刑依据主要是犯罪行为及其危害性，量刑的标准是刑罚的轻重与罪行的轻重相适应，讲究同罪同罚，罚当其罪。按照特殊预防主义，量刑的倾向是"对人不对事"，量刑依据主要是人的主观恶性及其再次犯罪的危险性。量刑的标准是能够适应教育改造罪犯的需要，讲求刑罚的"个别化"，因犯罪人的个性差异而适用不同的刑罚。按照一般预防主义，则重视量刑对预防其他人犯罪的影响，即所谓的社会效果。

三、量刑的原则

(一)罪刑均衡的原则

《刑法》第 5 条规定："刑罚的轻重，应当与犯罪分子所犯的罪行和承担的刑事责任相适应。"

(二)以事实为依据，以法律为准绳

1. 以犯罪事实为依据

犯罪事实是量刑的客观依据，没有犯罪事实就无法确定犯罪，量刑就失去前提。犯罪事实有广义和狭义之分，广义的犯罪事实是指客观存在的与犯罪有关的各种事实情况的总和，既包括犯罪构成的基本事实(狭义的犯罪事实)，也包括犯罪性质、犯罪情节和社会危害性程度等，具体包括以下四项内容：

(1)犯罪的事实：这是指狭义的犯罪事实，即符合刑法规定的犯罪构成的主、客观的事实，是犯罪构成要件的各项基本事实情况。

（2）犯罪性质：是指犯罪行为的法律性质，不同的罪质，标志着各该犯罪行为侵害、威胁的法益不同，处罚的轻重也有所区别。

（3）犯罪情节：刑法上的犯罪情节有两种：第一种是定罪情节，即影响犯罪性质的情节，它是情节犯构成犯罪的要素。第二种是量刑的情节，它是构成犯罪基本事实以外的其他影响和说明犯罪的法益侵害的各种事实情况，例如犯罪动机、手段、环境和条件以及犯罪人的一贯表现、犯罪后的态度、直接或间接的损害后果等。

（4）社会危害性程度：指犯罪行为对社会造成或者可能造成损害结果的程度。危害程度是由犯罪的一系列主观因素和客观因素综合而成的，包括犯罪的事实、犯罪的性质、犯罪情节以及犯罪人的主观恶性程度等。

2. 以刑事法律为准绳

量刑必须以刑事法律为准绳，是指人民法院在认定犯罪事实的基础上，必须按照刑法及其司法解释的有关规定对犯罪分子是否判刑以及判什么刑作出裁断。

（1）依据刑法总则的规定量刑：指依据刑法总则中关于刑罚原则、制度、方法及其适应条件的一般规定量刑。如预备犯、未遂犯、中止犯以及共同犯罪的主犯、从犯等。

（2）依据刑法分则的规定量刑：刑法分则中针对具体犯罪的法定刑及其量刑幅度作出具体规定，在量刑的时不得超越法定的刑种和量刑幅度。

（3）依据司法解释的有关规定。

四、量刑情节

（一）量刑情节的概念

量刑情节是指在某种行为以构成犯罪的前提下，人民法院对犯罪人裁量决定刑罚时，据以处刑轻重或者免除处罚的各种事实情况。量刑情节的判断依据是犯罪的社会危害性和犯罪人的人身危险性，其中社会危害性包括客观法益侵害性和主观罪过性，人身危险性是指再犯可能性。量刑情节分为法定量刑情节和酌定量刑情节，前者由法律规定，后者由法官裁量。

释义 1. 注意区分作为犯罪构成的事实和作为量刑情节的事实

作为犯罪构成的事实是定罪事实，作为量刑情节的事实是量刑事实，不能将前者作为后者来使用，否则属于重复评价。例如，《刑法》第 275 条规定："故意毁坏公私财物，数额较大或者有其他严重情节的，处三年以下有期徒刑、拘役或者罚金；数额巨大或者有其他特别严重情节的，处三年以上七年以下有期徒刑。"其中"严重情节"属于犯罪构成的事实，"特别严重情节"才是量刑情节的事实，不能认为前者也是量刑情节，否则属于重复评价。

（二）量刑情节的分类

1. 法定量刑情节与酌定量刑情节

（1）法定量刑情节：指刑法明文规定的、量刑时应当或者可以据以从严、从宽或者免除刑罚处罚的事实情况。

【总结】关于法定量刑情节，刑法中规定的主要有以下几个方面：

①应当免除处罚的情节：没有造成损害的中止犯。②可以免除处罚的情节：第一，犯罪情节轻微，不需要判处刑罚的；第二，犯罪较轻且自首的；第三，非法种植毒品原植物在收获前自动铲除的。③应当减轻处罚或者免除处罚的情节：第一，防卫过当；第二，避险过当；第三，胁从犯。④可以减轻处罚或者免除处罚的情节：第一，有重大立功表现的；第二，行贿人在追诉前主动交代行贿行为，且犯罪较轻，对侦破案件起关键作用，或者有重大立功表现的；第三，介绍贿赂人在被追诉前主动交代介绍贿赂行为的。⑤应当减轻处罚的情节：没有造成损害的中止犯。⑥可以免除或者减轻处罚的情节：在国外犯罪，已在外国受过刑罚处罚的。⑦应当从轻、减轻或者免除处罚的情节：从犯。⑧可以从轻、减轻或者免除处罚的情节：第一，又聋又哑的人或者盲人犯罪的；第二，预备犯。⑨应当从轻或者减轻处罚的情节：第一，已满14周岁不满18周岁的人犯罪的；第二，已满75周岁的人过失犯罪的。⑩可以从轻或者减轻处罚的情节：第一，已满75周岁的人故意犯罪的；第二，尚未完全丧失辨认或者控制自己行为能力的精神病人犯罪的；第三，未遂犯；第四，被教唆的人没有犯被教唆的罪的教唆犯；第五，自首的；第六，有立功表现的。⑪应当从重处罚的情节：第一，教唆不满18周岁的人犯罪；第二，累犯；⑫可以从轻处罚的情节：犯罪嫌疑人虽不具有一般自首或特殊自首，但能如实供述自己罪行的，可以从轻处罚。⑬不得判处死刑的情节：犯罪的时候不满18周岁人与审判时怀孕妇女，已满75周岁的人，不适用死刑。

（2）酌定量刑情节：又称"裁判情节"，是指不是法律明文规定的，而是根据刑事立法的精神和司法实践经验抽象概括出来的、在量刑时酌情考虑的情节。

司法实践中，常见的酌定情节主要有：①犯罪的手段；②犯罪的时空及环境条件；③犯罪的对象；④犯罪造成的危害结果；⑤犯罪的动机；⑥犯罪后的态度；⑦犯罪人的一贯表现；⑧前科。

2. 多功能情节与单功能情节

单功能情节对量刑轻重的影响是确定单一的，即只有一种可能性。如累犯、教授未成年犯罪等情节，只对量刑产生从重影响，就属于单功能情节。多功能情节对量刑轻重的影响是不确定的，具有两种以上的可能性。如从犯的情节可能产生从轻、减轻与免除处罚的影响。

3. 案中情节与案外情节

案中情节即罪中情节，指犯罪过程中出现各种情节，如犯罪的手段、犯罪结果等。案外情节是犯罪行为之前或者之后出现的情节，包括罪前情节、罪后情节，犯罪后的态度等。

五、量刑情节适用的若干规则

（一）从重处罚和从轻处罚

根据《刑法》第62条规定："犯罪分子具有本法规定的从重处罚、从轻处罚情节的，应当在法定刑的限度以内判处刑罚。"

从重处罚是指在法定刑的范围内，对犯罪分子判处相对较重的刑罚。

从轻处罚是指在法定刑的范围内，对犯罪分子判处相对较轻的刑罚。

释义2.在法定刑的限度以内判处刑罚的问题

首先，从重处罚不是指在法定刑"中间线"以上处罚，从轻处罚也不是指在法定刑"中间线"以下处罚。从重处罚不是指判处法定最高刑，从轻处罚也不是指判处法定最低刑。其次，从重处罚的真实含义是，相对于既没有从重处罚情节也没有从轻处罚情节的一般情况下所应判处的刑罚而言，比这种情况判处得重一些。从轻处罚的真实含义也是如此，比一般情况下所应判处的刑罚判处得轻一些。

（二）减轻处罚与免除处罚

1. 减轻处罚

根据《刑法》第63条第1款规定："犯罪分子具有本法规定的减轻处罚情节的，应当在法定刑以下判处刑罚；本法规定有数个量刑幅度的，应当在法定量刑幅度的下一个量刑幅度内判处刑罚。"

（1）减轻处罚，是指在法定刑以下判处刑罚。这里的"以下"不包括本数。例如，对盗窃罪的"三年以上十年以下有期徒刑"，如果判三年，属于从轻处罚，而非减轻处罚。从轻处罚和减轻处罚不存在竞合。减轻处罚有刑格限制，只能在下一格刑格内处罚，但不能跨越下一个刑格，在下下一个刑格内处罚。

（2）特别减轻处罚制度。根据《刑法》第63条第2款："犯罪分子虽然不具有本法规定的减轻处罚情节，但是根据案件的特殊情况，经最高人民法院核准，也可以在法定刑以下判处刑罚。"

释义3.关于"加重处罚"制度

《刑法》没有规定"加重处罚"制度，例如，没有规定"有××情节，可以加重处罚"，即立法者没有给法官授予加重处罚的权力。但《刑法》规定了许多法定刑升格条件，例如，抢劫罪中的"入户抢劫"就是法定刑升格条件。人们有时习惯于将法定刑升格条件称为"法定加重情节"。

2. 免除处罚

免除处罚是指对犯罪分子作出有罪宣告，但是免除其刑罚处罚。例如，根据《刑法》第24条第2款规定："对于中止犯，没有造成损害的，应当免除处罚。"

免除处罚在性质上不同于无罪判决或免予起诉，免除处罚的前提是有罪判决。免除处罚是指免除刑罚处罚，不意味着免除非刑罚处罚，例如，还可判处训诫、责令赔偿损失等非刑罚处罚。如果既免除刑罚处罚，也免除非刑罚处罚，就是单纯宣告有罪。因此免除处罚不等于单纯宣告有罪。

【总结】在法定量刑情节中，从重处罚情节是重点内容，需要归纳。下列情节，应当从重处罚：

1. 刑法总论部分

①教唆不满 18 岁的人犯罪(《刑法》第 29 条第 1 款);②累犯(《刑法》第 65 条);

2. 刑法分论部分

分论法定从重处罚情节有近 40 个,筛选重点如下:

①武装掩护走私的(《刑法》第 157 条第 1 款。注意:这是就普通走私罪而言。如果武装掩护走私毒品,是毒品犯罪的法定加重处罚情节,不是从重处罚情节,见《刑法》第 347 条第 2 款);②伪造货币并出售或者运输伪造的货币的(《刑法》第 171 条第 3 款);③奸淫幼女的(《刑法》第 236 条第 2 款);④非法拘禁具有殴打、侮辱情节的(《刑法》第 238 条第 1 款);⑤国家机关工作人员利用职权犯非法拘禁罪的(《刑法》第 238 条第 4 款)⑥国家机关工作人员犯诬告陷害罪的(《刑法》第 243 条第 2 款);⑦司法工作人员滥用职权犯非法搜查罪或者非法侵入住宅罪的(《刑法》第 245 条第 2 款);⑧冒充警察招摇撞骗的(《刑法》第 279 条第 2 款。注意:冒充军警人员抢劫的,是抢劫罪的法定加重处罚情节);⑨引诱未成年人参加聚众淫乱的(《刑法》第 301 条第 2 款。注意:该款是个独立的罪名,即引诱未成年人聚众淫乱罪。因此引诱未成年人聚众淫乱,不是聚众淫乱罪的从重处罚情节,而是构成引诱未成年人聚众淫乱罪,只是在量刑上相对聚众淫乱罪而言,要从重处罚);⑩司法机关工作人员犯妨害作证罪、帮助毁灭、伪造证据罪的(《刑法》第 307 条第 3 款);⑪利用、教唆未成年人走私、贩卖、运输、制造毒品或者向未成年人出售毒品的(《刑法》第 347 条第 6 款,走私、贩卖、运输、制造毒品罪);⑫引诱、教唆、欺骗或者强迫未成年人吸食、注射毒品的(《刑法》第 353 条第 3 款,引诱、教唆、欺骗他人吸毒罪,强迫他人吸毒罪);⑬向不满 18 周岁未成年人传播淫秽物品的(《刑法》第 364 条第 4 款,传播淫秽物品罪);⑭挪用用于救灾、抢险、防汛、优抚、扶贫、移民、救济款物归个人使用的(《刑法》第 15 条第 2 款,挪用公款罪);⑮索取贿赂的(《刑法》第 386 条,受贿罪);⑯银行或者其他金融机构的工作人员违反国家规定,向关系人发放贷款的(《刑法》第 186 条第 2 款,违规发放贷款罪)。

六、量刑规范化改革①

最高人民法院决定从 2014 年 1 月 1 日起在全国法院正式实施量刑规范化工作。近日,最高人民法院下发了《关于实施量刑规范化工作的通知》(以下简称《通知》)、《关于常见犯罪的量刑指导意见》(以下简称《意见》),要求各高级人民法院根据《意见》制定实施细则,并正式实施量刑规范化工作。

《意见》共分 5 个部分:一是"量刑的指导原则",规定了以事实为根据、以法律为准绳,罪责刑相适应,宽严相济以及量刑均衡原则;二是"量刑的基本方法",规定了量刑步骤、调节基准刑的方法和确定宣告刑的方法;三是"常见量刑情节的适用",明确了 14 种常见量刑情节的调节幅度;四是"常见犯罪的量刑",就经过多年试行的交通肇事罪、故意伤害罪、强奸罪、非法拘禁罪、抢劫罪、盗窃罪、诈骗罪等 15 种犯罪的量刑提出了指导意见;五是"附则",明确《意见》规范上列的 15 种犯罪判处有期徒刑、拘役的案件范围。

《通知》要求,从 2014 年 1 月 1 日起全面实施量刑规范化工作,《通知》强调:量刑规范

---

① 详见最高人民法院〔2013〕14 号《最高人民法院关于常见犯罪的量刑指导意见》。

化改革的目的是规范刑罚裁量权，落实宽严相济刑事政策，增强量刑的公开性，实现量刑公正。量刑时，要准确执行《刑法》和刑事诉讼法，落实宽严相济刑事政策，对严重暴力犯罪、毒品犯罪等严重危害社会治安犯罪，在确定从宽的幅度时，应当从严掌握；对犯罪情节较轻的犯罪，应当充分体现从宽原则。

第二节　累犯

一、累犯的概念

累犯是指被判处一定刑罚的犯罪人，在刑罚执行完毕或者赦免以后，在法定期限内又犯一定罪的情况。累犯是一种再犯罪的事实，也是一种犯罪人的类型，但累犯与再犯和惯犯不同。

（一）累犯与惯犯的区别

两者都是多次实施故意犯罪行为。但存在不同，惯犯在一定时间内反复多次实施同种犯罪，而累犯一般对前后犯罪行为是否属于同种犯罪并无限制性要求；惯犯前后罪均未处理，累犯要求前罪已经依法处理，并且刑罚已经执行完毕或者被赦免；惯犯对前后犯罪行为时间间隔并无要求。

（二）累犯与再犯的区别

只要再次犯罪的人，均称为再犯。累犯肯定是再犯，而再犯未必是累犯，累犯是法定的量刑情节，而再犯除法律明确规定外[①]，一般而言仅是酌定情节。

二、累犯的分类

（一）一般累犯

1. 一般累犯的概念

根据《刑法》第65条第1款的规定，累犯是指被判处有期徒刑以上的犯罪分子，刑罚执行完毕或者赦免以后，在5年内再犯应当判处有期徒刑以上刑罚之罪的。

2. 一般累犯的成立条件

（1）主观条件：一般累犯前后罪都必须是故意犯罪，这是构成一般累犯的主观条件。

（2）年龄条件：一般累犯的前后罪都必须是已满18周岁的人犯罪。第一次犯罪时行为人未满18周岁，第二次犯罪时行为人已满18周岁，不是累犯。

（3）刑度条件：一般累犯的前后罪都必须是被判或应判有期徒刑以上刑罚的犯罪。这里的有期徒刑以上的刑罚，是指有期徒刑、无期徒刑和死刑缓期二年执行。从逻辑上说，无期徒刑和死刑缓期二年执行都不发生刑罚执行完毕的问题，但仍旧有构成累犯的可能。

（4）时间条件：一般累犯的后罪发生的时间，必须是在前罪刑罚执行完毕或者赦免以

---

① 《刑法》第356条规定：特殊再犯属于法定量刑情节。它指因走私、贩卖、运输、制造、非法持有毒品罪被判过刑的，又犯《刑法》第347-355条规定之罪，从重处罚。

后 5 年内。这里说的"刑罚执行完毕"是指犯罪人被判处的主刑已经执行完毕，被判处的附加刑即使在主刑执行完毕之后仍然在执行过程中，如果犯罪人又犯新罪的，并不影响累犯的构成。

3. 累犯的应用

（1）假释的问题。第一，在假释考验期内犯新罪，不构成累犯，因为刑罚没有执行完毕，此时要撤销假释，数罪并罚；第二，在假释期满后犯罪，可以构成累犯，因为成功的假释就视为原判刑罚已经执行完毕。此时累犯的 5 年起算时间，从假释期满之日起算，而不是从假释之日起计算。

（2）缓刑的问题。第一，在缓刑考验期内犯新罪，不构成累犯，因为刑罚没有执行完毕，此时要撤销缓刑，数罪并罚。第二，在缓刑考验期满后再犯新罪，也不能构成累犯。因为成功缓刑，视为原判刑罚不再执行，而非视为原判刑罚已经执行完毕。因为不再执行，就不存在执行完毕问题。因为不属于执行完毕，所以不存在累犯，此时所犯新罪作为单独犯罪处理。

（3）前后两罪跨越 1997 年 10 月 1 日新、旧刑法之际，累犯的时间条件是 5 年（《刑法》规定的），而非 3 年（1979 刑法规定的），即适用新法。

（二）特殊累犯

1. 特殊累犯的概念

根据《刑法》第 66 条规定，特殊累犯是指危害国家安全犯罪、恐怖活动犯罪、黑社会性质的组织犯罪的犯罪分子在刑罚执行完毕或者赦免以后，在任何时候再犯上述罪的，都以累犯论处。

2. 特殊累犯前后罪的要求

前罪是危害国家安全犯罪、恐怖活动犯罪、黑社会性质的组织犯罪。后罪是这三类罪中任一类罪。即前罪与后罪只要是这三类罪即可，不要求保持一致。具体的前后罪罪名的要求如下：危害国家安全犯罪包括刑法分则第一章"危害国家安全罪"的所有罪名；恐怖活动犯罪不仅包括组织、领导、参加恐怖组织罪，资助恐怖活动罪，而且包括恐怖组织实施的各种犯罪；黑社会性质的组织犯罪不仅包括组织、领导、参加黑社会性质组织罪、入境发展黑社会组织罪，包庇、纵容黑社会性质组织罪，而且包括黑社会性质组织实施的各种犯罪。

3. 构成特别累犯不要求的事项

（1）主体方面：前后罪的主体不要求是已满 18 周岁的人。

（2）刑度方面：前后罪不要求是被判或应判有期徒刑以上刑罚的犯罪。

（3）时间方面：后罪发生的时间，不要求是在前罪刑罚执行完毕或者赦免以后 5 年内。

三、累犯的处罚

（1）根据《刑法》第 65 条的规定：对累犯应当从重处罚。

（2）根据《刑法》第 74 条、82 条的规定：对累犯不能适用缓刑；不得适用假释。

（3）根据《刑法》第 78 条第 2 款的规定：对被判处死刑缓期执行累犯，死刑缓期执行期间期满减刑之后的再减刑要从严掌握，即该累犯死刑缓期执行期满后减为无期徒刑的，实际执行期限不能少于 25 年；缓期执行期满后依法减为 25 年有期徒刑的，实际执行期限不能少于 20 年。

第三节 自首与立功

一、自首的概念

根据《刑法》第 67 条的规定，自首是指犯罪以后自动投案，如实供述自己的罪行的行为。被采取强制措施的犯罪嫌疑人、被告人和正在服刑的罪犯，如实供述司法机关还未掌握的本人其他罪行的行为，以自首论。据此，自首可以分为一般自首与特别自首。

刑法总则规定的自首制度适用于一切犯罪，旨在通过鼓励犯罪人自动投案，一方面促使犯罪人悔过自新，不再继续作案；另一方面使案件及时侦破与审判。这两个方面既是设立自首制度的目的，也是设立自首的根据。①

（一）一般自首

1. 一般自首的概念

一般自首是指犯罪分子在犯罪以后自动投案，如实供述自己的罪行的行为。

2. 一般自首成立条件

（1）犯罪以后自动投案。关于犯罪以后自动投案的有以下几个方面的问题：

①投案时间：尚未归案时。即在被讯问或采取强制措施之前，都可以自动投案。具体情形：A. 犯罪事实未被发觉。例如，甲入室盗窃后，刚出门碰到巡警，被盘问："为何鬼鬼祟祟？"甲如实交代盗窃事实，构成自首。B. 犯罪事实已经被发觉，但未发现犯罪嫌疑人。例如，甲杀人后潜逃，杀人现场已被控制，但警方不知凶手是谁。此时甲自动投案，构成自首。C. 犯罪事实和犯罪嫌疑人都已被发现，但是对犯罪嫌疑人尚未发布强制措施的命令。此时自动投案构成自首。D. 警方已经对犯罪嫌疑人发布强制措施的命令，但是尚未缉拿归案，犯罪嫌疑人仍在逃亡中。其一，犯罪后逃跑，在被通缉、追捕过程中，主动投案。其二，经查实确已准备去投案，或者正在投案途中，被公安机关捕获的，应当视为自动投案。其三，犯罪后潜逃至异地，即使犯罪地司法机关已经发觉，但异地司法机关尚未发觉，仅因形迹可疑，被盘问、教育后，主动交代自己罪行，视为自动投案。上述三种自动投案都可构成自首。

②投案对象：投案对象包括司法机关和非司法机关。例如，犯罪人所在单位，基层组织或者有关个人，如单位负责人、被害人等。

③投案方式：只要是将自己主动置于司法机关控制之下，就属于自动投案。具体情形：A. 亲首，亲自自首。可以先采取打电话、发传真、发短信、发电子邮件等，随后归案，如果随后不归案，不算自动投案。B. 代首，委托他人自首。这主要是指因病因伤，或犯罪人为抢救被害人去医院而没时间，或者为了抢救财产损失。C. 送首，未成年人或亲属犯罪后，由监护人或亲友送到司法机关。送子归案就属于此种情形。注意：如果犯罪嫌疑人明显反抗，亲友被迫采取捆绑等手段送至司法机关，则不属于自动投案。D. 首服，告诉才处

---

① 张明楷. 刑法学(第 5 版)[M]. 北京：法律出版社，2016：561.

理的案件，向被害人主动承认自己的犯罪事实，并自愿归案。例如，甲暗中诽谤乙，然后向乙主动承认是自己所为，并自愿归案，构成自首。E. 在行政拘留、民事拘留、劳动教养期间，主动交代司法机关尚未掌握的罪行，相当于自动投案。因为如果不主动交代，这些措施届满，行为人就会被释放。行为人主动交代罪行，属于主动将自己置于司法机关刑事措施控制之下。例如，甲因嫖娼被治安拘留，在拘留期间如实供述自己强奸事实，成立自首。

④投案意愿：投案意愿必须具有自动性，即犯罪人基于自己的意志积极主动的投案。自动投案不要求出于特定的动机与目的。真心悔悟、为了争取宽大处理，亲友劝说，潜逃后生活所迫等可以成为自动投案的目的与动机，不会影响自首的成立。①

⑤投案彻底性：投案后自愿接受控制，直到最终审判。投案彻底性的特殊情形有以下几个方面：A. 投案后又逃跑的，不算自首；又回来的，又算自首。B. 被动归案后，又逃跑，然后又回来的，不算自首。因为被动归案的，就失去了自首的机会。当然，如果逃跑行为构成脱逃罪，又回来的，可就脱逃罪构成自首。

⑥根据自首制度的立法精神与司法解释，下列情形视为"自动投案"：A. 犯罪嫌疑人向所在单位、城乡基层组织或者其他有关负责人投案的；B. 犯罪嫌疑人因病、伤或者为了减轻犯罪后果，委托他人先代为投案的，或者先以信件、电话电投案的；C. 罪行尚未被司法机关发觉，仅因为形迹可疑，被有关组织查询或者司法机关盘问、教育后，主动交代自己的罪行的；D. 犯罪后逃跑，在通缉、追捕的过程中，主动投案的；E. 经查实犯罪嫌疑人确已准备投案，或者正在投案途中，被司法机关捕获的；F. 并非出于犯罪嫌疑人主动，而是经亲友规劝、陪同投案的；G. 司法机关通知犯罪嫌疑人的亲友，或者亲友主动报案后，将犯罪嫌疑人送去投案的。

⑦不能视为自动投案的情形：A. 犯罪嫌疑人先投案交代罪行后，又潜逃的；B. 以不署名或化名将非法所得寄给司法机关或者报社、杂志社的。

（2）如实供述自己的罪行。

①如实：供述内容和犯罪人主观记忆相符，和客观犯罪事实基本相符。

释义4. 如何理解"如实供述自己的罪行"

第一，只要和主观记忆相符，即使与客观犯罪事实有些出入，也算自首。第二，只供述主要犯罪事实，隐瞒量刑情节，也算如实供述。例如，甲自动投案供述了抢劫事实，但在抢劫数额上有所隐瞒，仍视为如实供述。第三，合理辩解不影响如实供述。如实供述了案件事实，但对案件事实的定性，存在不同理解，有不同看法，进行辩解，仍属于如实供述。例如，认为自己不是贪污，只是经济问题，不影响如实供述的成立。再如，认为自己不是杀人，而是正当防卫、紧急避险或者不具有期待可能性，不影响如实供述的成立。

---

① 张明楷. 刑法学(第5版)［M］. 北京：法律出版社，2016：563.

②供述：如实供述又翻供的，只要在一审判决前又如实供述，仍算如实供述。

③对"如实供述自己的罪行"的具体认定：

第一，犯有数罪的犯罪嫌疑人仅如实供述所犯数罪中部分犯罪的，只对如实供述部分犯罪的行为，认定为自首。

第二，共同犯罪中，一般共犯成员不仅要如实供述本人实施的犯罪行为，还必须交代所知的同案犯的犯罪行为，才认定为自首；主犯尤其是集团犯罪的首要分子，还必须交代整个共同犯罪的全部罪行，才认定为自首；出于掩护其他案犯而故意包揽全部责任的，不视为如实供述自己罪行。

第三，犯罪嫌疑人自动投案，如实供述罪行后又翻案的，不是自首；但在一审判决前又能如实供述的，为自首。

第四，由于客观因素，不能全部交代所有的犯罪事实，但如实供述自己的主要犯罪事实的，也属于"如实供述自己罪行"，为自首。

第五，自动投案，如实供述自己罪行后，为自己进行辩护，提出上诉，或者更正、补充某些事实的，应当允许，不视为没有如实供述自己罪行。

（二）特别自首

1.特别自首的概念

特别自首又称"准自首"，是指被采取强制措施的犯罪嫌疑人、被告人和正在服刑的罪犯，如实供述司法机关还未掌握的本人其他罪行的行为。

2.特别自首的特征

（1）适用对象是已被采取强制措施的犯罪嫌疑人、被告人和正在服刑的罪犯。

（2）如实供述的是司法机关还没掌握的罪行。

（3）如实供述的是本人的罪行。

二、坦白

坦白是被动归案后如实供述自己的罪行。以前坦白只是酌定的从宽处罚情节，《中华人民共和国刑法修正案（八）》将坦白规定为法定的从宽处罚情节：如实供述自己罪行的，可以从轻处罚；因其如实供述自己罪行，避免特别严重后果发生的，可以减轻处罚。

自首与坦白的区别主要有以下几点：第一，自首是主动投案，坦白是被动归案；第二，自首是在犯罪事实或者犯罪嫌疑人尚未被司法机关发觉，或者虽然已被发觉，但尚未对其进行传讯或者施以强制措施的时候如实供述自己的罪行的；坦白是在罪行已被有关组织或者司法机关发觉，并对其进行传讯或者采取强制措施后，如实供认这些罪行的。

三、立功

（一）立功的概念

立功是犯罪分子揭发他人的犯罪行为，查证属实，或者提供重要线索，从而得以侦破其他案件等协助司法机关工作的行为，分为一般立功与重大立功。

释义5：我国刑法立功分为两种

第一，附属于量刑制度的立功，是刑罚裁量阶段的立功；第二，附属于减刑制度立功，是刑罚执行阶段的立功问题。此节的立功是指前者。

（二）一般立功

一般立功主要有以下四种形式：①检举揭发型立功；②提供线索型立功；③协助抓捕型立功；④其他贡献型立功。

上述立功行为应该满足以下特征：第一，亲为性，即立功必须是犯罪分子本人实施的行为；第二，有效性，即涉嫌犯罪人的信息对于侦破案件或者抓捕犯罪嫌疑人要有实际作用。第三，合法性，被告人通过非法手段或者非法途径获取他人犯罪信息并向立法机关提供的，不能构成立功。

（三）重大立功

重大立功的主要表现：①犯罪分子检举、揭发他人重大犯罪行为，经查证属实；②提供侦破其他重大案件的重要线索，查证属实；③阻止他人重大犯罪活动；④协助司法机关抓捕重大犯罪嫌疑人；⑤对国家和社会有重大贡献。

所称"重大犯罪""重点案件""重大犯罪嫌疑人"的标准，一般是指犯罪嫌疑人、被告人可能被判处无期徒刑以上刑罚或者案件在本省、自治区、直辖市或者全国范围内有较大影响的情形。

（四）法律后果

（1）一般自首的，可以从轻或者减轻处罚；犯罪较轻又自首的，可以免除处罚。

（2）一般立功的，可以从轻或者减轻处罚；重大立功的，可以减轻或免除处罚。

第四节　数罪并罚

一、数罪并罚的前提条件

（1）一人犯数罪，每个罪都要定罪量刑。

（2）数罪发生在法定期间内。数罪发生在法定期间内主要情形有以下几个方面：①最普通的情形，判决宣告以前犯数罪。②漏罪情形：判决宣告后，刑罚执行完毕以前，发现犯罪人在判决宣告前还有其他罪没有判决的。③新罪情形：判决宣告后，刑罚执行完毕以前，犯罪人又犯罪的。

如果在刑罚执行完毕以后，犯罪人又犯罪的，不属于数罪并罚的情形，而属于是否构成累犯的问题。如果在刑罚执行完毕以后，发现犯罪人在判决宣告前还有其他罪未判决的，如果没有超过追诉时效，应单独定罪量刑，不属于数罪并罚的情形。

二、数罪并罚的原则

根据《刑法》第69条的规定，我国数罪并罚采取多种原则混合使用。

（一）吸收原则

对判处死刑和无期徒刑的，采取吸收原则。数罪中判了数个死刑或最高刑是死刑，就只执行一个死刑，不再执行其他主刑。数罪中判了数个无期徒刑或者最高刑是无期徒刑，就只执行一个无期徒刑，不再执行其他主刑。

（二）限制加重原则

对于判处有期徒刑、拘役和管制的，采取限制加重原则。

（1）单罪管制是3个月至2年，数罪并罚时，可以超过2年，达到3年。

（2）单罪拘役是1个月至6个月，数罪并罚时，可以超过6个月，达到1年。

（3）单罪有期徒刑是6个月至15年，数罪并罚时分为两种情况：总和刑期不满35年的，最高不能超过20年，总和刑期在35年以上的，最高不能超过25年。

（三）并科原则

对附加刑采取并科原则，即数罪中有判处附加刑的，附加刑仍须执行，其中附加刑种类相同的，合并执行；种类不同的，分别执行。例如，剥夺政治权利与罚金或没收财产，由于性质不同，应采取并科原则，分别执行。

> **释义6. 数罪并罚的过程中有三种"刑"**
>
> 第一，法定刑，即法律事先规定好的刑罚；第二，宣告刑，即法官针对数罪中每一个罪宣告判处的刑罚；第三，执行刑，即法官在各个宣告刑基础上，按照并罚原则最终判处应执行的刑罚。这里的执行刑不是实际执行过程中受到的刑罚。

三、数罪并罚的情形

（一）发现漏罪：先并后减

根据《刑法》第70条的规定："判决宣告以后，刑罚执行完毕以前，发现被判刑的犯罪分子在判决宣告以前还有其他罪没有判决的，应当对新发现的罪作出判决，把前后两个判决所判处的刑罚，依照本法第69条的规定，决定执行的刑罚。已经执行的刑期，应当计算在新判决决定的刑期以内。"

（1）新发现的漏罪，不管与前罪是否性质相同，都应单独作出判决，然后先并后减。

（2）如果判决前有两个罪，先并后减时，并罚时的"数罪中最高刑期"，不是在先前两罪的宣告刑和漏罪宣告刑中选择，而是在先前两罪并罚后的执行刑和漏罪宣告刑中选择。

（3）对罪犯减刑后，发现漏罪：先并后减时，减刑的刑期仍应减去。

案例 1. 甲 2010 年因抢劫罪被判 9 年，执行 5 年以后，发现 2002 年还有盗窃罪未判决，依法应判有期徒刑 4 年。问：对甲还需要判处多少年的刑罚？

答：本罪属于漏罪情形，应该是先并后减。第一步，先并，即在 9 年与 4 年之间并，应该在 9 年至 13 年之间判处刑罚；第二步，再减，即减去执行的 5 年，应该在 4 年至 8 年之间判处甲的刑事责任。

(二) 又犯新罪：先减后并

根据《刑法》第 71 条的规定："判决宣告以后，刑罚执行完毕以前，被判刑的犯罪分子又犯罪的，应当对新犯的罪作出判决，把前罪没有执行的刑罚和后罪所判处的刑罚，依照本法第 69 条的规定，决定执行的刑罚。"

(1) 新罪不管与前罪是否性质相同，都应单独作出判决，然后先减后并。

(2) 既犯新罪，又发现漏罪：先解决漏罪，再解决新罪，实际操作就是先并后减再并。

案例 2. 甲因盗窃判 7 年，执行 3 年后，又犯故意伤害罪应判 10 年，同时发现漏罪强奸罪应判 11 年。问：对甲还需要判处多少年的刑罚？

答：第一步，先并：即 7 年和 11 年进行合并，假如定 15 年。第二步，后减：减去 3 年，剩 12 年。第三步，再并：再并 10 年，在 12 年以上 20 年以下决定执行刑。

(3) 对于有期徒刑 (总和刑期不满 35 年的)，存在漏罪时，先并后减，实际执行刑期不会超过 25 年；存在新罪时，先减后并，实际执行刑期有可能会超过 25 年。

案例 3. 甲犯 A、B 两罪，分别被判处有期徒刑 13 年和 8 年，合并执行 20 年；在执行 4 年后，发现甲在判决宣告前还有未判决的 C 罪，应判处 5 年。对此应先并后减。先并：20 年加 5 年，取最高刑 20 年；后减：减去 4 年，剩 16 年。即须执行剩余的刑期是 16 年。这 16 年加上已执行的 4 年，总共 20 年，就是实际执行的刑期。这样实际执行刑期不会超过 20 年。

案例 3 产生这种结果的原因是：对漏罪采取先并后减，"先并"就要受最高刑的限制，并上去的刑期再多，也不能超过 20 年。然后再减去已经执行的刑期，即 20 年 – 已执行刑期 = 剩余须执行的刑期。反过来，剩余须执行的刑期 + 已执行刑期 = 实际执行刑期，也就是 20 年。因此，先并后减的实际执行刑期不会超过 20 年。

案例 4. 乙犯 A、B 两罪，分别被判处有期徒刑 15 年和 9 年，合并执行 20 年；在执行 4 年后，乙又犯 C 罪，应判 5 年。对此应先减后并。先减：20 - 4 = 16；后并：16 并 5，取最高刑 20 年，这 20 年就是剩余仍需执行的刑期。这 20 年加上已经执行的 4 年，就是 24 年，这样实际执行的刑期就超过 20 年。

产生这种结果的原因是：对新罪采取先减后并，"后并"就可能会并到最高刑 20 年，而这是剩余仍需执行的刑期。再加上已经执行的刑期，就会超过 20 年。即：已经执行刑期 + 剩余仍需执行刑期（20 年）= 实际执行刑期。

案例 5. 甲犯有 A、B 两个罪，A 罪判 8 年，B 罪判 12 年，决定合并执行 18 年。执行 5 年后发现判决宣告前甲还犯有 C 罪，应判 7 年。对此先并后减，在先并时，要求"在数刑中最高刑期以上，二十年以下"确定刑期。这里的"数刑中的最高刑期"不是在 A 罪 8 年、B 罪 12 年、C 罪 7 年中选择，而是在 A、B 罪合并执行的 18 年和 C 罪 7 年中选择，也即最高刑期是 18 年，然后在 18 以上 20 年以下确定一个刑期，然后减去已经执行的 5 年。这种选择的标准就是选择执行刑而非宣告刑。A 罪判 8 年、B 罪判 12 年都是宣告刑，而合并执行的 18 年是执行刑。

案例 6. 甲犯有 A、B 两个罪，A 罪判 10 年，B 罪判 12 年，决定合并执行 20 年。执行 5 年后发现判决宣告前甲还犯有 C 罪，应判 15 年。首先，"数刑中的最高刑期"是 A、B 罪合并执行的 20 年，然后与 C 罪的 15 年并。由于 20 + 15 = 35，因此应在 20 年以上 25 年以下确定一个刑期，然后减去已经执行的 5 年。

能力应用

1. 假如甲罪的法定刑为"三年以上十年以下有期徒刑"，下列关于量刑的说法哪一项正确的是（　　）。

A. 如果法官对犯甲罪的被告人判处 7 年以上 10 年以下有期徒刑，就属于从重处罚；如果判处 3 年以上 7 年以下有期徒刑，就属于从轻处罚

B. 法官对犯甲罪的被告人判处 3 年有期徒刑时，属于从轻处罚与减轻处罚的竞合

C. 由于甲罪的法定最低刑为 3 年以上有期徒刑，所以，法官不得对犯甲罪的被告人宣告缓刑

D. 如果犯甲罪的被告人不具有《刑法》规定的减轻处罚情节，法官就不能判处低于 3 年有期徒刑的刑罚，除非根据案件的特殊情况，报经最高人民法院核准

2. 下列关于从重处罚的表述哪些是正确的？（　　）

A. 从重处罚是指应当在犯罪所适用刑罚幅度的中线以上判处

B. 从重处罚是在法定刑以上判处刑罚

C. 从重处罚是指在法定刑的限度以内判处刑罚

D. 从重处罚不一定判处法定最高刑

3. 下列哪一种情形不成立累犯？（　　　）

A. 张某犯故意伤害罪被判处有期徒刑 3 年，缓刑 3 年，缓刑期满后的第 3 年又犯盗窃罪，被判处有期徒刑 10 年

B. 李某犯强奸罪被判处有期徒刑 5 年，刑满释放后的第 4 年，又犯妨害公务罪，被判处有期徒刑 6 个月

C. 王某犯抢夺罪被判处有期徒刑 4 年，执行 3 年后被假释，于假释期满后的第 5 年又犯故意杀人罪被判处无期徒刑

D. 田某犯叛逃罪被判处管制 2 年，管制期满后 20 年又犯为境外刺探国家秘密罪，被判处拘役 6 个月

4. 符合下列哪些情形而在五年以内再犯应当判处有期徒刑以上刑罚之罪的可以构成累犯？（　　　）

A. 前罪的刑罚执行完毕以后　　　　B. 赦免以后

C. 缓刑考验期满以后　　　　　　　　D. 假释考验期满以后

5. 2000 年 8 月 21 日，甲因犯诈骗罪被人民法院判处有期徒刑 3 年，缓刑 5 年。2005 年 6 月 20 日，甲又犯盗窃罪。对于甲量刑，下列表述哪些是正确的？（　　　）

A. 甲具有法定从重处罚情节　　　　　　B. 甲不构成累犯

C. 对甲的盗窃罪不能适用缓刑　　　　　D. 对甲应当数罪并罚

6. 关于累犯，下列哪一选项是正确的？（　　　）

A. 甲因故意伤害罪被判七年有期徒刑，刑期自 1990 年 8 月 30 日至 1997 年 8 月 29 日止。甲于 1995 年 5 月 20 日被假释，于 1996 年 8 月 25 日犯交通肇事罪。甲构成累犯

B. 乙因盗窃罪被判三年有期徒刑，2002 年 3 月 25 日刑满释放，2007 年 3 月 20 日因犯盗窃罪被判有期徒刑四年。乙构成累犯

C. 丙因危害国家安全罪被判处五年有期徒刑，1996 年 4 月 21 日刑满释放，2006 年 4 月 20 日再犯同罪。丙不构成累犯

D. 丁因失火罪被判处三年有期徒刑，刑期自 1995 年 5 月 15 日至 1998 年 5 月 14 日。丁于 1998 年 5 月 15 日在出狱回家途中犯故意伤害罪。丁构成累犯

7. 甲因盗窃罪被捕，在侦查人员对其审讯期间，他又交代了自己与李某合伙诈骗 4 万元的犯罪事实，并提供了李某可能隐匿的地点，根据这一线索，侦查机关顺利将李某追捕归案。对甲盗窃罪的处罚，下列哪一项是正确的？（　　　）

A. 应当减轻或者免除处罚　　　　　　B. 应当从轻或者减轻处罚

C. 可以从轻或者减轻处罚　　　　　　D. 可以减轻或者免除处罚

8. 下列情形哪一项属于自首？（　　　）

A. 甲杀人后其父主动报案并将甲送到派出所，甲当即交代了杀人的全部事实和经过

B. 甲和乙共同贪污之后，主动到检察机关交代自己的贪污事实，但未提及乙

C. 甲和乙共同盗窃之后，主动向公安机关反映乙曾经诈骗数千元，经查证属实

D. 甲给监察局打电话，承认自己收受他人 1 万元贿赂，并交代了事情经过，然后出走不知所终

9. 甲和乙共同入户抢劫并致人死亡后分头逃跑,后甲因犯强奸罪被抓获归案。在羁押期间,甲向公安人员供述了自己和乙共同所犯的抢劫罪行,并提供了乙因犯故意伤害罪被关押在另一城市的看守所的有关情况,使乙所犯的抢劫罪受到刑事追究。对于本案,下列哪一选项是正确的?(　　)

A. 甲的行为属于坦白,但不成立特别自首

B. 甲的行为成立特别自首,但不成立立功

C. 甲的行为成立特别自首和立功,但不成立重大立功

D. 甲的行为成立特别自首和重大立功

10. 关于自首中的"如实供述",下列哪些选项是错误的?(　　)

A. 甲自动投案后,如实交代自己的杀人行为,但拒绝说明凶器藏匿地点的,不成立自首

B. 乙犯有故意伤害罪、抢夺罪,自动投案后,仅如实供述抢夺行为,对伤害行为一直主张自己是正当防卫的,仍然可以成立自首

C. 丙虽未自动投案,但办案机关所掌握线索针对的贪污事实不成立,在此范围外丙交代贪污罪行的,应当成立自首

D. 丁自动投案并如实供述自己的罪行后又翻供,但在二审判决前又如实供述的,应当认定为自首

11. 关于数罪并罚,下列哪一选项是错误的?(　　)

A. 甲在刑罚执行完毕以前发现漏罪的,应当按照"先并后减"的原则实行数罪并罚

B. 乙在刑罚执行完毕以前再犯新罪的,应当按照"先减后并"的原则实行数罪并罚

C. 丙在刑罚执行完毕以前再犯新罪,同时又发现漏罪的,应当先将漏罪与原判决的罪实行"先并后减";再对新罪与前一并罚后尚未执行完毕的刑期实行"先减后并"

D. "先减后并"在一般情况下使犯罪人受到的实际处罚比"先并后减"轻

12. 关于累犯,下列哪一判断是正确的?(　　)

A. 甲因抢劫罪被判处有期徒刑十年,并被附加剥夺政治权利三年。甲在附加刑执行完毕之日起五年之内又犯罪。甲成立累犯

B. 甲犯抢夺罪于 2005 年 3 月假释出狱,考验期为剩余的二年刑期。甲从假释考验期满之日起五年内再故意犯重罪。甲成立累犯

C. 甲犯危害国家安全罪五年徒刑期满,六年后又犯杀人罪。甲成立累犯

D. 对累犯可以从重处罚

【参考答案】　1. D　2. CD　3. A　4. ABD　5. BD　6. B　7. C　8. A　9. D　10. AD　11. D　12. B

第十六章　刑罚执行制度

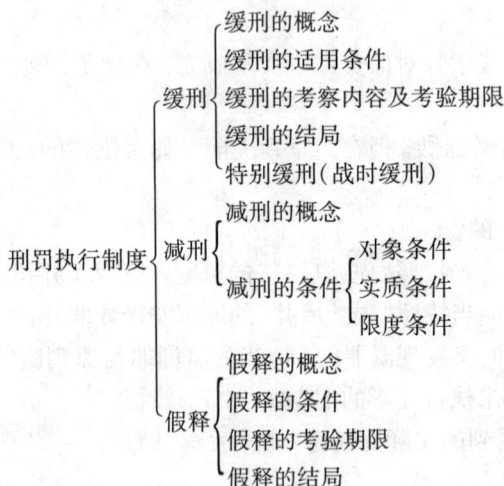
法条规范

第72条［适用条件］对于被判处拘役、三年以下有期徒刑的犯罪分子，同时符合下列条件的，可以宣告缓刑，对其中不满十八周岁的人、怀孕的妇女和已满七十五周岁的人，应当宣告缓刑：

（一）犯罪情节较轻；

（二）有悔罪表现；

（三）没有再犯罪的危险；

（四）宣告缓刑对所居住社区没有重大不良影响。

宣告缓刑，可以根据犯罪情况，同时禁止犯罪分子在缓刑考验期限内从事特定活动，进入特定区域、场所，接触特定的人。

被宣告缓刑的犯罪分子，如果被判处附加刑，附加刑仍须执行。

第73条［考验期限］拘役的缓刑考验期限为原判刑期以上一年以下，但是不能少于二个月。

有期徒刑的缓刑考验期限为原判刑期以上五年以下，但是不能少于一年。

缓刑考验期限，从判决确定之日起计算。

第74条［累犯不适用缓刑］对于累犯和犯罪集团的首要分子，不适用缓刑。

第75条［缓刑犯应遵守的规定］被宣告缓刑的犯罪分子，应当遵守下列规定：

（一）遵守法律、行政法规，服从监督；

（二）按照考察机关的规定报告自己的活动情况；

（三）遵守考察机关关于会客的规定；

（四）离开所居住的市、县或者迁居，应当报经考察机关批准。

第76条［缓刑的考验及其积极后果］对宣告缓刑的犯罪分子，在缓刑考验期限内，依法实行社区矫正，如果没有本法第77条规定的情形，缓刑考验期满，原判的刑罚就不再执行，并公开予以宣告。

第77条［缓刑的撤销及其处理］被宣告缓刑的犯罪分子，在缓刑考验期限内犯新罪或者发现判决宣告以前还有其他罪没有判决的，应当撤销缓刑，对新犯的罪或者新发现的罪作出判决，把前罪和后罪所判处的刑罚，依照本法第69条的规定，决定执行的刑罚。

被宣告缓刑的犯罪分子，在缓刑考验期限内，违反法律、行政法规或者国务院有关部门关于缓刑的监督管理规定，或者违反人民法院判决中的禁止令，情节严重的，应当撤销缓刑，执行原判刑罚。

第78条［适用条件与限度］被判处管制、拘役、有期徒刑、无期徒刑的犯罪分子，在执行期间，如果认真遵守监规，接受教育改造，确有悔改表现的，或者有立功表现的，可以减刑；有下列重大立功表现之一的，应当减刑：

（一）阻止他人重大犯罪活动的；

（二）检举监狱内外重大犯罪活动，经查证属实的；

（三）有发明创造或者重大技术革新的；

（四）在日常生产、生活中舍己救人的；

（五）在抗御自然灾害或者排除重大事故中，有突出表现的；

（六）对国家和社会有其他重大贡献的。

减刑以后实际执行的刑期不能少于下列期限：

（一）判处管制、拘役、有期徒刑的，不能少于原判刑期的二分之一；

（二）判处无期徒刑的，不能少于十三年；

（三）人民法院依照本法第五十条第二款规定限制减刑的死刑缓期执行的犯罪分子，缓期执行期满后依法减为无期徒刑的，不能少于二十五年，缓期执行期满后依法减为二十五年有期徒刑的，不能少于二十年。

第79条［程序］对于犯罪分子的减刑，由执行机关向中级以上人民法院提出减刑建议书。人民法院应当组成合议庭进行审理，对确有悔改或者立功事实的，裁定予以减刑。非经法定程序不得减刑。

第80条［无期徒刑减刑的刑期计算］无期徒刑减为有期徒刑的刑期，从裁定减刑之日起计算。

第81条［适用条件］被判处有期徒刑的犯罪分子，执行原判刑期二分之一以上，被判处无期徒刑的犯罪分子，实际执行十三年以上，如果认真遵守监规，接受教育改造，确有悔改表现，没有再犯罪的危险的，可以假释。如果有特殊情况，经最高人民法院核准，可以不受上述执行刑期的限制。

对累犯以及因故意杀人、强奸、抢劫、绑架、放火、爆炸、投放危险物质或者有组织的暴力性犯罪被判处十年以上有期徒刑、无期徒刑的犯罪分子，不得假释。

对犯罪分子决定假释时，应当考虑其假释后对所居住社区的影响。

第82条［程序］对于犯罪分子的假释，依照本法第79条规定的程序进行。非经法定程序不得假释。

第83条［考验期限］有期徒刑的假释考验期限，为没有执行完毕的刑期；无期徒刑的假释考验期限为十年。

假释考验期限，从假释之日起计算。

第84条［假释犯应遵守的规定］被宣告假释的犯罪分子，应当遵守下列规定：

(一)遵守法律、行政法规，服从监督；

(二)按照监督机关的规定报告自己的活动情况；

(三)遵守监督机关关于会客的规定；

(四)离开所居住的市、县或者迁居，应当报经监督机关批准。

第85条［假释考验及其积极后果］对假释的犯罪分子，在假释考验期限内，依法实行社区矫正，如果没有本法第86条规定的情形，假释考验期满，就认为原判刑罚已经执行完毕，并公开予以宣告。

第86条［假释的撤销及其处理］被假释的犯罪分子，在假释考验期限内犯新罪，应当撤销假释，依照本法第71条的规定实行数罪并罚。

在假释考验期限内，发现被假释的犯罪分子在判决宣告以前还有其他罪没有判决的，应当撤销假释，依照本法第70条的规定实行数罪并罚。

被假释的犯罪分子，在假释考验期限内，有违反法律、行政法规或者国务院有关部门关于假释的监督管理规定的行为，尚未构成新的犯罪的，应当依照法定程序撤销假释，收监执行未执行完毕的刑罚。

典型案例

【基本案情】

姜某减刑案[①]

罪犯姜某，2010年5月31日因病保外就医。

罪犯姜某于2009年10月14日被判处有期徒刑5年，刑期自2009年4月7日至2014年4月6日止；服刑期间，因患急性肝炎于2010年5月3日保外就医。在保外就医期间有悔改、立功表现。具体事实如下：该犯在服刑期间能认罪伏法，认真遵守监规，接受教育改造，积极参加政治、文化、技术学习。在保外就医期间能够遵纪守法，当通过报刊

---

① 案例来源：国家法官学院、中国人民大学法学院.中国审判案例要览(刑事审判)案例卷［M］.北京：中国人民大学出版社：64.

内容知道其所认识的谢某是公安机关在网络上搜寻的杀人逃犯时，于2010年10月30日向昆明市某区甲派出所作了检举，并向公安机关报告谢某的行踪。根据姜某提供的线索，昆明市公安局某分局将杀人犯罪嫌疑人谢某抓获。执行机关建议对罪犯姜某减刑1年，提请法院审核裁定。云南省昆明市中级人民法院根据云南省某监狱报送的关于提请对罪犯姜某减刑的意见和相关材料，依法组成合议庭，对姜某服刑期间的表现进行审核，认为罪犯姜某在保外就医期间向公安机关提供一杀人案的重要线索，确定立功表现，符合减刑的法定条件。依照《刑法》第78条之规定，裁定对罪犯姜某准予减去有期徒刑1年。

【法律问题】监外执行的减刑适用条件。

【观点争议】对姜某能否减刑，有两种不同的观点：

第一种观点认为，姜某系保外就医期间提供犯罪线索帮助破获案件，并非在监狱服刑期间立功，不具备遵守监规的条件。因此，虽然具有立功表现，但不符合减刑条件，不能减刑。

第二种观点认为，姜某虽然系保外就医期间提供线索帮助破获案件，但保外就医期间也是服刑期间，不因为服刑地点的改变而影响到其减刑条件的适应，对姜某可以减刑。

第二种观点更符合法律的规定。

规范释义

第一节　缓刑

一、缓刑的概念

缓刑是指对判处一定刑罚的罪犯，在一定的法定条件下暂缓执行或不执行原判刑罚的一种制度。缓刑不是一种独立的刑种。从裁量是否执行所判刑罚的意义上说，缓刑是一种量刑制度；从刑罚执行的意义上来说，缓刑也是一种刑罚执行制度。在我国，缓刑分为一般缓刑与战时缓刑两种。

缓刑具有下列特点：第一，就缓刑的性质而言，缓刑是暂缓执行刑罚，即附条件地不再执行刑罚，而非刑罚执行完毕。这与假释的性质不同，假释期满被视为刑罚执行完毕。第二，缓刑只适用于主刑。判处附加刑的，仍需要执行附加刑。

二、缓刑的适用条件

（一）一般缓刑的适用条件

1. 对象条件

缓刑只适用于被判处拘役或者 3 年以下有期徒刑的犯罪人。

释义 1. 缓刑适用的相关问题

第一，这里所说的被判处 3 年以下有期徒刑，是就宣告刑而言，而不是指法定刑。第二，对被判处管制或者单处附加刑的，不能适用缓刑。第三，如果一人犯数罪，实行数罪并罚后，决定执行的刑罚为 3 年以下有期徒刑或者拘役的，也可以适用缓刑。

---

2. 实质性条件

缓刑适用的实质性条件是犯罪人不再有人身危险性，具体要求同时符合下列条件：①犯罪情节较轻；②有悔罪表现；③没有再犯罪的危险；④宣告缓刑对所居住社区没有重大不良影响。

3. 优待对象

一般犯罪人，同时满足上述对象条件和实质条件，只是可以宣告缓刑。而不满 18 周岁的人、怀孕的妇女、已满 75 周岁的人，这三类人只要同时满足上述对象条件和实质条件，应当宣告缓刑。

4. 禁止性条件

根据《刑法》第 74 条的规定，累犯和犯罪集团的首要分子不适用缓刑。

（二）战时缓刑的适用条件

（1）适用的时间必须是在战时，即国家宣布进入战争状态、部队受领作战任务或遭敌突然袭击时。

（2）适用的对象只能是被判处 3 年以下有期徒刑的犯罪军人。

（3）在战争条件下宣告缓刑没有现实危险。

释义 2. 是否宣告缓刑与犯罪分子触犯的罪名的性质没有关系

例如，犯罪分子触犯危害国家安全罪，只要被判处 3 年以下有期徒刑，同时符合实质条件，就可以适用缓刑。又如，犯罪分子触犯故意杀人、爆炸、抢劫、强奸、绑架等暴力性犯罪，只要被判处 3 年以下有期徒刑，同时符合实质条件，就可以适用缓刑。

三、附加措施

（1）对宣告缓刑的犯罪人可以同时适用禁止令，禁止犯罪分子在执行期间从事特定活动，进入特定区域、场所，接触特定的人。

（2）在缓刑考验期应实行社区矫正。

四、缓刑考验期限

（1）从判决确定之日起计算。

（2）判决确定以前先行羁押的日期，不能折抵缓刑考验期限。

五、缓刑的法律后果

1. 成功的缓刑

成功的缓刑指原判刑罚不再执行。原判刑罚不再执行视为刑罚已经执行完毕。

释义3：累犯成立问题

原判刑罚不再执行不同于原判刑罚已经执行完毕。因此，在缓刑考验期内再犯新罪，以及在考验期满后再犯新罪的，都不构成累犯。

2. 失败的缓刑

失败的缓刑是指缓刑被撤销。撤销缓刑的三种情形以及处理方式如下：

（1）发现漏罪，这是指发现判决宣告前还有未判决的罪行。

①发现的漏罪是故意犯罪，还是过失犯罪，在所不问；是同种罪，还是异种罪，也在所不问。即使发现的漏罪是过失犯罪、同种犯罪，也应撤销缓刑。

②撤销缓刑后，对前罪和漏罪进行数罪并罚，然后决定执行的刑期。

释义4：缓刑中刑期计算的问题

第一，因为判处缓刑时没有实际执行刑罚，所以不存在减去已经执行的刑期，不存在"先并后减"的做法；第二，已经经过的考验期，不算已经执行的刑期；第三，原判决宣告以前先行羁押的，羁押日期应当折抵刑期。但是注意，这里的羁押是指刑事羁押，行政拘留等不属于刑事羁押，不能折抵刑期。

③对犯罪人数罪并罚后，如果符合缓刑条件，可以再次适用缓刑。

④缓刑考验期满后才发现漏罪，不能撤销缓刑，只能对漏罪另行起诉审判。

（2）又犯新罪，这是指在缓刑考验期内又犯新罪。

①又犯的新罪，是故意犯罪，还是过失犯罪，在所不问；是同种罪，还是异种罪，也在所不问，即所犯新罪即使是过失犯罪、同种犯罪，也应撤销缓刑。

②在缓刑考验期内又犯新罪，在考验期限内被发现，应当撤销缓刑。

③在缓刑考验期内又犯新罪，在考验期满后才被发现，也应撤销缓刑。

④撤销缓刑后，对前罪和新罪进行数罪并罚，然后决定执行的刑期。

释义 5. 折抵刑期的问题

第一，因为判处缓刑时没有实际执行刑罚，所以不存在减去已经执行的刑期，不存在"先减后并"的做法；第二，已经经过的缓刑考验期，不算已经执行的刑期；第三，原判决宣告以前先行羁押的，羁押日期应当折抵刑期。但是注意，这里的羁押是指刑事羁押。行政拘留等不属于刑事羁押，不能折抵刑期。

⑤犯罪人在考验期内又犯新罪，表明其社会危害性和人身危险性仍非常大，就不符合适用缓刑的条件。因此在数罪并罚后，对犯罪人不能再次适用缓刑。

⑥在缓刑考验期满后又犯新罪，不撤销缓刑。注意：也不可能构成累犯，因为缓刑考验期满只是不执行原判刑罚，而非已执行完毕。

（3）在缓刑考验期内，违反法律、法规或者监管规定，情节严重的，应当撤销缓刑，执行原判刑罚。

六、缓刑的考验期限

（1）根据《刑法》第 73 条规定："拘役的缓刑考验期限为原判刑期以上一年以下，但是不能少于二个月。有期徒刑的缓刑考验期限为原判刑期以上五年以下，但是不能少于一年。"

（2）缓刑的考验期限，从判决确定之日（即判决发生法律效力之日）起计算。判决确定以前先行羁押的，不能折抵考验期限。

七、缓刑的考察

（一）考察机关

被宣告缓刑的犯罪分子，在缓刑考验期内，依法实行社区矫正。缓刑考察机关是司法行政机关的社区矫正部门。

（二）考察内容

被宣告缓刑的犯罪分子应当遵守如下规定：被宣告缓刑的犯罪分子，应当遵守下列规定：①遵守法律、行政法规，服从监督；②按照考察机关的规定报告自己的活动情况；③遵守考察机关关于会客的规定；④离开所居住的市、县或者迁居，应当报经考察机关批准。同时，根据《刑法》第 72 条规定：根据具体犯罪情况，法院可判处其在缓刑考验期内不得从事特定活动，不得进入特定区域、场所，不得接触特定的人。

【注意】在缓刑考验期内，没有剥夺犯罪分子行使言论、出版、集会、结社、游行、示威自由的权利。这一点和管制不同。

考察其在考验期内是否再犯新罪，是否还有判决宣告前其他罪没有判决，是否违反法律、行政法规或者国务院公安部门有关缓刑的监督管理规定且情节严重等情形。

对战时缓刑犯的考察，主要考察其在战争中是否有立功表现。确有立功表现的，可以撤销原判刑罚，不以犯罪论处。

八、缓刑的期满与撤销

（一）缓刑的期满

缓刑的期满是指犯罪人在缓刑考验期内，没有再犯新罪，没有发现判决宣告以前还有其他罪没有判决，没有情节严重的违反有关缓刑的监督管理规定的行为，并且经过了考验期限。《刑法》第76条规定，被宣告缓刑的犯罪人，如果没有上述三种情形，缓刑考验期满，原判的刑罚就不再执行，并公开予以宣告。

（二）缓刑的撤销

缓刑的撤销是指由于犯罪人在缓刑考验期内，没有遵守法定条件，而将原判决的缓刑予以撤销，使犯罪人执行原判刑罚。缓刑的撤销包括两种情况：

（1）被宣告缓刑的犯罪人，在缓刑考验期内犯新罪，或者发现判决宣告以前还有其他罪没有判决的，应当撤销缓刑，对新犯的罪或者新发现的罪作出判决，把前罪和后罪所判处的刑罚，依《刑法》第69条的规定，决定执行的刑罚。如果原判决宣告以前先行羁押的，羁押日期应当折抵刑期。

（2）被宣告缓刑的犯罪人，在缓刑考验期内，违反法律、行政法规或者国务院公安部门有关缓刑的监督管理规定，情节严重的，应当撤销缓刑，执行原判刑罚。原判决宣告以前先行羁押的，应当折抵刑期。

【注意】"折抵"并不是"先并后减"或"先减后并"中的"减"。

第二节　减刑

一、减刑的概念

减刑，是指对被判处管制、拘役、有期徒刑、无期徒刑的犯罪人，在刑罚执行期间，如果认真遵守监规，接受教育改造，确有悔改表现，或者有立功表现的，适当减轻原判刑罚的制度。减刑既可以是将较长的刑期减为较短的刑期，也可以是将较重的刑种减为较轻的刑种。

减刑有两种种类：一是减轻刑种。例如，将无期徒刑减为有期徒刑。注意，有期徒刑不能减为拘役或者管制。二是减轻刑期，主要指将有期徒刑、拘役、管制的刑期缩短。减刑有两种形式：一是可以减刑；二是应当减刑。

减刑不同于改判，减刑是在原判决基础上减轻刑罚；改判是撤销原判决，重新作出判决。此外，减刑也不同于减轻处罚，减刑属于刑罚的执行；减轻处罚是在作出判决时在量刑上减轻处罚，属于刑罚的裁量。

除了《刑法》第78条规定的减刑制度外，刑法中还有其他减刑。例如，将死缓依法减为无期徒刑或者有期徒刑，将附加刑减轻（如罚金的减免）。这些减刑的适用条件与《刑法》第78条的减刑不同。注意，无期徒刑减为有期徒刑属于《刑法》第78条的减刑。

二、适用条件

(一)对象条件

被判处管制、拘役、有期徒刑、无期徒刑的犯罪分子,即主刑中除了死刑以外的其他刑罚,受刑人都可适用减刑。至于犯罪行为是故意犯罪还是过失犯罪,是重罪还是轻罪,是危害国家安全罪还是其他犯罪,在所不问。

> **释义6. 缓刑能否减刑的问题**
>
> 根据《最高人民法院关于办理减刑、假释案件具体应用法律若干问题的规定》第5条规定,对被判处拘役或3年以下有期徒刑的人,宣告缓刑的,一般不适用减刑。如果在缓刑考验期间有重大立功的,可以依据《刑法》第78条对原判刑罚进行减刑,同时相应的缩减其缓刑考验期。

(二)实质条件

1. 可以减刑的实质条件

犯罪人在刑罚执行期间,认真遵守监规,接受教育改造,确有悔改表现,或者有立功表现,具体说,在下列两种情形下,可以减刑:①犯罪人在刑罚执行期间,认真遵守监规,接受教育改造,确有悔改表现的。"确有悔改表现"是指同时具备四个方面的情形:其一,认罪服法;其二,认真遵守监规,接受教育改造;其三,积极参加政治、文化、技术学习;其四,积极参加劳动,完成生产任务。②有立功表现的。"立功表现"是指具有下列情形之一:检举、揭发监狱内外犯罪活动,或者提供重要线索,经查证属实的;阻止他人犯罪活动的;在生产、科研中进行技术革新,成绩突出的;在抢险救灾或者排除重大事故中表现积极的;有其他有利于国家和社会的突出事迹的。

2. 应当减刑的实质条件

犯罪人在刑罚执行期间,有重大立功表现的。"重大立功表现"指有下列情形之一:其一,阻止他人重大犯罪活动的;其二,检举监狱内外重大犯罪活动,经查证属实的;其三,有发明创造或者重大技术革新的;其四,在日常生产、生活中舍己救人的;其五,在抗御自然灾害或者排除重大事故中,有突出表现的;其六,对国家和社会有其他重大贡献的。

(三)实际执行刑期的限度条件

(1)判处管制、拘役、有期徒刑的,实际执行的刑期不能少于原判刑期的二分之一。

(2)判处无期徒刑的,实际执行的刑期不能少于13年。

(3)对严重的死缓犯(被判处死刑缓期执行的累犯以及因故意杀人、强奸、抢劫、绑架、放火、爆炸、投放危险物质或者有组织的暴力性犯罪的犯罪分子)如果采取了限制减刑的决定,那么死缓减为无期徒刑的,实际执行的刑期不能少于25年;死缓减为25年有期徒刑的,实际执行的刑期不能少于20年。

(四)减刑程序

根据《刑法》第79条的规定:"对于犯罪分子的减刑,由执行机关向中级以上人民法院提出减刑建议书。人民法院应当组成合议庭进行审理,对确有悔改或者立功事实的,裁定予以减刑。"1998 年 9 月 8 日颁布的《最高人民法院关于执行〈刑事诉讼法〉若干问题的解释》第 362 条规定：①对于被判处死刑缓期二年执行的罪犯的减刑，由罪犯服刑地的高级人民法院根据省级监狱管理机关审核同意的监狱减刑建议书裁定；②对于被判处无期徒刑的罪犯的减刑、假释，由罪犯服刑地的高级人民法院根据省级监狱管理机关审核同意的监狱减刑、假释建议书裁定。《刑法》没有限制减刑的次数，只要符合减刑条件，可以多次减刑。

第三节　假释

一、假释的概念

假释是指对于被判处有期徒刑、无期徒刑的部分犯罪人，在执行一定刑罚之后，确有悔改表现，不致再危害社会，附条件地予以提前释放的制度。附条件，是指被假释的犯罪人，如果遵守一定条件，就认为原判刑罚已经执行完毕；如果没有遵守一定条件，就收监执行原判刑罚。

二、假释的适用条件

（一）对象条件

假释的对象条件是被判处无期徒刑、有期徒刑的部分犯罪分子。对被判处管制、拘役的，不能假释。

（二）禁止适用对象

假释禁止适用对象主要有以下两种情况：一是累犯，二是因故意杀人、强奸、抢劫、绑架、放火、爆炸、投放危险物质或者有组织的暴力性犯罪被判处 10 年以上有期徒刑、无期徒刑的犯罪分子。

释义 7：假释的适用问题

被判处 10 年以上有期徒刑、无期徒刑的，即使减刑后减到 10 年以下，也不得假释。如果犯数个上述犯罪，但每个罪都没有达到 10 年以上刑期，并罚后达到 10 年以上，不属于"被判处"10 年以上有期徒刑，仍可适用假释。

（三）实质条件

假释的实质条件是犯罪人不再有人身危险性。

【注意】对犯罪分子决定假释时，应当考虑其假释后对所居住社区的影响。

（四）刑期条件

被判处有期徒刑的，需执行原判刑期二分之一以上，才可以适用假释。有期徒刑的假释考验期限，是剩余没有执行完毕的刑期，从假释之日起计算。

被判处无期徒刑的，实际执行13年以上，才可以适用假释。无期徒刑的假释考验期限为10年，从假释之日起计算。

【注意】被假释的罪犯，一般不得减刑，不得缩短假释考验期。

（五）执行条件

假释的执行条件是在假释考验期应实行社区矫正。

【总结】对判处管制、宣告缓刑、决定假释的三种犯罪分子，应实行社区矫正。但只对判处管制、宣告缓刑的两种犯罪分子，可以同时适用禁止令。

三、假释的法律后果

（一）成功的假释

成功的假释认为原判刑罚已经执行完毕。

（二）失败的假释

失败的假释是指假释被撤销。具体有三种情形：

（1）发现漏罪。发现漏罪是指在假释考验期内发现判决宣告以前未判决的罪。

①发现的漏罪，是故意犯罪，还是过失犯罪，在所不问；是同种犯罪，还是异种犯罪，也在所不问。即使发现的漏罪是过失犯罪、同种犯罪，也应撤销假释。

②撤销假释后，对前罪和漏罪先并后减，即将前罪刑期和漏罪刑期进行合并，然后减去前罪已执行刑期。注意：已经经过的考验期，不算已经执行的刑期。

③如果在考验期期满后发现漏罪，就不能撤销假释，只能另行起诉审判。

（2）又犯新罪。又犯新罪是指在考验期内犯新罪。

①又犯的新罪，是故意犯罪，还是过失犯罪，在所不问；是同种犯罪，还是异种犯罪，也在所不问。即使又犯的新罪是过失犯罪、同种犯罪，也应撤销假释。

②在考验期限内犯新罪，并在考验期限内被发现，应当撤销假释。

③在考验期限内犯新罪，但在考验期满后才被发现，应当撤销假释。

④撤销假释后，对前罪和新罪先减后并，即先用原判刑期减去已执行刑期，然后用剩余刑期跟新罪刑期合并。注意：已经经过的考验期、不算已经执行的刑期。

⑤在考验期满后犯新罪，不能撤销假释。

【注意】这种可以成立累犯，因为假释考验期满就视为刑罚已经执行完毕。

（3）在假释考验期内，违反法律、法规或者监管规定，应当撤销假释，收监执行尚未执行完毕的刑罚。在假释考验期内，对被假释的犯罪人应依法实行社区矫正。被假释的犯罪人，应当遵守下列规定：①遵守法律、行政法规，服从监督；②按照监督机关的规定报告自己的活动情况；③遵守监督机关关于会客的规定；④离开所居住的市、县或者迁居，应当报经监督机关批准。

【注意】在假释考验期内，没有剥夺犯罪人行使言论、出版、集会、结社、游行、示威自由的权利。这一点和管制不同。

通过比较可以发现，假释考验期的遵守规定和缓刑考验期的遵守规定基本相同。

能力应用

1. 王某因犯盗窃罪被判处有期徒刑,执行完毕后第四年,再次犯盗窃罪被人民法院判处二年零九个月有期徒刑。人民法院不能对王某适用下列哪些制度?(　　)

A. 减刑　　　　　　　　　　　　B. 缓刑

C. 假释　　　　　　　　　　　　D. 保外就医

2. 施某犯贪污罪,被判无期徒刑。服刑 12 年后,因表现良好而获假释。在假释考验期内的第 6 年,施某故意致人重伤,被判刑 9 年。根据《刑法》规定,对施某应撤销假释,按数罪并罚的规定处理。对施某应适用何种刑罚幅度或刑种?(　　)

A. 应在 9 年以上 20 以下有期徒刑幅度内决定执行的刑期

B. 应在 9 年以上 15 年以下有期徒刑幅度内决定执行的刑期

C. 应在 12 年以上 20 年以下有期徒刑幅度内决定执行的刑期

D. 应决定执行无期徒刑

3. 对《刑法》关于撤销假释的规定,下列哪些理解是正确的?(　　)

A. 只要被假释的犯罪分子在假释考验期内犯新罪,即使假释考验期满后才发现,也应当撤销假释

B. 在假释考验期满后,发现被假释的犯罪分子在判决宣告以前还有其他罪没有判决的,不能撤销假释

C. 被假释的犯罪分子,在假释考验期内犯新罪的,应当按先减后并的方法实行并罚,但"先减"是指减去假释前已经实际执行的刑期

D. 在假释考验期内,发现被假释的犯罪分子在判决宣告以前还有其他罪没有判决的,撤销假释后,按照先并后减的方法实行并罚,假释经过的考验期,应当计算在新决定的刑期之内,因为假释视为执行刑罚

4. 关于假释,下列哪一选项是正确的?(　　)

A. 被假释的犯罪分子,未经执行机关批准,不得行使言论、出版、集会、结社、游行、示威自由的权利

B. 对于犯杀人、爆炸、抢劫、强奸、绑架等暴力性犯罪的犯罪分子,即使被判处 10 年以下有期徒刑,也不得适用假释

C. 对于累犯,只要被判处的刑罚为 10 年以下有期徒刑,均可适用假释

D. 被假释的犯罪分子,在假释考验期间再犯新罪的,不构成累犯

5. 关于假释的适用,下列哪些选项是正确的?(　　)

A. 甲因爆炸罪被判处有期徒刑 15 年。在服刑 13 年时,因有悔改表现而被裁定假释

B. 乙犯抢劫罪被判处有期徒刑 9 年,犯嫖宿幼女罪判 8 年,数罪并罚决定执行 15 年。在服刑 13 年时,因有悔改表现而被裁定假释

C. 丙犯诈骗罪被判处有期徒刑 10 年,刑罚执行 7 年后假释。假释考验期内第 2 年,丙犯抢劫罪,应当判 9 年,数罪并罚决定执行 10 年。在服刑 7 年时,因有悔改表现而被裁定假释

D. 丁犯盗窃罪,被判处有期徒刑 3 年,缓刑 4 年。经过缓刑考验期后,发现丁在缓刑

考验期内的第 2 年，犯故意伤害罪，应判 9 年，数罪并罚决定执行 10 年。在服刑 7 年时，因丁有悔改表现而被裁定假释

6. 关于假释，下列哪些选项是错误的？（　　　　）

A. 被判处有期徒刑的犯罪分子，执行原判刑期的二分之一，如果符合假释条件的，可以假释；如果有特殊情况，经高级人民法院核准，可以不受上述执行刑期的限制

B. 被假释的犯罪分子，在假释考验期内，遵守了各种相关规定，没有再犯新罪，也没有发现以前还有其他罪没有判决的，假释考验期满，剩余刑罚就不再执行

C. 假释的犯罪分子，在假释考验期限内犯新罪的，应当撤销假释，按照先并后减的方法实行数罪并被罚

D. 对于因杀人、绑架等暴力性犯罪判处 10 年以上有期徒刑的犯罪分子，不得假释；即使他们被减刑后，剩余刑期低于 10 年有期徒刑，也不得假释

7. 关于假释，下列哪一选项是错误的？（　　　　）

A. 甲系被假释的犯罪分子，即便其在假释考验期内再犯新罪，也不构成累犯

B. 乙系危害国家安全的犯罪分子，对乙不能假释

C. 丙因犯罪被判处有期徒刑二年，缓刑三年。缓刑考验期满后，发现丙在缓刑考验期内的第七个月犯有抢劫罪，应当判处有期徒刑八年，数罪并罚决定执行九年。丙服刑六年时，因有悔罪表现而被裁定假释

D. 丁犯抢劫罪被判有期徒刑九年，犯寻衅滋事罪被判有期徒刑五年，数罪并罚后，决定执行有期徒刑十三年，对丁可以假释

8. 关于减刑，下列哪一选项是正确的？（　　　　）

A. 减刑只适用于被判处拘役、有期徒刑、无期徒刑和死缓的犯罪分子

B. 对一名服刑犯人的减刑不得超过三次，否则有损原判决的权威性

C. 被判处无期徒刑的罪犯减刑后，实际执行时间可能超过十五年

D. 对被判处无期徒刑、死缓的罪犯的减刑，需要报请高级法院核准

【参考答案】1. BC　　2. D　3. ABC　4. D　5. BCD　6. ABC　7. B　8. C

第十七章 刑罚的消灭

知识结构

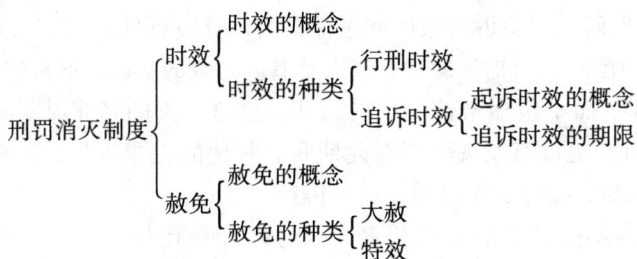

法条规范

第 87 条［追诉时效期限］犯罪经过下列期限不再追诉：

（一）法定最高刑为不满五年有期徒刑的，经过五年；

（二）法定最高刑为五年以上不满十年有期徒刑的，经过十年；

（三）法定最高刑为十年以上有期徒刑的，经过十五年；

（四）法定最高刑为无期徒刑、死刑的，经过二十年。如果二十年以后认为必须追诉的，须报请最高人民检察院核准。

第 88 条［追诉期限的延长］在人民检察院、公安机关、国家安全机关立案侦查或者在人民法院受理案件以后，逃避侦查或者审判的，不受追诉期限的限制。

被害人在追诉期限内提出控告，人民法院、人民检察院、公安机关应当立案而不予立案的，不受追诉期限的限制。

第 89 条［追诉期限的计算与中断］追诉期限从犯罪之日起计算；犯罪行为有连续或者继续状态的，从犯罪行为终了之日起计算。

在追诉期限以内又犯罪的，前罪追诉的期限从犯后罪之日起计算。

典型案例

【基本案情】

张某、郭某盗窃毛驴案①

2001 年 7 月中旬，张某、郭某预谋盗窃他人的毛驴。7 月 22 日，二人联系好买主后盗窃他人放羊的 4 头毛驴，以 800 元的价格将毛驴出售，实际价值 2750 元，所得赃款二人均分。案发后侦查机关予以立案，并于 2002 年对已经发现但在逃的犯罪嫌疑人张某进行网上追逃，而郭某因未被发现一直在家务农。张某于 2008 年 7 月 26 日被抓获，郭某随之于 7 月 29 日被刑拘。

【法律问题】郭某的行为如何适用追诉时效。

【观点争议】对于郭某的行为如何适用追诉时效的问题存在两种分歧意见：

第一种意见认为，郭某的行为已经超过追诉时效，应当受追诉时效的限制，不再追诉。理由是：案发后，立案是针对张某，而不包括未被发现的郭某。逃避侦查的是张某，而郭某未曾逃避侦查。现已经时过 7 年，也没有发现郭某在此期间有其他的犯罪行为，其行为应该依据《刑法》第 87 条第 1 项规定，经过 5 年以后不再追诉。

第二种意见认为，郭某的行为不受追诉时效的限制，应与张某一起共同追诉。理由是：张某、郭某共同实施犯罪后，侦查机关已经对全案进行立案侦查，并与 2002 年对已经确定的犯罪嫌疑人张某网上追逃。张某在逃造成郭某未被发现，但作为共同犯罪，郭某的行为应该随着张某的行为而适应《刑法》第 88 条第 1 款的规定。

第二种意见符合刑法的规定，郭某的盗窃行为不能适用追诉时效的延长制度。

规范释义

第一节 刑罚消灭的概述

一、刑罚消灭的概念

刑罚消灭，是指由于法定的或事实的原因，致使代表国家的司法机关不能对犯罪人行使具体的刑罚权。

---

① 案例来源：李和仁，于志刚，韩轶等．未被列为立案对象是否受追诉时效期限的限制［J］．人民检察．2008（23）：29－34．

释义1.法律后果的消灭

法律后果的消灭必须基于一定的事由，其中，有些主要是由于法律的规定而导致法律后果的消灭，如超过诉讼时效等。

二、刑罚消灭的法定事由

（1）超过追诉时效的。追诉时效是刑法规定的司法机关追究犯罪人刑事责任的有效期限。犯罪已过法定追诉时效期限的，不再追究犯罪分子的刑事责任；已经追究的，应当撤销案件，或者不予起诉，或者宣告无罪。各国对追诉时效规定不一，最长的达30年，最短的仅3个月。我国追诉时效的期限的规定在《刑法》的第87条。

（2）经特赦令免除刑罚的。赦免是国家宣告对犯罪人免除其罪、免除其刑的一种法律制度，包括大赦与特赦。我国现行宪法规定的特赦制度，体现在《中华人民共和国宪法》的第67条第17款第17项规定："由全国人民代表大会常务委员会行使下列职权：决定特赦"。

（3）告诉才处理的犯罪，没有告诉或者撤回告诉的。刑法中规定有侮辱罪、诽谤罪、暴力干涉婚姻自由罪、虐待罪、普通侵占罪。依《中华人民共和国刑事诉讼法》的规定，这几类犯罪，只有被害人和其法定代理人告诉的，《刑法》才予处理，他们没有告诉或者告诉后又撤回告诉的，司法机关不再追究犯罪人的刑事责任，如果已经追诉的，应当撤销案件。但是，因侮辱、诽谤他人，严重危害社会秩序、国家利益，或者因暴力干涉他人婚姻自由，引起被害人死亡或者虐待家庭成员造成重伤、死亡的，不属告诉才处理的范围，应当依法追究犯罪人的刑事责任。

（4）犯罪嫌疑人、被告人死亡的。

（5）其他法定事由。

第二节　时效

一、时效概述

时效分为追诉时效和行刑时效。

追诉时效是刑法规定的，对犯罪人进行刑事追诉的有效期限；在此期限内，司法机关有权追诉；超过了此期限，司法机关就不能再行追诉。因此，超过追诉时效，意味着不能行使求刑权、量刑权与行刑权，也不能适用非刑罚的法律后果，因而导致法律后果消灭。

行刑时效，是指刑法规定的，对被判处刑罚的人执行刑罚的有效期限；在此期限内，执行机关有权执行法院判处的刑罚；超过此期限，执行机关就不能执行法院判处的刑罚。

释义 2. 刑法规定时效的根据

①在德国的普通法时代，采取的是改善推测说，基本观点是，既然犯罪后长时间没有再犯罪，可预想犯罪人已经得到改善，没有处刑与行刑的必要。②法国采取证据湮灭说与准受刑说。证据湮灭说认为，犯罪证据因时间流逝而失散，难以达到正确处理案件的目的。准受刑说认为，犯罪人犯罪后虽然没有收到刑事追究，但长时期的逃避与恐惧所造成的痛苦，与执行刑罚没有太大的差异，可以认为已经执行了刑法。③在日本，提出了规范感情缓和说，即随着时间的流逝，社会对犯罪的规范感情得以缓和，不一定要求给予现实的处罚。还有学者提出尊重事实状态说，该说认为由于规范感情的缓和，社会秩序的恢复，行为人产生了与一般人相同的社会生活关系，对由此形成的事实状态应当予以尊重。

我国刑法规定了追诉时效制度，显然不是故意放纵犯罪，而是为了有效地实现刑法的目的，体现了宽严相济的刑事政策，体现了"历史从宽、现行从严"的政策，有利于司法机关集中精力追诉现行犯罪，有利于社会的稳定。但我国刑法没有规定行刑时效。

二、追诉时效的期限

《刑法》第 87 条规定，犯罪经过下列期限不再追诉：
（1）法定最高刑不满 5 年有期徒刑的，经过 5 年；
（2）法定最高刑为 5 年以上不满 10 年有期徒刑的，经过 10 年；
（3）法定最高刑为 10 年以上有期徒刑的，经过 15 年；
（4）法定最高刑为无期徒刑、死刑的，经过 20 年。如果 20 年以后认为必须追诉的，须报请最高人民检察院核准。

释义 3.《刑法》第 99 条规定

根据《刑法》第 99 条规定："以上""以下"和"以内"包括本数在内；而"不满"不包括本数。

三、追诉期限的计算

（一）一般犯罪追诉期限的计算
对即成犯的追诉期限从犯罪之日起计算。"犯罪之日"指犯罪成立之日，即行为符合犯罪构成之日。具体而言，对不以危害结果为要件的犯罪而言，实施行为之日即是犯罪之日；对以危害结果为要件的犯罪而言，危害结果发生之日为犯罪之日。

（二）连续或者继续犯罪追诉期限的计算
犯罪行为有连续或者继续状态的，从犯罪行为终了之日起计算。

（三）追诉时效的延长
追诉时效的延长是指在追诉时效的进行期间，因为发生法律规定的事由，而使追诉时效暂时停止执行。我国刑法规定了两种追诉时效延长的情况：

(1)《刑法》第 88 条第 1 款规定：在人民检察院、公安机关、国家安全机关立案侦查或者人民法院受理案件以后，逃避侦查或者审判的，不受追诉期限的限制。

(2)《刑法》第 88 条第 2 款规定：被害人在追诉期限内提出控告，人民法院、人民检察院、公安机关应当立案而不予立案的，不受追诉期限的限制。

(四)追诉时效的中断

追诉时效的中断也称"追诉时效的更新"，是指在时效进行期间，因发生法律规定的事由，而使以前所经过的时效期间归于无效，法律规定的事由终了之时，时效重新开始计算。

根据《刑法》第 89 条规定："追诉期限从犯罪之日起计算；犯罪行为有连续或者继续状态的，从犯罪行为终了之日起计算。""在追诉期限内又犯罪的，前罪追诉的期限从犯后罪之日起计算。"

第三节 赦免

一、赦免的概念

赦免是国家宣告对犯罪人免除其罪、免除其刑的一种法律制度，包括大赦和特赦。

(1)大赦是指国家对某一时期内犯有一定罪行的不特定犯罪人免予追诉和免除刑罚执行的制度。大赦的对象既可能是国家某一时期的各种犯罪人，也可能是某一地区的全体犯罪人，还可能是某一类或者某一事件的全体犯罪人。赦免的内容涉及罪与刑两个方面，既赦其罪，又赦其刑。

(2)特赦是指国家对较为特定的犯罪人免除执行全部或者部分刑罚的制度。特赦的对象是较为特定的犯罪人。特赦的效果只是免除刑罚执行，而不免除有罪宣告，即只赦刑，不赦罪。

(3)特赦与大赦的主要区别在于：①特赦的对象是特定的；而大赦对象是不特定的。②特赦仅赦刑而不赦罪；大赦既赦刑又赦罪。③特赦后再犯罪则有可能构成累犯；而大赦后行为人再犯罪没有累犯问题。④特赦往往公布被赦人的名单；大赦一般不公布被赦人的名单。

二、我国的特赦制度

我国已经取消了大赦制度，只规定了特赦。我国现行宪法规定的特赦，由全国人大常委会决定，由国家主席发布特赦令。

三、我国特赦制度的特点

中华人民共和国成立后，我国先后实行了 8 次特赦(分别是 1959 年、1960 年、

1961 年、1963 年、1964 年、1966 年、1975 年、2015 年①），8 次特赦具有以下特点：

（1）特赦的对象基本上只限于战争罪犯。

（2）特赦的范围是一类或几类犯罪人，而不是个别犯罪人。

（3）特赦的前提是犯罪人在服刑过程中确实有改恶从善的表现。

（4）对需要特赦的犯罪人，根据其罪行轻重与悔改表现实行区别对待。罪行轻因而所判刑罚轻的，予以释放；罪行重因而所判刑罚重的，只是减轻刑罚。

（5）特赦的效力只及于刑而不及于罪。

能力应用

1980 年初，张某强奸某妇女并将其杀害。1996 年末，张某因酒后驾车致人重伤。两案在 2007 年初被发现。关于张某的犯罪行为，下列哪些选项是错误的？（　　　）

A. 应当以强奸罪、故意杀人罪和交通肇事罪追究其刑事责任，数罪并罚

B. 应当以强奸罪追究其刑事责任

C. 应当以故意杀人罪追究其刑事责任

D. 不应当追究任何刑事责任

【参考答案】　ABD

---

① 2015 年 8 月 29 日，全国人大常委会作出决定，国家主席习近平签署主席特赦令，决定在中国人民抗日战争暨世界反法西斯战争胜利 70 周年之际，对部分服刑罪犯予以特赦。对部分服刑罪犯予以特赦，是我国现行宪法确立特赦制度以来的首次实践。根据全国人大常委会特赦决定和国家主席特赦令，本次特赦的服刑罪犯包括四类：参加过中国人民抗日战争、中国人民解放战争的；中华人民共和国成立以后，参加过保卫国家主权、安全和领土完整对外作战的；年满七十五周岁、身体严重残疾且生活不能自理的；犯罪时不满十八周岁，被判处三年以下有期徒刑或者剩余刑期在一年以下的。特赦决定和特赦令规定几种严重犯罪除外。

参考文献

[1] 高铭暄，马克昌.刑法学(第5版)[M].北京：北京大学出版社，高等教育出版社，2011.
[2] 张明楷.刑法学(第4版)[M].北京：法律出版社，2011.
[3] 阮齐林.刑法[M].北京：中国人民大学出版社，2013.
[4] 陈家林.外国刑法通论[M].北京：中国人民公安大学出版社，2009.
[5] 张明楷.刑法的基本立场[M].北京：中国法制出版社，2012.
[6] 张明楷.法益初论[M].北京：中国政法大学出版社，2003.
[7] 张明楷.刑法格言的展开[M].北京：法律出版社，2003.
[8] 王作富，黄京平.刑法(第6版)[M].北京：中国人民大学出版社，2016.
[9] 王利明.法律解释学[M].北京：中国人民大学出版社，2016.
[10] 黎宏.刑法总论问题思考[M].北京：法律出版社，2007.
[11] 周光权.法治视野中的刑法客观主义[M].北京：清华大学出版社，2013.
[12] 高铭暄，赵秉志.新中国刑法学研究历程[M].北京：中国方正出版社，1999.
[13] 陈兴良.刑法总论适用[M].北京：法律出版社，2006.
[14] 陈兴良.当代中国刑法新理念[M].北京：中国政法大学出版社，2007.
[15] 陈兴良.本体刑法学[M].北京：商务印书馆.2001.
[16] 陈兴良.规范刑法学(教学版)[M].北京：中国人民大学出版社，2015.
[17] 陈兴良.刑法方法论研究[M].北京：清华大学出版社，2013.
[18] 赵秉志.刑法争议问题研究[M].郑州：河南人民出版社，2010.
[19] 韩友谊.国家司法考试万国授课精华·刑法[M].北京：中国法制出版社，2014.
[20] 张明楷.外国刑法纲要[M].北京：清华大学出版社，2009.
[21] 储槐植.美国刑法[M].北京：北京大学出版社，2007.
[22] 最高人民法院刑事审判庭.中国刑事审判指导案例[M].北京：法律出版社，2010.
[23] [日]井田良.讲义刑法学·总论[M].东京：有斐阁，2008.
[24] [德]李斯特.德国刑法教科书[M].徐久生，译.北京：法律出版社，2006.
[25] [德]耶赛克，魏根特.德国刑法教科书·总论[M].徐久生，译.北京：中国法制出版社，2001.
[26] [意]帕多瓦尼.意大利刑法学原理[M].陈忠林，译.北京：法律出版社，2010.
[27] [法]斯特法尼.法国刑法总论精义[M].北京：中国政法大学出版社，2013.
[28] [日]大冢仁.犯罪论的基本问题[M].北京：中国政法大学出版社，2013.
[29] [英]史密斯，霍根.英国刑法[M].北京：法律出版社，2007.
[30] [日]西原春夫.犯罪实行行为论[M].戴波，江溯，译.北京：北京大学出版社，2006.
[31] [日]曾根威彦.刑法学基础[M].北京：法律出版社，2009.
[32] [意]切萨雷·贝卡里亚.犯罪与刑罚[M].北京：北京大学出版社，2008.
[33] [美]胡萨克.刑法哲学[M].北京：中国人民公安大学出版社，2011.
[34] [日]西原春夫.刑法的根基与哲学[M].顾肖荣，等译.上海：上海三联书店，1991.
[35] [日]山口厚.日本刑法总论[M].北京：中国人民大学出版社，2011.
[36] [日]山口厚.日本刑法分论[M].北京：中国人民大学出版社，2011.
[37] [法]米歇尔·福柯.规训与惩罚[M].刘北成，等译.北京：生活·读书·新知三联书店，2007.
[38] [法]孟德斯鸠.论法的精神(上册)[M].北京：商务印书馆，1961.

图书在版编目（ＣＩＰ）数据

刑法罪刑关系规范论：法条、案例与原理／李茂久，佘国满著.
--长沙：中南大学出版社，2017.5
ISBN 978－7－5487－2776－7

Ⅰ.①刑… Ⅱ.①李…②佘… Ⅲ.①刑法－中国－资格考试－自学
参考资料 Ⅳ.①D914.04

中国版本图书馆 CIP 数据核字（2017）第 104373 号

刑法罪刑关系规范论——法条、案例与原理

李茂久　佘国满　著

□**责任编辑**	谢金伶
□**责任印制**	易红卫
□**出版发行**	中南大学出版社
	社址：长沙市麓山南路　　　　邮编：410083
	发行科电话：0731－88876770　　传真：0731－88710482
□**印　　装**	长沙雅鑫印务有限公司

□**开　　本**	787×1092　1/16　□**印张** 15.75　□**字数** 390 千字
□**版　　次**	2017 年 5 月第 1 版　□2019 年 1 月第 2 次印刷
□**书　　号**	ISBN 978－7－5487－2776－7
□**定　　价**	39.80 元